단어를 직접 써 보며 외우면~ 기억에 착! 실력도 착착!

착! 붙는
중국어
단어장

저자 이재경 · 페이시앙루

시사중국어사

착! 붙는 중국어 단어장

초판 발행	2024년 6월 1일
1판 2쇄	2025년 2월 10일
저자	이재경, 페이시앙루
책임 편집	최미진, 연윤영, 高霞
펴낸이	엄태상
디자인	진지화
일러스트	표지: eteecy
조판	이서영
콘텐츠 제작	김선웅, 장형진
마케팅본부	이승욱, 왕성석, 노원준, 조성민, 이선민
경영기획	조성근, 최성훈, 김다미, 최수진, 오희연
물류	정종진, 윤덕현, 신승진, 구윤주
펴낸곳	시사중국어사(시사북스)
주소	서울시 종로구 자하문로 300 시사빌딩
주문 및 문의	1588-1582
팩스	0502-989-9592
홈페이지	http://www.sisabooks.com
이메일	book_chinese@sisadream.com
등록일자	1988년 2월 12일
등록번호	제300-2014-89호

ISBN 979-11-5720-258-4 13720

* 이 책의 내용을 사전 허가 없이 전재하거나 복제할 경우 법적인 제재를 받게 됨을 알려 드립니다.
* 잘못된 책은 구입하신 서점에서 교환해 드립니다.
* 정가는 표지에 표시되어 있습니다.

***

"단어량은 충분한데 왜 회화가 안 될까?"
"단어를 어떻게 문장으로 자연스럽게 사용할 수 있을까?"
중국어를 배우는 모든 분들의 공통적인 고민이 아닐까요?
단어를 많이 알아도 회화 실력은 그만큼 만족스럽지 못한 경우가 많습니다. 중국어를 학습하면서 수많은 단어를 외우고 어법과 문장 형식을 배웠지만 알고 있는 단어를 어떻게 사용해야 할지 실제 회화에서의 적용이 힘들었죠. 학습한 단어들을 자연스러운 문장으로 표현하려면 단어의 쓰임을 이해하는 것이 무엇보다 중요합니다. 대화 속에서 이 단어가 어떤 상황에서 어떻게, 어떤 의미로 쓰이는지 잘 파악해야 합니다.
<착! 붙는 중국어 단어장>은 초급부터 중급 수준에서 자주 사용하는 단어들을 선별하여 구성하였습니다. 모두 여덟 개의 파트로 나누고 그 안에서 총 40가지의 주제로 분류하여 모든 단어의 예시 문장을 A·B 대화문으로 만들었습니다. 대화 예문 속의 단어를 통해 단어 하나하나의 정확한 쓰임을 알고, 일상생활에서의 자연스럽고 생생한 회화를 느낄 수 있습니다.
자연스러운 회화는 화려하고 어려운 말을 구사하는 게 아니라 단어의 적절한 활용입니다. 이 책을 통해서 실용 단어도 익히고, 대화형 예문을 보면서 입에 착 붙는 중국어 문장을 구사해보시길 바랍니다. 쉽고 간단하지만 네이티브같은 중국어로 자신 있게 적극적으로 말해보세요!
이 책이 잘 나올 수 있게 편집 작업을 해주신 시사중국어사 편집부와 격려해주신 많은 분들께 감사의 마음을 전합니다.

저자 이재경 · 페이시앙주

차례

- 머리말   3
- 차례   4
- 이 책의 구성 & 일러두기   6

UNIT 01 인사·소개   9

01	자기소개	10
02	감사와 사과	19
03	만남 · 안부와 헤어짐	25
04	축원 · 축하와 칭찬	32
05	감정표현	38
—	Voca Review	47

UNIT 02 취미·여가   49

01	운동	50
02	요리	58
03	영화 · 공연	67
04	오락 · 놀이	74
05	전시회	81
—	Voca Review	87

UNIT 03 약속   89

01	시간 정할 때	90
02	장소 정할 때	96
03	약속 제안할 때	102
04	약속 변경 · 취소할 때	108

UNIT 04 쇼핑   115

01	식품	116
02	전자제품	126
03	의류	134
04	화장품	144
05	액세서리	151
—	Voca Review	157

UNIT 05	교통수단	159
	01 버스	160
	02 택시	167
	03 지하철	175
	04 기차	181
	05 비행기	188
	— Voca Review	197

UNIT 06	계절·날씨	199
	01 봄	200
	02 여름	207
	03 가을	214
	04 겨울	220
	— Voca Review	227

UNIT 07	일상생활	229
	01 외출	230
	02 학습	236
	03 건강	243
	04 미용	251
	05 여행	259
	— Voca Review	267

UNIT 08	장소	269
	01 학교	270
	02 회사	277
	03 은행	286
	04 약국	291
	05 쇼핑센터 · 백화점	297
	06 음식점	302
	07 커피숍 · Bar	311
	— Voca Review	317

— 부록(양사·속담·격언)   320
— 색인   324

✱ 이 책의 구성

Mind Map Note
마인드맵 노트 코너를 두어 주제별 대표 단어와 연관 지어 자연스럽게 관련 단어를 익힐 수 있도록 했습니다.

Let's Start!
중국어 회화에 활용도가 높은 단어와 적절한 대화형 예문, 깊이있는 추가 단어 그리고 문법 활용팁까지 골고루 학습해보세요!

예문 대화형 예문으로 단어의 활용을 알아봅니다.

Voca 알아두면 좋은 관련 단어를 학습할 수 있습니다.

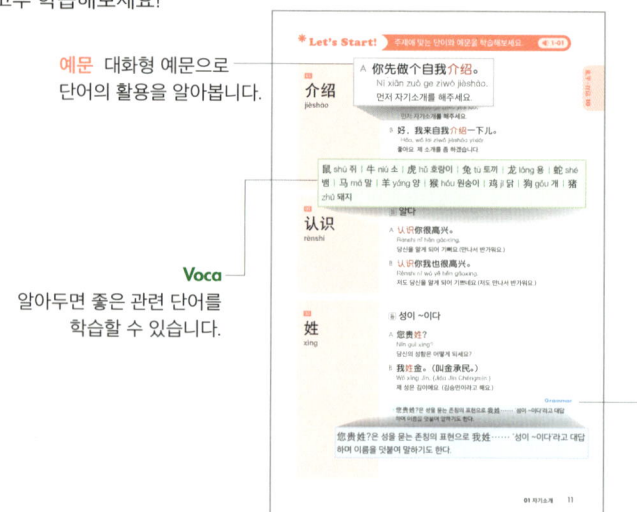

Grammar 유용한 관련 문법 사항을 짚어줍니다.

Voca Review
학습한 단어를 복습할 수 있습니다.
빈칸을 채워 확실하게 암기했는지 체크해보세요.

✱ 일러두기

품사

명사	명 이름, 개념 등을 나타낸다.
대명사	대 인칭·지시·의문 대명사 등을 가리킨다.
동사	동 동작이나 상태를 설명한다.
형용사	형 성질, 모습, 상태를 설명한다.
조동사	조동 동사 앞에서 의미를 더해준다.
부사	부 동사와 형용사 앞에서 정도, 시간, 상태 등을 나타낸다.
접속사	접 단어, 구, 절을 연결한다.
개사(전치사)	개 명사와 대명사 앞에 쓰여 시간, 장소, 대상 등을 나타낸다.
조사	조 시제, 상태, 어감을 표현한다.
감탄사	감 감정을 나타내는 말을 가리킨다.
수사	수 숫자 표현을 가리킨다.
양사	양 사람이나 사물 등의 수를 세는 단위를 가리킨다.

표기

중국 인명과 지명 및 기타 고유명사는 중국어 발음으로 표기하였습니다.

UNIT 01

✱

인사 · 소개

원어민MP3 듣기

쓰기 연습장 PDF

1	자기소개	10
2	감사와 사과	19
3	만남 · 안부와 헤어짐	25
4	축원 · 축하와 칭찬	32
5	감정표현	38
✳	Voca Review	47

1 자기소개

Mind Map Note

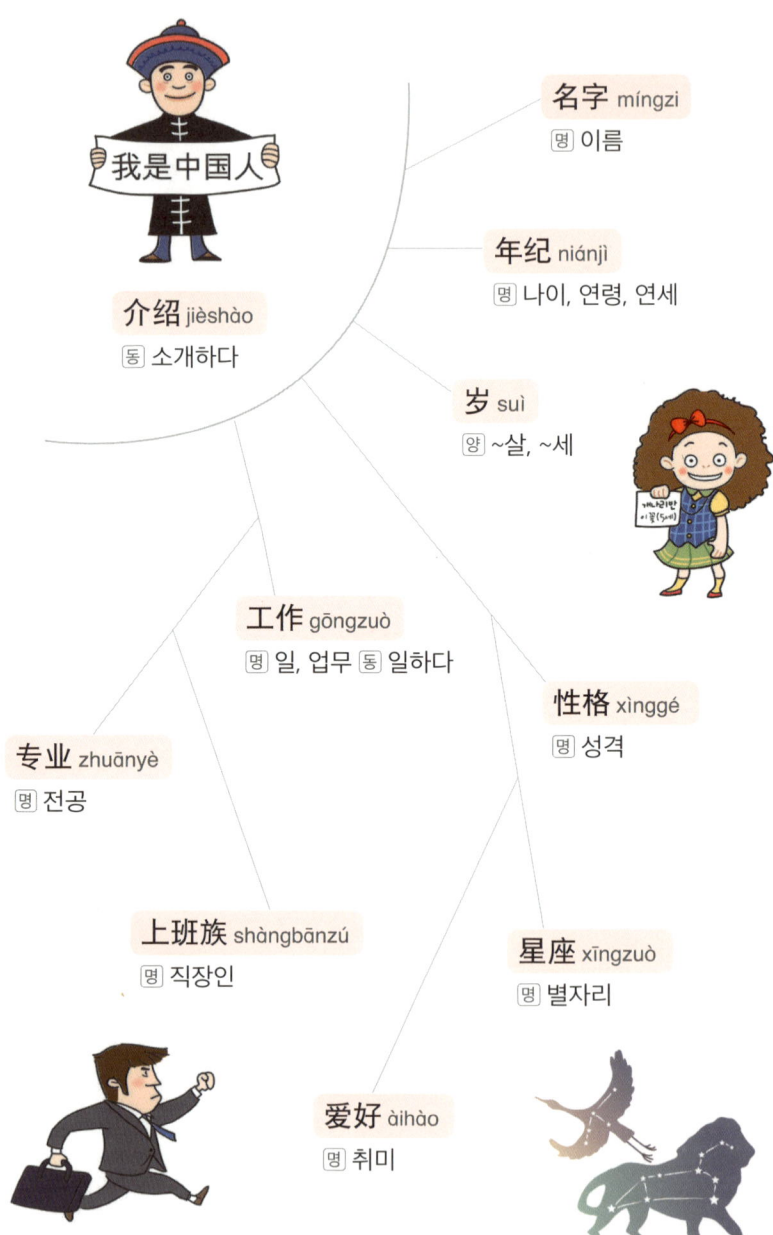

介绍 jièshào
동 소개하다

名字 míngzi
명 이름

年纪 niánjì
명 나이, 연령, 연세

岁 suì
양 ~살, ~세

工作 gōngzuò
명 일, 업무 동 일하다

性格 xìnggé
명 성격

专业 zhuānyè
명 전공

上班族 shàngbānzú
명 직장인

星座 xīngzuò
명 별자리

爱好 àihào
명 취미

✱ Let's Start!

주제에 맞는 단어와 예문을 학습해보세요. 🔊 01-1

01
介绍
jièshào

동 소개하다

A 你先做个自我介绍。
Nǐ xiān zuò ge zìwǒ jièshào.
먼저 자기소개를 해주세요.

B 好，我来自我介绍一下儿。
Hǎo, wǒ lái zìwǒ jièshào yíxiàr.
좋아요. 제 소개를 좀 하겠습니다.

Grammar
- 来 : 주어가 어떤 동작을 주동적으로 할 때 사용한다.
- 一下儿 : 동사 뒤에 쓰여 가볍게 '좀 해보다'라는 의미이다.

02
认识
rènshi

동 알다

A 认识你很高兴。
Rènshi nǐ hěn gāoxìng.
당신을 알게 되어 기뻐요.(만나서 반가워요.)

B 认识你我也很高兴。
Rènshi nǐ wǒ yě hěn gāoxìng.
저도 당신을 알게 되어 기쁘네요.(저도 만나서 반가워요.)

03
姓
xìng

동 성이 ~이다

A 您贵姓?
Nín guì xìng?
당신의 성함은 어떻게 되세요?

B 我姓金。(叫金承民。)
Wǒ xìng Jīn. (Jiào Jīn Chéngmín.)
제 성은 김이에요. (김승민이라고 해요.)

Grammar
- 您贵姓?은 성을 묻는 존칭의 표현으로 我姓…… '성이 ~이다'라고 대답하며 이름을 덧붙여 말하기도 한다.

04
叫
jiào

[동] (이름을) ~이라고 부르다

A 我**叫**李佳，你呢?
 Wǒ jiào Lǐ Jiā, nǐ ne?
 저는 리지아라고 해요. 당신은요?

B 我**叫**王小明。
 Wǒ jiào Wáng Xiǎomíng.
 저는 왕샤오밍이라고 해요.

05
名字
míngzi

[명] 이름

A 你叫什么**名字**?
 Nǐ jiào shénme míngzi?
 당신은 이름이 뭐예요?

B 我叫张军。
 Wǒ jiào Zhāng Jūn.
 저는 쟝쥔이라고 해요.

06
岁
suì

[양] ~세, ~살

A 你多大?
 Nǐ duō dà?
 당신은 몇 살인가요?

B 我今年20**岁**。
 Wǒ jīnnián èrshí suì.
 올해 스무 살이에요.

07
年纪
niánjì

[명] 나이, 연령, 연세

A 您多大**年纪**?
 Nín duōdà niánjì?
 당신은 나이가 어떻게 되죠?

B 我今年40岁。
 Wǒ jīnnián sìshí suì.
 저는 올해 40세입니다.

Grammar

- 미취학 아동의 나이를 물을 때는 你几岁? Nǐ jǐ suì?, 또래에게 나이를 물을 때는 你多大? Nǐ duōdà?라는 표현을 쓰며, 나이가 많은 사람에게는 존칭의 표현으로 您多大年纪? Nín duōdà niánjì?라고 묻는다.

08 属 shǔ

동 띠가 ~이다

A 你**属**什么?
Nǐ shǔ shénme?
당신은 띠가 뭐예요?(어떤 띠에 속하나요?)

B 我**属**羊。
Wǒ shǔ yáng.
저는 양띠예요.

Voca

鼠 shǔ 쥐 | 牛 niú 소 | 虎 hǔ 호랑이 | 兔 tù 토끼 | 龙 lóng 용 |
蛇 shé 뱀 | 马 mǎ 말 | 羊 yáng 양 | 猴 hóu 원숭이 | 鸡 jī 닭 |
狗 gǒu 개 | 猪 zhū 돼지

09 住 zhù

동 거주하다, 살다

A 你**住**在哪儿?
Nǐ zhù zài nǎr?
당신은 어디에 살아요?

B 我**住**在明洞站附近。
Wǒ zhù zài Míngdòng zhàn fùjìn.
저는 명동역 근처에 살아요.

10 出生 chūshēng

동 태어나다, 출생하다

A 你是在哪儿**出生**的?
Nǐ shì zài nǎr chūshēng de?
당신은 어디에서 태어났어요?

B 我是在首尔**出生**的。
Wǒ shì zài Shǒu'ěr chūshēng de.
저는 서울에서 태어났어요.

Grammar

- 是……的 구문 : 이미 발생한 일에 관하여 장소, 시간, 방법, 이유 등을 강조하여 말하는 문형이다.

11 老家
lǎojiā

명 고향

A 你老家在哪儿?
Nǐ lǎojiā zài nǎr?
당신은 고향이 어디예요?

B 我老家在首尔。
Wǒ lǎojiā zài Shǒu'ěr.
제 고향은 서울이에요.

12 兄弟姐妹
xiōngdì jiěmèi

명 형제자매

A 你有兄弟姐妹吗?
Nǐ yǒu xiōngdì jiěmèi ma?
당신은 형제자매가 있어요?

B 我有一个哥哥。
Wǒ yǒu yí ge gēge.
저는 형(오빠)이 한 명 있어요.

Voca
姐姐 jiějie 언니, 누나 | 弟弟 dìdi 남동생 | 妹妹 mèimei 여동생

13 独生子
dúshēngzǐ

명 외아들

A 你有兄弟姐妹吗?
Nǐ yǒu xiōngdì jiěmèi ma?
당신은 형제자매가 있어요?

B 我没有兄弟姐妹,是独生子。
Wǒ méi yǒu xiōngdì jiěmèi, shì dúshēngzǐ.
저는 형제자매가 없어요. 외아들이에요.

Voca
独生女 dúshēngnǚ 외동딸

14 上学
shàngxué

동 학교에 다니다

A 你在哪儿上学?
Nǐ zài nǎr shàngxué?
당신은 어디에서 학교를 다녀요?

B 我在北京大学上学。
Wǒ zài Běijīng Dàxué shàngxué.
저는 베이징대학에 다녀요.

15 专业
zhuānyè

몡 전공

A 你的专业是什么？
Nǐ de zhuānyè shì shénme?
당신의 전공은 무엇인가요?

B 我的专业是中文。
Wǒ de zhuānyè shì Zhōngwén.
제 전공은 중국어예요.

Voca

法律 fǎlǜ 법률 | 会计 kuàijì 회계 | 设计 shèjì 설계, 디자인 |
声乐 shēngyuè 성악 | 美术 měishù 미술 | 体育 tǐyù 체육, 스포츠 |
计算机 jìsuànjī 컴퓨터 | 经营 jīngyíng 경영 |
酒店管理 jiǔdiàn guǎnlǐ 호텔관리 |
社会福利事业管理 shèhuì fúlì shìyè guǎnlǐ 사회복지

16 毕业生
bìyèshēng

몡 졸업생

A 你是大学毕业生吗？
Nǐ shì dàxué bìyèshēng ma?
당신은 대학 졸업생인가요?

B 我还在上大学呢。
Wǒ hái zài shàng dàxué ne.
저는 아직 대학에 다니고 있어요.

17 上班族
shàngbānzú

몡 직장인

A 你是大学生吗？
Nǐ shì dàxuéshēng ma?
당신은 대학생입니까?

B 不是，我是朝九晚五的上班族。
Bú shì, wǒ shì zhāo jiǔ wǎn wǔ de shàngbānzú.
아니에요. 저는 아침 9시부터 저녁 5시까지 일하는 직장인이에요.

Grammar

- ……族 : 공통점이 있는 무리를 묶어서 '~족'이라고 표현할 때 쓴다. 上班族는 아침 9시부터 저녁 5시까지 평균 8시간을 일하는 직장인을 가리킨다.

18 工作
gōngzuò

명 일, 업무 동 일하다

A 你在哪儿工作？
Nǐ zài nǎr gōngzuò?
당신은 어디에서 일해요?

B 我在银行工作。
Wǒ zài yínháng gōngzuò.
저는 은행에서 일해요.

19 律师
lǜshī

명 변호사

A 你做什么工作？
Nǐ zuò shénme gōngzuò?
당신은 어떤 일을 하시나요?

B 我是律师。
Wǒ shì lǜshī.
저는 변호사입니다.

20 性格
xìnggé

명 성격

A 他是我朋友，他性格很好。
Tā shì wǒ péngyou, tā xìnggé hěn hǎo.
그는 제 친구예요. 성격이 매우 좋아요.

B 我也觉得他很好。
Wǒ yě juéde tā hěn hǎo.
저도 그가 좋은 사람 같아요.

21 外向
wàixiàng

형 외향적이다

A 他很外向。
Tā hěn wàixiàng.
그는 외향적이에요.

B 对啊，所以他有很多朋友。
Duì a, suǒyǐ tā yǒu hěn duō péngyou.
맞아요. 그래서 그는 친구가 많아요.

Voca

内向 nèixiàng 내성적이다 | 活泼 huópō 활발하다 | 大方 dàfang 시원시원하다, 인색하지 않다 | 勇敢 yǒnggǎn 용감하다 | 幽默 yōumò 유머러스하다, 웃기다 | 善良 shànliáng 착하다 | 马虎 mǎhu 덜렁대다, 조심성이 없다

22 星座 xīngzuò

명 별자리

A 你是什么星座?
Nǐ shì shénme xīngzuò?
당신은 무슨 별자리예요?

B 我是白羊座。
Wǒ shì báiyáng zuò.
저는 양자리예요.

Voca

金牛座 jīnniú zuò 황소자리 | 双子座 shuāngzǐ zuò 쌍둥이자리 | 巨蟹座 jùxiè zuò 게자리 | 狮子座 shīzi zuò 사자자리 | 处女座 chǔnǚ zuò 처녀자리 | 天秤座 tiānchèng zuò 천칭자리 | 天蝎座 tiānxiē zuò 전갈자리 | 射手座 shèshǒu zuò 사수자리 | 摩羯座 mójié zuò 염소자리 | 水瓶座 shuǐpíng zuò 물병자리 | 双鱼座 shuāngyú zuò 물고기자리

23 血型 xuèxíng

명 혈액형

A 你是什么血型?
Nǐ shì shénme xuèxíng?
당신은 무슨 혈액형이에요?

B 我是O型。
Wǒ shì O xíng.
저는 O형이에요.

24 爱好 àihào

명 취미 동 ~을 즐기다

A 你的爱好是什么?
Nǐ de àihào shì shénme?
당신의 취미는 뭐예요?

B 我的爱好是看电影。
Wǒ de àihào shì kàn diànyǐng.
제 취미는 영화를 보는 것이에요.

25 结婚 jiéhūn

동 결혼하다

A 你有女朋友吗?
Nǐ yǒu nǚ péngyou ma?
여자친구 있어요?

B 有，我们明年要结婚。
Yǒu, wǒmen míngnián yào jiéhūn.
있어요. 우리는 내년에 결혼할 거예요.

26 单身
dānshēn

명 솔로(solo)

A 你结婚了吗?
Nǐ jiéhūn le ma?
당신은 결혼했나요?

B 没有。我还是单身。
Méi yǒu. Wǒ hái shì dānshēn.
아니요. 저는 아직 솔로예요.

27 丈夫
zhàngfu

명 남편

A 我丈夫是外国人。
Wǒ zhàngfu shì wàiguórén.
저의 남편은 외국인이에요.

B 真的吗? 他是哪国人?
Zhēn de ma? Tā shì nǎ guó rén?
진짜요? 그는 어느 나라 사람이에요?

28 妻子
qīzi

명 아내

A 这位是谁?
Zhè wèi shì shéi?
이 분은 누구세요?

B 这是我妻子。
Zhè shì wǒ qīzi.
이 사람은 제 아내예요.

Voca
家庭主妇 jiātíngzhǔfù 가정주부 | 职场妈妈 zhíchǎng māma 워킹맘

29 子女
zǐnǚ

명 자녀

A 您有子女吗?
Nín yǒu zǐnǚ ma?
당신은 자녀가 있으세요?

B 我有一个儿子和一个女儿。
Wǒ yǒu yí ge érzi hé yí ge nǚ'ér.
저는 한 명의 아들과 한 명의 딸이 있어요.

2 감사와 사과

Mind Map Note

谢谢 xièxie
동 감사하다, 고맙다

心意 xīnyì
명 성의, 마음

客气 kèqi
동 사양하다, 체면 차리다

礼物 lǐwù
명 선물

对不起 duìbuqǐ
동 미안하다, 죄송하다

原谅 yuánliàng
동 용서하다

抱歉 bàoqiàn
형 미안하다

不好意思 bù hǎo yìsi
미안하다, 죄송하다

报答 bàodá
동 보답하다

多亏 duōkuī
동 덕분이다

✱ Let's Start!
주제에 맞는 단어와 예문을 학습해보세요. 🔊 01-2

01
谢谢
xièxie

[동] 고맙다, 감사하다

A 谢谢你的帮助。
Xièxie nǐ de bāngzhù.
당신의 도움에 감사드려요.

B 不谢。
Bú xiè.
고맙기는요.

02
感谢
gǎnxiè

[동] 감사하다

A 我非常感谢他。
Wǒ fēicháng gǎnxiè tā.
저는 그에게 굉장히 감사해요.

B 为什么感谢他？
Wèi shénme gǎnxiè tā?
왜 그에게 감사해요?

03
不用
bú yòng

~할 필요 없다

A 谢了。
Xiè le.
고마워요.

B 不用谢。
Bú yòng xiè.
고마워할 필요 없어요.

Grammar
• 谢了/不用谢는 谢谢/不客气와 같은 뜻으로 조금 더 가볍게 사용한다.

04
心意
xīnyì

[명] 성의, 마음

A 这是我的一点儿心意。
Zhè shì wǒ de yìdiǎnr xīnyì.
이건 제 작은 성의예요.

B 谢谢你。
Xièxie nǐ.
고마워요.

05 客气 kèqi

[동] 겸손하다, 사양하다 [형] 예의를 차리다, 공손하다

A 谢谢。
Xièxie.
고마워요.

B 不客气。 / 客气什么。
Bú kèqi. / Kèqi shénme.
별말씀을요.

Grammar
- 동사/형용사 + 什么 : 반어문. '~하긴요', '~라니요'라는 뜻으로 '그렇지 않다', '그럴 필요 없다'라는 의미이다.

06 礼物 lǐwù

[명] 선물

A 生日快乐，这是给你的生日礼物。
Shēngrì kuàilè, zhè shì gěi nǐ de shēngrì lǐwù.
생일 축하해요. 이건 당신에게 주는 생일 선물이에요.

B 谢谢你的礼物。
Xièxie nǐ de lǐwù.
선물 고마워요.

07 报答 bàodá

[동] 보답하다

A 我怎么报答你好呢？
Wǒ zěnme bàodá nǐ hǎo ne?
제가 어떻게 보답하면 좋을까요?

B 我们是好朋友，你太客气了。
Wǒmen shì hǎo péngyou, nǐ tài kèqi le.
우리는 좋은 친구잖아요. 너무 예의 차리네요.

08 多亏 duōkuī

[동] 덕분이다

A 多亏你帮助我了。
Duōkuī nǐ bāngzhù wǒ le.
당신이 저를 도와준 덕분이에요.

B 没什么。
Méi shénme.
별거 아니에요.

09 对不起
duìbuqǐ

동 미안하다

A 对不起，我来晚了。
Duìbuqǐ, wǒ láiwǎn le.
미안해요. 제가 늦었어요.

B 你没晚，我也刚到。
Nǐ méi wǎn, wǒ yě gāng dào.
늦지 않았어요. 저도 막 도착했어요.

10 没关系
méi guānxi

괜찮다

A 今天我有事儿，不能跟你一起吃午饭了。
Jīntiān wǒ yǒu shìr, bù néng gēn nǐ yìqǐ chī wǔfàn le.
오늘 일이 있어서 당신과 함께 점심을 먹을 수 없게 되었어요.

B 没关系，明天一起吃吧。
Méi guānxi, míngtiān yìqǐ chī ba.
괜찮아요. 내일 같이 먹어요.

11 抱歉
bàoqiàn

형 미안하다, 죄송하다

A 真抱歉，让你久等了。
Zhēn bàoqiàn, ràng nǐ jiǔ děng le.
정말 죄송해요. 오래 기다리게 했네요.

B 没关系。
Méi guānxi.
괜찮아요.

Grammar

• 让 : '(대상)으로 하여금 ~하게 하다'라는 사역의 의미를 갖는 동사이다.

12 不好意思
bù hǎo yìsi

미안하다, 죄송하다

A 不好意思，我忘带书了。
Bù hǎo yìsi, wǒ wàng dài shū le.
미안해요. 제가 책을 가져오는 것을 깜박했어요.

B 没事儿，我们一起看吧。
Méi shìr, wǒmen yìqǐ kàn ba.
괜찮아요. 우리 같이 봐요.

13 麻烦 máfan

동 귀찮게 하다, 폐를 끼치다

A 给您添麻烦了。
Gěi nín tiān máfan le.
당신한테 폐를 끼쳤네요.

B 麻烦什么！
Máfan shénme!
폐를 끼치다니요!

Grammar

- 주어 + 给 + 대상 + 添麻烦 : '~에게 귀찮음을 더하다'라는 뜻으로 '폐를 끼치다'라는 의미이다.

14 错(儿) cuò(r)

명 실수, 잘못

A 真对不起，是我的错(儿)。
Zhēn duìbuqǐ, shì wǒ de cuò(r).
정말 죄송해요. 저의 잘못이에요.

B 这不是你的错(儿)，是我的错(儿)。
Zhè bú shì nǐ de cuò(r), shì wǒ de cuò(r).
이것은 당신의 실수가 아니라, 제 실수입니다.

15 失误 shīwù

명 실수

A 对不起，这次是我的失误。
Duìbuqǐ, zhè cì shì wǒ de shīwù.
미안해요. 이번은 저의 실수예요.

B 不是，我也有错。
Bú shì, wǒ yě yǒu cuò.
아니에요. 저도 잘못이 있어요.

16 怪 guài

동 책망하다, 꾸짖다

A 这件事都怪你！
Zhè jiàn shì dōu guài nǐ!
이번 일은 모두 당신 탓이에요!

B 对不起，我不是故意的。
Duìbuqǐ, wǒ bú shì gùyì de.
미안해요. 일부러 그런 게 아니에요.

17 自责
zìzé

[동] 자책하다

A 真抱歉！都是我的错。
Zhēn bàoqiàn! Dōu shì wǒ de cuò.
정말 죄송해요! 모두 저의 잘못이에요.

B 别自责了。
Bié zìzé le.
자책하지 마세요.

18 原谅
yuánliàng

[동] 용서하다

A 原谅我一次吧。
Yuánliàng wǒ yí cì ba.
한 번만 용서해주세요.

B 知道了。
Zhīdào le.
알겠어요.

19 面子
miànzi

[명] 체면

A 你这么忙，还来了，真给我面子。
Nǐ zhème máng, hái lái le, zhēn gěi wǒ miànzi.
이렇게 바쁜데도 와줬네요, 정말 저의 체면을 세워주셨어요.

B 当然了，我们是好朋友嘛！
Dāngrán le, wǒmen shì hǎo péngyou ma!
당연하죠. 우리는 좋은 친구잖아요!

3 만남 · 안부와 헤어짐

Mind Map Note

你好 nǐ hǎo
안녕, 안녕하세요

好久不见 hǎo jiǔ bú jiàn
오랜만이다

早安 zǎo'ān
동 잘 잤니?, 안녕히 주무셨어요?

晚安 wǎn'ān
동 안녕히 주무세요

问候 wènhòu
동 안부를 묻다

再见 zàijiàn
동 안녕, 잘 가요

最近 zuìjìn
부 최근, 요즘

忙 máng
형 바쁘다

慢走 mànzǒu
동 안녕히 가세요, 살펴 가세요

联系 liánxì
동 연락하다

✱ Let's Start!

주제에 맞는 단어와 예문을 학습해보세요. 🔊 01-3

01
你好
nǐ hǎo

안녕, 안녕하세요

A 你好!
Nǐ hǎo!
안녕!

B 老师好!
Lǎoshī hǎo!
선생님, 안녕하세요!

02
早上好
zǎoshang hǎo

좋은 아침(이에요)

A 早上好!
Zǎoshang hǎo!
좋은 아침이에요!

B 早!
Zǎo!
좋은 아침!

Grammar

• 早는 '이르다'라는 뜻의 형용사로 早上好! 대신 가볍게 사용한다.

03
早安
zǎo'ān

[동] 잘 잤니?, 안녕히 주무셨어요? (아침 인사말)

A 早安!
Zǎo'ān!
안녕히 주무셨어요?

B 早安!
Zǎo'ān!
잘 잤어요?

04
晚安
wǎn'ān

[동] 잘 자요, 안녕히 주무세요

A 晚安!
Wǎn'ān!
안녕히 주무세요!

B 晚安!
Wǎn'ān!
안녕히 주무세요!

05 好久不见
hǎo jiǔ bú jiàn

오랜만이다

A 好久不见！
Hǎo jiǔ bú jiàn!
오랜만이에요!

B 好久不见，我想死你了。
Hǎo jiǔ bú jiàn, wǒ xiǎngsǐ nǐ le.
오랜만이에요. 보고 싶어 죽을 뻔했어요.

Grammar
- ……死了 : '~해 죽겠다'라는 의미로 정도가 매우 심함을 나타내며, 想死你了 는 '네가 보고 싶어 죽겠다'라는 뜻이다.

06 最近
zuìjìn

[명] 최근, 요즘

A 你最近怎么样？
Nǐ zuìjìn zěnmeyàng?
요즘 어떻게 지내요?

B 我最近还可以，你呢？
Wǒ zuìjìn hái kěyǐ, nǐ ne?
요즘 그런대로 괜찮아요. 당신은요?

07 过
guò

[동] 보내다, 지내다

A 你最近过得好吗？
Nǐ zuìjìn guò de hǎo ma?
당신 요즘 잘 지내요?

B 过得很好，你呢？
Guò de hěn hǎo, nǐ ne?
잘 지내요. 당신은요?

Grammar
- 정도보어 : 동사 뒤에 得를 사용하여 그 뒤에 동사(동작)의 정도를 보충하는 말을 이끈다. [주어 + 동사 + 得 + 정도보어]의 형태로 쓰인다.

08 问候 wènhòu

[동] 안부를 묻다

A 替我问候你的父母。
Tì wǒ wènhòu nǐ de fùmǔ.
저 대신 당신 부모님께 안부를 물어주세요.

B 好的，谢谢。
Hǎo de, xièxie.
알겠어요. 고마워요.

09 身体 shēntǐ

[명] 신체, 건강

A 你父母最近身体好吗？
Nǐ fùmǔ zuìjìn shēntǐ hǎo ma?
당신 부모님은 요즘 건강이 어떠세요?

B 还不错。
Hái búcuò.
그런대로 좋으세요.

Grammar

- 不错는 '좋다', '괜찮다'라는 뜻이다.

10 忙 máng

[형] 바쁘다

A 这阵子工作忙吗？
Zhè zhènzi gōngzuò máng ma?
요즘 일 바빠요?

B 挺忙的。
Tǐng máng de.
꽤 바빠요.

Grammar

- 这阵子는 最近과 같은 뜻으로 회화체에서 자주 사용한다.
- 挺……的 : '매우', '꽤'라는 뜻으로 상태의 정도를 표현한다.

11 周末 zhōumò

[명] 주말

A **周末**你做什么了?
Zhōumò nǐ zuò shénme le?
주말에 뭐 했어요?

B **周末**我见朋友了。
Zhōumò wǒ jiàn péngyou le.
주말에 저는 친구를 만났어요.

12 再见 zàijiàn

[동] 안녕, 잘 가요, 또 봐요 (헤어질 때의 인사)

A **再见**!
Zàijiàn!
또 봐요!

B **再见**!
Zàijiàn!
잘 가요!

13 回头见 huítóu jiàn

이따가 보자, 잠시 후에 보자

A **回头见**!
Huítóu jiàn!
조금 이따 봐요!

B **回头见**!
Huítóu jiàn!
조금 이따 봐요!

Grammar
- 回头 : '머리를 돌리다'라는 뜻이지만 여기서는 짧은 시간을 나타낸다.

14 明天 míngtiān

[명] 내일

A 我先下班了。
Wǒ xiān xiàbān le.
저 먼저 퇴근할게요.

B 好的, **明天**见!
Hǎo de, míngtiān jiàn!
그래요. 내일 봐요!

15 下次 xiàcì

명 다음

A 下次一起吃顿饭吧。
Xiàcì yìqǐ chī dùn fàn ba.
다음에 식사 한 끼 같이 해요.

B 好！下次见吧！
Hǎo! Xiàcì jiàn ba!
좋아요! 다음에 봐요!

16 一会儿 yíhuìr

부 잠시, 잠깐

A 一会儿见。
Yíhuìr jiàn.
이따 봐요.

B 一会儿见。
Yíhuìr jiàn.
이따 봐요.

17 我走了 wǒ zǒu le

저 갈게요

A 我先走了。
Wǒ xiān zǒu le.
나 먼저 갈게.

B 嗯，拜拜！
Ǹg, báibái!
응, 안녕!

Grammar
・拜拜는 영어 bye-bye의 발음에서 따온 단어로 회화체에서 자주 사용한다.

18 慢走 màn zǒu

동 안녕히 가세요, 조심히 가세요, 살펴 가세요

A 我走了。
Wǒ zǒu le.
저 갈게요.

B 慢走。
Màn zǒu.
조심히 가세요.

19 送 sòng

동 배웅하다

A 我送你到门口。
Wǒ sòng nǐ dào ménkǒu.
제가 문 앞까지 배웅할게요.

B 不用送了。
Bú yòng sòng le.
나올 필요 없어요.

20 辛苦 xīnkǔ

형 수고하다

A 辛苦了!
Xīnkǔ le!
수고했어요!

B 你也辛苦了!明天见!
Nǐ yě xīnkǔ le! Míngtiān jiàn!
당신도 수고했어요! 내일 봐요!

21 联系 liánxì

동 연락하다

A 我们再联系。
Wǒmen zài liánxì.
우리 다시 연락해요.

B 好,常联系吧。
Hǎo, cháng liánxì ba.
그래요. 자주 연락해요.

22 注意 zhùyì

동 주의하다

A 下次再见吧,你注意身体啊。
Xiàcì zàijiàn ba, nǐ zhùyì shēntǐ a.
다음에 또 만나요. 건강 주의하세요.

B 你也注意身体。
Nǐ yě zhùyì shēntǐ.
당신도 건강 주의하세요.

4 축원·축하와 칭찬

Mind Map Note

祝 zhù
[동] 축하하다, 기원하다

希望 xīwàng
[동] 희망하다, 바라다

祝贺 zhùhè
[동] 축하하다

恭喜 gōngxǐ
[동] 축하하다

出色 chūsè
[형] 출중하다, 뛰어나다

成功 chénggōng
[동] 성공하다

棒 bàng
[형] 대단하다, 훌륭하다

了不起 liǎobuqǐ
[형] 뛰어나다, 대단하다

顺利 shùnlì
[형] 순조롭다

快乐 kuàilè
[형] 즐겁다, 행복하다

✻ Let's Start! 주제에 맞는 단어와 예문을 학습해보세요. 🔊 01-4

01
祝
zhù

동 축하하다, 기원하다

A 祝你生意兴隆。
Zhù nǐ shēngyì xīnglóng.
당신의 사업이 번창하기를 바랍니다.

B 谢谢！
Xièxie!
감사합니다!

Voca

祝你身体健康。Zhù nǐ shēntǐ jiànkāng. 건강하세요. |
祝你旅途愉快。Zhù nǐ lǚtú yúkuài. 즐거운 여행하세요. |
祝你好运。Zhù nǐ hǎoyùn. 행운을 빌어요. |
祝你们俩幸福。Zhù nǐmen liǎ xìngfú. 두 분이 행복하길 바랍니다.

02
祝贺
zhùhè

동 축하하다

A 祝贺你毕业了！
Zhùhè nǐ bìyè le!
졸업을 축하해요!

B 谢谢！
Xièxie!
고마워요!

03
恭喜
gōngxǐ

동 축하하다

A 我快要结婚了。
Wǒ kuài yào jiéhūn le.
저 곧 결혼해요.

B 真的吗？恭喜恭喜！
Zhēn de ma? Gōngxǐ gōngxǐ!
진짜요? 축하해요!

Grammar

• 快要……了 : '곧 ~하려 하다'라는 의미로 어떤 일이 가까운 미래에 금방 일어날 때 쓰는 문형이다.

4 축원·축하와 칭찬

04 希望
xīwàng

[동] 희망하다, 바라다

A 希望你早日成功。
Xīwàng nǐ zǎorì chénggōng.
당신이 빠른 시일 내에 성공하기를 바랍니다.

B 谢谢您!
Xièxie nín!
고맙습니다!

05 快乐
kuàilè

[형] 즐겁다, 행복하다

A 新年快乐!
Xīnnián kuàilè!
새해 복 많이 받으세요!

B 祝你新年快乐!
Zhù nǐ xīnnián kuàilè!
새해 복 많이 받으세요!

06 愉快
yúkuài

[형] 유쾌하다, 기쁘다

A 周末愉快!
Zhōumò yúkuài!
유쾌한 주말 보내세요!

B 你也周末愉快!
Nǐ yě zhōumò yúkuài!
당신도 즐거운 주말 보내세요!

07 平安
píng'ān

[형] 평안하다

A 我下周要去美国旅行。
Wǒ xià zhōu yào qù Měiguó lǚxíng.
저는 다음 주에 미국으로 여행을 가요.

B 祝你一路平安。
Zhù nǐ yílù píng'ān.
여정이 평안하길 바랄게요.

08 顺利
shùnlì

[형] 순조롭다

A 明年我去中国工作。
Míngnián wǒ qù Zhōngguó gōngzuò.
내년에 저는 중국에 가서 일해요.

B 祝你一切**顺利**。
Zhù nǐ yíqiè shùnlì.
모든 것이 순조롭기를 바랍니다.

09 成功
chénggōng

[동] 성공하다

A 我终于**成功**了。
Wǒ zhōngyú chénggōng le.
저 드디어 성공했어요.

B 祝贺你。
Zhùhè nǐ.
축하해요.

10 发财
fācái

[동] 큰 돈을 벌다

A 恭喜**发财**！
Gōngxǐ fācái!
돈 많이 버세요!

B 谢谢！谢谢！
Xièxie! Xièxie!
고마워요! 고마워요!

11 棒
bàng

[형] 대단하다, 훌륭하다

A 他会说汉语、日语和英语。
Tā huì shuō Hànyǔ、Rìyǔ hé Yīngyǔ.
그는 중국어, 일본어, 그리고 영어를 할 줄 알아요.

B 哇！他真**棒**！
Wā! Tā zhēn bàng!
와! 그는 정말 대단하네요!

Grammar

- 会 : 배움이나 학습을 통해서 '할 줄 안다'라는 뜻의 조동사이며, [주어 + 会 + 동사 + 목적어] 형태로 쓰인다.

4 축원 · 축하와 칭찬

12 了不起 liǎobuqǐ

[형] 뛰어나다, 대단하다

A 我考上北京大学了。
Wǒ kǎoshàng Běijīng Dàxué le.
저는 베이징대학에 합격했어요.

B 你真了不起啊!
Nǐ zhēn liǎobuqǐ a!
당신 정말 대단해요!

13 出色 chūsè

[형] 출중하다, 뛰어나다

A 你的工作能力很出色。
Nǐ de gōngzuò nénglì hěn chūsè.
당신의 업무 능력이 출중하네요.

B 谢谢，我还得努力。
Xièxie, wǒ hái děi nǔlì.
고마워요. 저는 아직 노력해야 해요.

14 聪明 cōngming

[형] 똑똑하다

A 我只学了一个月。
Wǒ zhǐ xué le yí ge yuè.
저는 한 달만 배웠어요.

B 学得那么快，你真聪明啊!
Xué de nàme kuài, nǐ zhēn cōngming a!
그렇게 빨리 배우다니, 당신 정말 똑똑해요!

Grammar
- 시량보어 : 보어는 동사를 보충하는 역할을 하며 동사 뒤에서 동작이 진행된 시간의 양을 보충하며, [주어 + 동사 + 시량보어(一个月)]의 형태로 쓰인다.

15 过奖 guòjiǎng

[동] 과찬이다

A 你做菜做得真棒!
Nǐ zuò cài zuò de zhēn bàng!
당신 요리는 정말 훌륭해요!

B 你过奖了。
Nǐ guòjiǎng le.
과찬이세요.

16

漂亮
piàoliang

[형] 예쁘다, 아름답다, 멋지다

A 你新买的手机真漂亮。
　Nǐ xīn mǎi de shǒujī zhēn piàoliang.
　당신이 새로 산 휴대전화가 정말 예쁘네요.

B 当然了，呵呵呵！
　Dāngrán le, hē hē hē!
　당연하죠. 허허허!

17

童颜
tóngyán

[명] 동안

A 我今年40岁了。
　Wǒ jīnnián sìshí suì le.
　저 올해 40세가 되었어요.

B 真的？你真是童颜啊！
　Zhēn de? Nǐ zhēn shì tóngyán a!
　진짜요? 당신 정말 동안이시네요!

18

颜值
yánzhí

[명] 얼굴값, 외모의 예쁜 정도

A 哇！你们家人的颜值都很高。
　Wā! Nǐmen jiārén de yánzhí dōu hěn gāo.
　와! 당신 가족의 외모가 모두 훌륭하네요.

B 哪里哪里。
　Nǎli nǎli.
　별말씀을요.

Grammar

- 颜值는 신조어로 '얼굴의 가치'라는 뜻으로 외모가 예쁘고 잘생긴 사람에게 사용한다.
- 哪里哪里는 칭찬을 받았을 때, 예의상 하는 대답으로 우리말의 '아니에요', '뭘요'라는 뜻으로 사용한다.

5 감정표현

Mind Map Note

心情 xīnqíng
명 기분, 감정

开心 kāixīn
형 즐겁다, 신나다

伤心 shāngxīn
동 상심하다, 슬프다

担心 dānxīn
동 걱정하다, 염려하다

痛苦 tòngkǔ
형 고통스럽다, 괴롭다

感动 gǎndòng
동 감동하다

讨厌 tǎoyàn
동 얄밉다, 싫다

生气 shēngqì
동 화내다, 성나다

失望 shīwàng
동 실망하다

害羞 hàixiū
형 부끄러워하다, 수줍어하다

✱ Let's Start! 주제에 맞는 단어와 예문을 학습해보세요. 🔊 01-5

01 心情 xīnqíng

명 기분, 감정

A 今天心情怎么这么好?
Jīntiān xīnqíng zěnme zhème hǎo?
오늘 기분이 왜 이렇게 좋아요?

B 我有男朋友了。
Wǒ yǒu nán péngyou le.
저 남자친구가 생겼어요.

02 笑 xiào

동 웃다

A 你真是个爱笑的人。
Nǐ zhēn shì ge ài xiào de rén.
당신은 정말 잘 웃는 사람이에요.

B 是啊,我很喜欢笑。
Shì a, wǒ hěn xǐhuan xiào.
맞아요. 저는 웃는 것을 좋아해요.

Voca
微笑 wēixiào 미소 짓다 | 傻笑 shǎxiào 실없이 웃다, 바보스럽게 웃다

03 开心 kāixīn

형 즐겁다, 신나다

A 这次旅行怎么样?
Zhè cì lǚxíng zěnmeyàng?
이번 여행 어땠어요?

B 挺好的,玩儿得非常开心。
Tǐng hǎo de, wánr de fēicháng kāixīn.
매우 좋았어요. 굉장히 즐겁게 놀았어요.

04 有意思 yǒu yìsi

형 재미있다

A 跟你聊天儿真有意思。
Gēn nǐ liáotiānr zhēn yǒu yìsi.
당신하고 얘기하면 정말 재밌어요.

B 我也是。
Wǒ yě shì.
나도 그래요.

05 哭 kū

[동] 울다

A 你为什么哭?
Nǐ wèi shénme kū?
당신은 왜 울어요?

B 这部电影太感人了。
Zhè bù diànyǐng tài gǎnrén le.
이 영화가 너무 감동적이에요.

06 感动 gǎndòng

[동] 감동하다

A 这部电影太让人感动了。
Zhè bù diànyǐng tài ràng rén gǎndòng le.
이 영화는 너무 감동적이에요.

B 是啊,我差点儿哭了。
Shì a, wǒ chàdiǎnr kū le.
맞아요. 저는 하마터면 울 뻔했어요.

Grammar

- 差点儿 : '하마터면 ~할 뻔했다'라는 뜻의 부사로 '그러나 다행히 ~하지 않았다'라는 표현이다.

07 伤心 shāngxīn

[동] 상심하다, 슬프다

A 你的话让我太伤心了。
Nǐ de huà ràng wǒ tài shāngxīn le.
당신의 말이 저를 너무 속상하게 하네요.

B 我说什么了?
Wǒ shuō shénme le?
제가 뭐라고 말했죠?

08 痛苦 tòngkǔ

[형] 고통스럽다, 괴롭다

A 你怎么了?
Nǐ zěnme le?
당신 무슨 일이에요?

B 近来股票的行市直跌,我很痛苦。
Jìnlái gǔpiào de hángshi zhí diē, wǒ hěn tòngkǔ.
요새 주식 시세가 계속 떨어지고 있어서 너무 괴롭네요.

09 郁闷
yùmèn

형 답답하다

A 我又没通过面试，真郁闷。
Wǒ yòu méi tōngguò miànshì, zhēn yùmèn.
저 또 면접 통과 못했어요. 너무 답답하네요.

B 别伤心了，还会有机会的。
Bié shāngxīn le, hái huì yǒu jīhuì de.
너무 상심하지 마요. 또 기회가 있을 거예요.

10 失望
shīwàng

형 실망하다

A 我对你太失望了。
Wǒ duì nǐ tài shīwàng le.
저는 당신에게 무척 실망했어요.

B 对不起，再给我一次机会吧。
Duìbuqǐ, zài gěi wǒ yí cì jīhuì ba.
미안해요. 저에게 한 번 더 기회를 주세요.

11 担心
dānxīn

형 걱정하다

A 我明天有重要的发表，我很担心。
Wǒ míngtiān yǒu zhòngyào de fābiǎo, wǒ hěn dānxīn.
저 내일 중요한 발표가 있어서 걱정이에요.

B 担心什么，你没问题！
Dānxīn shénme, nǐ méi wèntí!
뭘 걱정하고 그래요. 당신은 문제 없어요!

12 放心
fàngxīn

동 안심하다

A 担心什么，我一定帮你。
Dānxīn shénme, wǒ yídìng bāng nǐ.
뭘 걱정해요. 제가 꼭 당신을 도와줄게요.

B 谢谢，那我就放心了。
Xièxie, nà wǒ jiù fàngxīn le.
고마워요. 그럼 저 마음 놓을게요.

13
惹
rě

동 (기분을) 건드리다

A 我心情不好，别惹我。
Wǒ xīnqíng bù hǎo, bié rě wǒ.
저 기분이 안 좋아요. 건드리지 마세요.

B 你怎么了？
Nǐ zěnme le?
당신 왜 그래요?

14
气
qì

동 화나다, 화나게 하다

A 他骗我，气死我了。
Tā piàn wǒ, qì sǐ wǒ le.
그가 저를 속였어요. 너무 화가 나요.

B 他为什么骗你？
Tā wèi shénme piàn nǐ?
그가 왜 당신을 속여요?

15
生气
shēngqì

동 화를 내다

A 对不起，别生气了。
Duìbuqǐ, bié shēngqì le.
미안해요. 화내지 말아요.

B 我没生气。
Wǒ méi shēngqì.
저는 화내지 않았어요.

Grammar

• 别……了 : '~하지 마라'는 금지의 의미이다.

16
吓
xià

동 놀라다, 놀라게 하다

A 我的天啊！吓死我了。
Wǒ de tiān a! Xià sǐ wǒ le.
세상에! 깜짝 놀랐어요.

B 出什么事儿了？
Chū shénme shìr le?
무슨 일이 생겼어요?

17 怕 pà

[동] 두렵다, 무섭다

A 你的脸色不太好，有什么事儿？
Nǐ de liǎnsè bú tài hǎo, yǒu shénme shìr?
당신의 안색이 별로 안 좋네요. 무슨 일 있어요?

B 这次考得不好，我怕妈妈生气。
Zhè cì kǎo de bù hǎo, wǒ pà māma shēngqì.
이번 시험을 못 봤어요. 엄마가 화낼까 봐 두려워요.

18 冲动 chōngdòng

[형] 충동적이다

A 他做什么事儿都很冲动。
Tā zuò shénme shìr dōu hěn chōngdòng.
그는 무슨 일을 해도 다 충동적이에요.

B 因为他性格很急。
Yīnwèi tā xìnggé hěn jí.
그가 성격이 급해서 그래요.

19 不像话 bú xiànghuà

(언행이) 말이 안 된다, 이치에 맞지 않다

A 在禁烟区怎么能抽烟呢？
Zài jìnyānqū zěnme néng chōuyān ne?
금연 구역에서 어떻게 담배를 피울 수 있어요?

B 是啊，太不像话了。
Shì a, tài bú xiànghuà le.
그러게요. 너무 말도 안 되네요.

Grammar

- [주어 + 怎么能 + 형용사/동사 + 呢?] : 반어문으로 '어떻게 ~할 수가 있어요?', '~할 수 없다'라는 뜻이다.

20 羡慕 xiànmù

[동] 부럽다

A 听说她的男朋友特别有能力。
Tīngshuō tā de nán péngyou tèbié yǒu nénglì.
듣자 하니 그녀의 남자친구가 굉장히 능력이 있다면서요.

B 真的吗？太羡慕她了。
Zhēn de ma? Tài xiànmù tā le.
진짜요? 그녀가 너무 부럽네요.

21 可惜 kěxī

[형] 안타깝다, 아쉽다

A 这次考试差点儿就及格了。
Zhè cì kǎoshì chàdiǎnr jiù jígé le.
이번 시험은 거의 합격할 뻔했는데.

B 真可惜，不过下次还有机会。
Zhēn kěxī, búguò xiàcì hái yǒu jīhuì.
정말 안타깝네요. 하지만 다음에 기회가 또 있어요.

22 舍不得 shěbude

[동] ~하기에 아쉽다

A 我下个月出国。
Wǒ xià ge yuè chūguó.
저는 다음 달에 출국해요.

B 真的？我舍不得你走。
Zhēn de? Wǒ shěbude nǐ zǒu.
정말요? 당신이 떠나는 것이 아쉽네요.

23 害羞 hàixiū

[형] 부끄러워하다, 수줍어하다

A 你又脸红了。
Nǐ yòu liǎn hóng le.
당신 얼굴이 또 빨개졌어요.

B 没办法，我一看到他就害羞。
Méi bànfǎ, wǒ yí kàndào tā jiù hàixiū.
방법이 없어요. 저는 그 사람 보기만 하면 부끄러워요.

Grammar

• 一 A 就 B : 'A하자마자 바로 B하다'라는 조건 반응의 표현이다.

24 丢人 diūrén

[동] 창피하다, 체면을 잃다

A 你这么做太丢人了。
Nǐ zhème zuò tài diūrén le.
당신 이렇게 하면 너무 창피해요.

B 对不起！
Duìbuqǐ!
미안해요!

25
无聊
wúliáo

[형] 재미없다, 심심하다

A 真无聊，我们做点儿什么吧。
Zhēn wúliáo, wǒmen zuò diǎnr shénme ba.
정말 심심하네요. 우리 뭐 좀 해요.

B 我们去逛街，怎么样？
Wǒmen qù guàngjiē, zěnmeyàng?
우리 쇼핑하러 가는 게 어때요?

26
着急
zháojí

[형] 조급하다, 초조하다

A 明天考试，我很着急。
Míngtiān kǎoshì, wǒ hěn zháojí.
내일이 시험이어서 초조해요.

B 别着急，考试不太难。
Bié zháojí, kǎoshì bú tài nán.
초조해하지 마세요. 시험은 그리 어렵지 않아요.

27
激动
jīdòng

[형] (감정이) 격해지다, 흥분하다

A 你为什么这么激动？
Nǐ wèi shénme zhème jīdòng?
당신은 왜 이렇게 흥분해요?

B 我遇到了我最喜欢的明星。
Wǒ yùdào le wǒ zuì xǐhuan de míngxīng.
제가 제일 좋아하는 연예인을 만났어요.

28
倒霉
dǎoméi

[형] 운이 안 좋다, 재수없다

A 你怎么了？
Nǐ zěnme le?
당신 왜 그래요?

B 真倒霉，我的钱包丢了。
Zhēn dǎoméi, wǒ de qiánbāo diū le.
정말 운이 안 좋아요. 지갑을 잃어버렸어요.

29

糟糕
zāogāo

[형] 망치다, 엉망이 되다, 큰일 나다

A 糟糕了，我起晚了。
Zāogāo le, wǒ qǐwǎn le.
큰일났어요. 저 늦게 일어났어요.

B 快准备吧。
Kuài zhǔnbèi ba.
빨리 준비해요.

30

讨厌
tǎoyàn

[형] 얄밉다, 싫다

A 你炒的菜没有以前难吃了！
Nǐ chǎo de cài méiyǒu yǐqián nánchī le!
당신이 한 요리가 이전만큼 맛 없지는 않네!

B 你真讨厌！
Nǐ zhēn tǎoyàn!
당신 진짜 얄밉네요!

31

烦
fán

[형] 귀찮다, 성가시다

A 今天晚上我们得加班。
Jīntiān wǎnshang wǒmen děi jiābān.
오늘 저녁에 우리는 야근해야 해요.

B 真烦！
Zhēn fán!
진짜 짜증나요!

32

冷静
lěngjìng

[형] 침착하다

A 我太生气了。
Wǒ tài shēngqì le.
너무 화가 나요.

B 你冷静一下儿。
Nǐ lěngjìng yíxiàr.
좀 침착하세요.

✱ Voca Review
다음 빈칸에 한자, 병음, 뜻을 알맞게 채워보세요.

한자	병음	뜻
① 介绍	jièshào	소개하다
② 名字	míngzi	이름
③ 年纪	niánjì	나이, 연령, 연세
④ 性格	xìnggé	성격
⑤ 血型	xuèxíng	혈액형
⑥ 爱好	àihào	취미
⑦ 感谢	gǎnxiè	감사하다
⑧ 心意	xīnyì	성의, 마음
⑨ 抱歉	bàoqiàn	미안하다, 죄송하다
⑩ 多亏	duōkuī	덕분이다
⑪ 麻烦	máfan	귀찮게 하다, 폐를 끼치다
⑫ 原谅	yuánliàng	용서하다
⑬ 早安	zǎo'ān	잘 잤니?, 안녕히 주무셨어요?
⑭ 晚安	wǎn'ān	잘 자요, 안녕히 주무세요
⑮ 好久不见	hǎo jiǔ bú jiàn	오랜만이다

UNIT 02

✱

취미 · 여가

원어민MP3 듣기

 쓰기 연습장 PDF

1	운동	50
2	요리	58
3	영화·공연	67
4	오락·놀이	74
5	전시회	81
✹	Voca Review	87

1 운동

Mind Map Note

运动 yùndòng
동 운동하다

足球 zúqiú
명 축구

棒球 bàngqiú
명 야구

篮球 lánqiú
명 농구

游泳 yóuyǒng
명 수영 동 수영하다

减肥 jiǎnféi
동 살을 빼다, 다이어트를 하다

瑜伽 yújiā
명 요가

滑雪 huáxuě
명 스키 동 스키를 타다

跑步 pǎobù
동 달리다

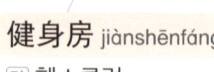

健身房 jiànshēnfáng
명 헬스클럽

✳ Let's Start! 주제에 맞는 단어와 예문을 학습해보세요. 🔊 02-1

01 运动 yùndòng

동 운동하다

A 你平时喜欢做什么?
Nǐ píngshí xǐhuan zuò shénme?
당신은 평소에 뭐 하는 것을 좋아해요?

B 我非常喜欢运动。
Wǒ fēicháng xǐhuan yùndòng.
저는 운동하는 것을 굉장히 좋아해요.

02 体育 tǐyù

명 체육, 스포츠

A 我特别爱看体育直播。
Wǒ tèbié ài kàn tǐyù zhíbō.
저는 특히 스포츠 생중계를 즐겨 봐요.

B 我从来不看。
Wǒ cónglái bú kàn.
저는 (스포츠 채널을) 아예 보지 않아요.

03 足球 zúqiú

명 축구

A 昨天的足球比赛怎么样?
Zuótiān de zúqiú bǐsài zěnmeyàng?
어제 축구 시합 어땠어요?

B 踢得特棒,韩国队赢了。
Tī de tè bàng, Hánguó duì yíng le.
아주 멋있게 찼어요. 한국팀이 이겼어요.

Grammar

- 踢 : '(발로) 차다'라는 뜻의 동사이다. 주로 발로 하는 운동과 함께 쓰인다.

Voca

棒球 bàngqiú 야구 | 篮球 lánqiú 농구 | 网球 wǎngqiú 테니스 | 排球 páiqiú 배구 | 乒乓球 pīngpāngqiú 탁구 | 羽毛球 yǔmáoqiú 배드민턴 | 保龄球 bǎolíngqiú 볼링

04 比赛
bǐsài

명 시합, 대회

A 你喜欢看什么比赛?
Nǐ xǐhuan kàn shénme bǐsài?
당신은 어떤 시합을 보는 것을 좋아해요?

B 我喜欢看棒球比赛。
Wǒ xǐhuan kàn bàngqiú bǐsài.
저는 야구 시합 보는 것을 좋아해요.

05 高尔夫球
gāo'ěrfūqiú

명 골프

A 你周末做什么?
Nǐ zhōumò zuò shénme?
당신은 주말에 뭐 해요?

B 我周末跟同事去打高尔夫球。
Wǒ zhōumò gēn tóngshì qù dǎ gāo'ěrfūqiú.
저는 주말에 동료와 골프 치러 가요.

Grammar

- 打 : '(손으로) 치다, 때리다, 두드리다'라는 뜻의 동사이다. 주로 손으로 하는 운동과 함께 쓰인다.

06 滑雪
huáxuě

명 스키 동 스키를 타다

A 你学过滑雪吗?
Nǐ xuéguo huáxuě ma?
당신은 스키를 배운 적이 있나요?

B 我没学过,今年冬天我想去学。
Wǒ méi xuéguo, jīnnián dōngtiān wǒ xiǎng qù xué.
저는 배워본 적 없어요. 올 겨울에 가서 배워보고 싶어요.

Grammar

- 滑 : '미끄럽다', '미끄러지다'라는 뜻의 동사이다. 스키는 눈 위에서 미끄러지듯 타는 운동이므로 滑雪, 스케이트는 얼음 위에서 미끄러지듯 타는 운동이므로 滑冰 huábīng이라고 한다.
- 过 : 동태조사로 동사의 뒤에 쓰여 '~한 적 있다'라는 뜻이며 과거의 경험을 나타낸다. [주어 + 동사 + 过 + 목적어]의 형태로 쓰인다.

07
游泳
yóuyǒng

명 수영 동 수영하다

A 你会游泳吗?
Nǐ huì yóuyǒng ma?
당신은 수영할 줄 알아요?

B 我当然会，而且游得很好。
Wǒ dāngrán huì, érqiě yóu de hěn hǎo.
당연히 할 줄 알죠. 게다가 수영을 아주 잘해요.

08
瑜伽
yújiā

명 요가

A 你练了多长时间瑜伽?
Nǐ liàn le duō cháng shíjiān yújiā?
당신은 얼마 동안 요가를 배웠나요?

B 我练了一年瑜伽。
Wǒ liàn le yì nián yújiā.
저는 1년 동안 요가를 배웠어요.

Voca
空中瑜伽 kōngzhōng yújiā 플라잉요가 | 普拉提 pǔlātí 필라테스

09
跳绳
tiàoshéng

명 줄넘기

A 有什么简单的运动吗?
Yǒu shénme jiǎndān de yùndòng ma?
어떤 간단한 운동 있을까요?

B 跳绳又简单又不花钱。
Tiàoshéng yòu jiǎndān yòu bù huā qián.
줄넘기는 간단하기도 하고 돈도 안 들어요.

10
跑步
pǎobù

동 달리다

A 你最近瘦多了。
Nǐ zuìjìn shòu duō le.
당신 요즘 살이 많이 빠졌네요.

B 我每天早上跑步一个小时。
Wǒ měitiān zǎoshang pǎo bù yí ge xiǎoshí.
저는 매일 아침에 한 시간 동안 달리기를 해요.

1 운동

11 跑步机 pǎobùjī

명 러닝머신

A 我打算买台跑步机。
Wǒ dǎsuàn mǎi tái pǎobùjī.
저는 러닝머신을 한 대 살 생각이에요.

B 跑步机不贵吗?
Pǎobùjī bú guì ma?
러닝머신은 비싸지 않나요?

Voca

哑铃 yǎlíng 아령 | 呼啦圈 hūlāquān 훌라후프 | 沙袋 shādài 샌드백, 모래주머니 | 运动垫 yùndòng diàn 운동 매트

12 马拉松 mǎlāsōng

명 마라톤

A 你周末干什么了?
Nǐ zhōumò gàn shénme le?
당신은 주말에 뭐했어요?

B 我参加了马拉松比赛。
Wǒ cānjiā le mǎlāsōng bǐsài.
마라톤 대회에 참가했어요.

13 自行车 zìxíngchē

명 자전거

A 最近我体力不太好。
Zuìjìn wǒ tǐlì bú tài hǎo.
요즘 저는 체력이 안 좋아요.

B 骑自行车可以锻炼锻炼身体。
Qí zìxíngchē kěyǐ duànliàn duànliàn shēntǐ.
자전거 타기는 몸을 좀 단련할 수 있어요.

Grammar

- 骑: '~을 타다'라는 뜻의 동사이다. 말을 타거나 자전거, 오토바이, 운동기구 등을 탈 때 쓰인다.

Voca

骑马 qí mǎ 말을 타다 | 骑摩托车 qí mótuōchē 오토바이를 타다 | 骑动感单车 qí dònggǎndānchē 스피닝하다

14 铁人三项赛
tiěrén sān xiàng sài

철인 3종 경기

A 铁人三项赛包括什么?
Tiěrén sān xiàng sài bāokuò shénme?
철인 3종 경기에는 무엇이 포함되죠?

B 包括游泳、自行车、长跑。
Bāokuò yóuyǒng、zìxíngchē、chángpǎo.
수영, 자전거, 오래달리기가 포함돼요.

15 有氧
yǒuyǎng

[명] 유산소

A 平时你做什么有氧运动。
Píngshí nǐ zuò shénme yǒuyǎng yùndòng.
평소 당신은 어떤 유산소 운동을 하나요?

B 我每天去公园慢跑。
Wǒ měitiān qù gōngyuán mànpǎo.
저는 매일 공원에 가서 조깅을 해요.

16 晨练
chénliàn

[동] 아침 운동을 하다

A 你为什么每天起得这么早?
Nǐ wèi shénme měitiān qǐ de zhème zǎo?
당신은 왜 매일 이렇게 일찍 일어나세요?

B 我早上去公园晨练。
Wǒ zǎoshang qù gōngyuán chénliàn.
저는 아침에 공원에 가서 아침 운동을 해요.

17 减肥
jiǎnféi

[동] 살을 빼다, 다이어트를 하다

A 我想减肥,什么方法好呢?
Wǒ xiǎng jiǎnféi, shénme fāngfǎ hǎo ne?
다이어트를 하고 싶은데, 어떤 방법이 좋을까요?

B 最好每天运动。
Zuì hǎo měitiān yùndòng.
가장 좋은 건 매일 운동을 하는 거예요.

18 跳舞
tiàowǔ

[동] 춤을 추다

A 听说**跳舞**可以减肥，我想学**跳舞**。
Tīngshuō tiàowǔ kěyǐ jiǎnféi, wǒ xiǎng xué tiàowǔ.
듣자니 춤을 추면 다이어트가 된다고 해서, 춤을 배우고 싶어요.

B 那你学尊巴吧，最近尊巴很流行。
Nà nǐ xué zūnbā ba, zuìjìn zūnbā hěn liúxíng.
그럼 줌바를 배우세요. 요즘 줌바가 유행이에요.

Grammar

- 尊巴 : 라틴 음악에 맞춰서 춤을 추듯이 하는 댄스 운동이다.

19 健身房
jiànshēnfáng

[명] 헬스클럽

A 我家附近新开了一家**健身房**。
Wǒ jiā fùjìn xīn kāi le yì jiā jiànshēnfáng.
우리 집 근처에 헬스클럽이 새로 오픈했어.

B 太好了，我们一起去健身吧。
Tài hǎo le, wǒmen yìqǐ qù jiànshēn ba.
너무 잘됐네. 우리 같이 가서 운동하자.

Grammar

- 健身 : '몸을 건강하게 하다'라는 뜻으로 '(헬스클럽에서) 운동을 하다'의 의미로도 쓰인다.

20 教练
jiàoliàn

[명] 코치

A 我没来过健身房，不知道怎么运动。
Wǒ méi láiguo jiànshēnfáng, bù zhīdào zěnme yùndòng.
저는 헬스클럽에 와본 적이 없어서 어떻게 운동해야 하는지 몰라요.

B 你去问问**教练**吧。
Nǐ qù wènwen jiàoliàn ba.
코치에게 가서 한번 물어보세요.

21 选手
xuǎnshǒu

명 선수

A 你以后想当什么?
Nǐ yǐhòu xiǎng dāng shénme?
당신은 앞으로 뭐가 되고 싶어요?

B 我非常喜欢游泳,想当游泳选手。
Wǒ fēicháng xǐhuan yóuyǒng, xiǎng dāng yóuyǒng xuǎnshǒu.
저는 수영하는 것을 굉장히 좋아해서 수영선수가 되고 싶어요.

22 肌肉
jīròu

명 근육

A 你的肌肉真发达。
Nǐ de jīròu zhēn fādá.
당신 근육이 정말 발달했네요.

B 我平时喜欢运动。
Wǒ píngshí xǐhuan yùndòng.
저는 평소에 운동하는 것을 좋아해요.

23 神经
shénjīng

명 신경

A 你运动神经真好!
Nǐ yùndòng shénjīng zhēn hǎo!
당신은 운동신경이 정말 좋네요!

B 我从小喜欢运动。
Wǒ cóngxiǎo xǐhuan yùndòng.
저는 어려서부터 운동하는 것을 좋아했어요.

2 요리

Mind Map Note

烹调 pēngtiáo
명 요리 동 요리하다

烤 kǎo
동 (불에) 굽다

炸 zhá
동 튀기다

炒 chǎo
동 볶다

味道 wèidao
명 맛, 냄새

厨师 chúshī
명 요리사, 셰프

调味料 tiáowèiliào
명 양념, 조미료

好吃 hǎochī
형 맛있다, 맛나다

美食家 měishíjiā
명 미식가

拿手菜 náshǒucài
가장 자신 있는 요리

✱ Let's Start! 주제에 맞는 단어와 예문을 학습해보세요. 🔊 02-2

01 烹调
pēngtiáo

동 요리하다

A 你平时有什么爱好?
Nǐ píngshí yǒu shénme àihào?
당신은 평소에 어떤 취미가 있어요?

B 我平时爱好烹调。
Wǒ píngshí àihào pēngtiáo.
저는 평소에 요리하는 것을 좋아해요.

02 料理
liàolǐ

명 요리

A 你会做什么料理?
Nǐ huì zuò shénme liàolǐ?
당신은 어떤 요리 할 줄 알아요?

B 我会做日本料理。
Wǒ huì zuò Rìběn liàolǐ.
저는 일본요리를 할 줄 알아요.

03 烹饪书
pēngrènshū

명 요리책

A 我想学做中国菜。
Wǒ xiǎng xué zuò Zhōngguó cài.
저는 중국요리 만드는 것을 배우고 싶어요.

B 那你去书店看看烹饪书吧。
Nà nǐ qù shūdiàn kànkan pēngrènshū ba.
그럼 서점에 가서 요리책을 한번 봐요.

04 厨师
chúshī

명 요리사, 셰프

A 你以后想当什么?
Nǐ yǐhòu xiǎng dāng shénme?
넌 나중에 뭐가 되고 싶니?

B 平时我喜欢做菜,所以我想当厨师。
Píngshí wǒ xǐhuan zuò cài, suǒyǐ wǒ xiǎng dāng chúshī.
난 평소에 요리하는 것을 좋아해서 요리사가 되고 싶어.

05 厨师证
chúshīzhèng

명 요리사 자격증

A 你韩国菜做得这么好!
Nǐ Hánguó cài zuò de zhème hǎo!
당신 한국 요리를 이렇게 잘 만들었네요!

B 我喜欢做菜，取得了厨师证。
Wǒ xǐhuan zuò cài, qǔdé le chúshīzhèng.
저는 요리하는 것을 좋아해서 요리사 자격증을 취득했어요.

06 面点师
miàndiǎnshī

명 제빵사

A 你的爱好是什么?
Nǐ de àihào shì shénme?
당신의 취미는 뭐예요?

B 我的爱好是做面包，想当面点师。
Wǒ de àihào shì zuò miànbāo, xiǎng dāng miàndiǎnshī.
제 취미는 빵을 만드는 거예요. 제빵사가 되고 싶어요.

07 美食家
měishíjiā

명 미식가

A 我每周末都去找各种美食。
Wǒ měi zhōumò dōu qù zhǎo gèzhǒng měishí.
저는 주말마다 여러 종류의 맛있는 음식을 찾으러 다녀요.

B 你真是个美食家。
Nǐ zhēn shì ge měishíjiā.
당신 진짜 미식가네요.

08 中餐
zhōngcān

명 중식

A 你喜欢吃中餐还是韩餐?
Nǐ xǐhuan chī Zhōngcān háishi Háncān?
당신은 중식을 좋아해요? 아니면 한식을 좋아해요?

B 我更喜欢吃中餐。
Wǒ gèng xǐhuan chī Zhōngcān.
저는 중식을 더 좋아해요.

Voca
韩餐 Háncān 한식 | 日餐 Rìcān 일식 | 西餐 Xīcān 양식

09 正宗 zhèngzōng

형 정통의, 원조의

A 这是我做的中国菜，你尝尝。
Zhè shì wǒ zuò de Zhōngguó cài, nǐ chángchang.
이것은 제가 만든 중국요리예요. 맛 좀 보세요.

B 哦！做得真正宗。
Ó! Zuò de zhēn zhèngzōng.
오! 진짜 원조의 맛이 나게 만들었네요.

10 好吃 hǎochī

형 맛있다, 맛나다

A 你做的中国菜都很好吃。
Nǐ zuò de Zhōngguó cài dōu hěn hǎochī.
당신이 만든 중국요리 다 맛있어요.

B 我学过做中国菜。
Wǒ xuéguo zuò Zhōngguó cài.
저는 중국요리 만드는 것을 배운 적이 있거든요.

11 口味 kǒuwèi

명 입맛, 구미

A 这个菜好吃吗？
Zhè ge cài hǎochī ma?
이 음식 맛있어요?

B 非常好吃，很合我的口味。
Fēicháng hǎochī, hěn hé wǒ de kǒuwèi.
굉장히 맛있어요. 제 입맛에 잘 맞아요.

12 饱 bǎo

형 배부르다

A 你再吃点儿吧，我做了很多菜。
Nǐ zài chī diǎnr ba, wǒ zuò le hěn duō cài.
좀 더 드세요. 제가 음식을 많이 했어요.

B 我饱了，一会儿吃吧。
Wǒ bǎo le, yíhuìr chī ba.
배불러요. 이따 먹을게요.

13
味道
wèidao

명 맛, 냄새

A 你喜欢什么**味道**的菜?
Nǐ xǐhuan shénme wèidao de cài?
당신은 어떤 맛의 음식을 좋아해요?

B 我喜欢又酸又甜的。
Wǒ xǐhuan yòu suān yòu tián de.
저는 새콤달콤한 음식을 좋아해요.

Grammar
- 又 A 又 B : 'A하기도 하고, 또 B하기도 하다'라는 두 가지 성질을 나열할 때 쓰는 구문이다.

Voca
辣 là 맵다 | 酸 suān 시다, 새콤하다 | 甜 tián 달다, 달콤하다 | 苦 kǔ 쓰다 | 咸 xián 짜다 | 淡 dàn 싱겁다 | 清淡 qīngdàn 담백하다 | 油腻 yóunì 느끼하다, 기름지다

14
胃口
wèikǒu

명 식욕, 입맛

A 我最近没有**胃口**，什么也不想吃。
Wǒ zuìjìn méi yǒu wèikǒu, shénme yě bù xiǎng chī.
나 요즘 입맛이 없어. 아무것도 먹고 싶지 않아.

B 你等等，我给你做好吃的。
Nǐ děngdeng, wǒ gěi nǐ zuò hǎochī de.
잠깐 기다려. 내가 맛있는 음식을 해줄게.

15
拿手菜
náshǒucài

가장 자신 있는 요리

A 听说你菜做得非常好，会做什么菜?
Tīngshuō nǐ cài zuò de fēicháng hǎo, huì zuò shénme cài?
당신이 요리를 굉장히 잘한다고 들었어요. 어떤 요리를 할 줄 알아요?

B 我的**拿手菜**是麻婆豆腐。
Wǒ de náshǒucài shì mápódòufu.
제가 가장 자신 있는 요리는 마파두부예요.

16 家常菜
jiāchángcài

⟨명⟩ 가정식, 집 반찬

A 我家常菜做得很好吃。
Wǒ jiāchángcài zuò de hěn hǎochī.
저는 집 반찬을 맛있게 만들어요.

B 是吗？那你教我几道家常菜吧。
Shì ma? Nà nǐ jiāo wǒ jǐ dào jiāchángcài ba.
그래요? 그럼 제게 집 반찬 몇 가지만 가르쳐주세요.

17 平底锅
píngdǐguō

⟨명⟩ 프라이팬

A 做这个得用什么锅？
Zuò zhè ge děi yòng shénme guō?
이것을 만들려면 어떤 냄비를 사용해야 해요?

B 用平底锅吧。
Yòng píngdǐguō ba.
프라이팬을 사용하세요.

Voca
小锅 xiǎoguō 냄비 | 汤勺 tāngsháo 국자 | 菜刀 càidāo 식칼 |
茶勺儿 cháshaór 티스푼 | 厨房纸巾 chúfáng zhǐjīn 키친타월 |
菜板 càibǎn 도마

18 调味料
tiáowèiliào

⟨명⟩ 양념, 조미료

A 这个菜要放什么调味料？
Zhè ge cài yào fàng shénme tiáowèiliào?
이 음식은 어떤 양념을 넣어야 해요?

B 放盐、糖、香油、酱油。
Fàng yán、táng、xiāngyóu、jiàngyóu.
소금, 설탕, 참기름, 간장을 넣으세요.

Voca
醋 cù 식초 | 盐 yán 소금 | 糖 táng 설탕 | 酱油 jiàngyóu 간장 |
香油 xiāngyóu 참기름 | 食用油 shíyòngyóu 식용유 |
胡椒粉 hújiāofěn 후추 | 番茄酱 fānqiéjiàng 케첩

19 炒 chǎo

동 볶다

A 这个菜怎么做?
Zhè ge cài zěnme zuò?
이 음식은 어떻게 만들어요?

B 先炒肉，然后放蔬菜。
Xiān chǎo ròu, ránhòu fàng shūcài.
먼저 고기를 볶고, 그 다음에 채소를 넣어요.

Voca

炸 zhá 튀기다 | 煎 jiān 부치다 | 蒸 zhēng 찌다 | 煮 zhǔ 삶다 | 涮 shuàn 살짝 데치다 | 烤 kǎo 굽다 | 拌 bàn 비비다

20 切 qiē

동 썰다, 자르다

A 这个太大了，你切一下儿。
Zhè ge tài dà le, nǐ qiē yíxiàr.
이건 너무 커요. 썰어주세요.

B 好的，我来切。
Hǎo de, wǒ lái qiē.
알았어요. 제가 썰게요.

21 热 rè

동 데우다, 가열하다 형 뜨겁다

A 这个菜凉了。
Zhè ge cài liáng le.
이 음식은 식었어요.

B 那你用微波炉热一下儿吧。
Nà nǐ yòng wēibōlú rè yíxiàr ba.
그럼 전자레인지를 이용해서 살짝 데우세요.

Voca

煤气灶 méiqìzào 가스레인지 | 烤箱 kǎoxiāng 오븐 | 搅拌机 jiǎobànjī 믹서기 | 烤面包机 kǎomiànbāojī 토스트기

22
糊
hú

[형] 타다

A 这个海鲜饼煎糊了。
Zhè ge hǎixiānbǐng jiānhú le.
이 해물전이 탔어요.

B 呵呵，因为我刚学会。
Hēhē, yīnwèi wǒ gāng xuéhuì.
하하, 왜냐하면 이제 막 배워서 할 수 있게 되었거든요.

23
开胃菜
kāiwèicài

[명] 애피타이저, 전채

A 这是开胃菜，你尝尝。
Zhè shì kāiwèicài, nǐ chángchang.
이건 애피타이저예요. 먹어봐요.

B 哇！这是水果沙拉吗？
Wā! Zhè shì shuǐguǒ shālā ma?
와! 이거 과일 샐러드인가요?

24
主食
zhǔshí

[명] 메인 요리

A 你要吃什么主食？
Nǐ yào chī shénme zhǔshí?
당신은 어떤 메인 요리를 먹을 거예요?

B 我要吃炒饭。
Wǒ yào chī chǎofàn.
저는 볶음밥을 먹을게요.

25
甜点
tiándiǎn

[명] 디저트

A 这是你做的甜点吗？
Zhè shì nǐ zuò de tiándiǎn ma?
이건 당신이 만든 디저트인가요?

B 对，是我跟厨师学的。
Duì, shì wǒ gēn chúshī xué de.
맞아요. 셰프한테 배운 거예요.

26 小吃
xiǎochī

명 간식, 간단히 먹는 것

A 我有点儿饿，你会做什么小吃？
Wǒ yǒudiǎnr è, nǐ huì zuò shénme xiǎochī?
저 조금 배고픈데, 당신 어떤 간식을 만들 줄 알아요?

B 我会做炒年糕。
Wǒ huì zuò chǎoniángāo.
전 떡볶이를 만들 줄 알아요.

Grammar

- 有点儿과 一点儿: 有点儿은 서술어 앞에서 부사로 쓰여 불만의 어투를 지니며(有点儿长, 有点儿紧), 一点儿은 서술어 뒤에서 수량사로 쓰인다(慢一点儿, 快一点儿).

27 夜宵
yèxiāo

명 야식

A 我能做很多夜宵。
Wǒ néng zuò hěn duō yèxiāo.
저는 많은 야식을 만들 수 있어요.

B 真的？那教我几个吧。
Zhēn de? Nà jiāo wǒ jǐ ge ba.
정말요? 그럼 저에게 몇 개 가르쳐주세요.

3 영화 · 공연

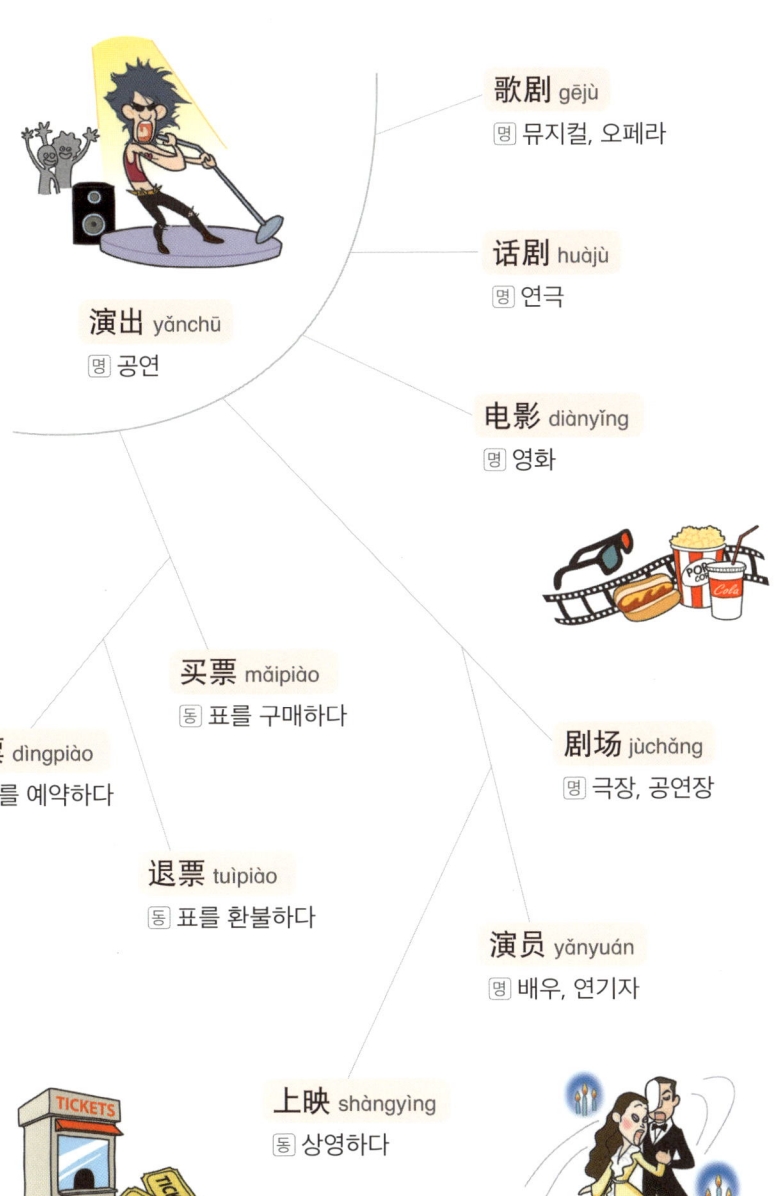

✱ Let's Start!

주제에 맞는 단어와 예문을 학습해보세요. 🔊 02-3

01 电影 diànyǐng

명 영화

A 周末你想做什么?
Zhōumò nǐ xiǎng zuò shénme?
주말에 당신 뭐하고 싶어요?

B 我们去看电影怎么样?
Wǒmen qù kàn diànyǐng zěnmeyàng?
우리 영화 보러 가는 거 어때요?

02 电影院 diànyǐngyuàn

명 영화관

A 这儿附近有电影院吗?
Zhèr fùjìn yǒu diànyǐngyuàn ma?
여기 근처에 영화관이 있나요?

B 有一家星聚汇电影院。
Yǒu yì jiā xīngjùhuì diànyǐngyuàn.
CGV 영화관이 하나 있어요.

03 上映 shàngyìng

동 상영하다

A 那部电影什么时候上映?
Nà bù diànyǐng shénme shíhou shàngyìng?
그 영화는 언제 상영해요?

B 下个星期一上映。
Xià ge xīngqīyī shàngyìng.
다음 주 월요일에 상영해요.

04 订票 dìngpiào

동 표를 예약하다(예매하다)

A 我们一起去看电影吧。
Wǒmen yìqǐ qù kàn diànyǐng ba.
우리 같이 영화 보러 가요.

B 好啊,那我在网上订票。
Hǎo a, nà wǒ zài wǎngshàng dìngpiào.
좋아요, 그럼 제가 인터넷으로 표를 예약할게요.

05 买票 mǎipiào

동 표(티켓)를 사다

A 你**买票**了吗?
Nǐ mǎipiào le ma?
당신 표 샀어요?

B 当然，已经买好了。
Dāngrán, yǐjīng mǎihǎo le.
당연하죠. 이미 샀어요.

Voca

电影票 diànyǐngpiào 영화표 | 火车票 huǒchēpiào 기차표 | 机票 jīpiào 비행기표 | 门票 ménpiào 입장표

06 首映式 shǒuyìngshì

명 시사회

A 我想去参加那部电影的**首映式**。
Wǒ xiǎng qù cānjiā nà bù diànyǐng de shǒuyìngshì.
저는 그 영화 시사회에 참석하러 가고 싶어요.

B 太好了，我正好有两张票。
Tài hǎo le, wǒ zhènghǎo yǒu liǎng zhāng piào.
너무 잘됐네요. 마침 표 두 장이 있어요.

07 演员 yǎnyuán

명 연기자

A 你喜欢哪位电影**演员**?
Nǐ xǐhuan nǎ wèi diànyǐng yǎnyuán?
당신은 어떤 영화 배우를 좋아해요?

B 我都很喜欢。你呢?
Wǒ dōu hěn xǐhuan. Nǐ ne?
저는 다 좋아합니다. 당신은요?

08 演 yǎn

동 연기하다

A 那个演员**演**得怎么样?
Nà ge yǎnyuán yǎn de zěnmeyàng?
그 배우는 연기하는 게 어때요?

B **演**得很出色，所以我很喜欢他。
Yǎn de hěn chūsè, suǒyǐ wǒ hěn xǐhuan tā.
연기가 아주 출중해요. 그래서 저는 그를 좋아해요.

09 主角 zhǔjué

명 주연

A 你喜欢这部话剧的主角吗?
Nǐ xǐhuan zhè bù huàjù de zhǔjué ma?
당신은 이 연극의 주인공을 좋아하나요?

B 当然了,他演的话剧我都喜欢。
Dāngrán le, tā yǎn de huàjù wǒ dōu xǐhuan.
당연하죠. 그가 출연하는 연극을 저는 다 좋아해요.

10 开始 kāishǐ

동 시작하다

A 电影几点开始?
Diànyǐng jǐ diǎn kāishǐ?
영화는 몇 시에 시작하나요?

B 快要开始了,我们快走吧。
Kuài yào kāishǐ le, wǒmen kuài zǒu ba.
곧 시작해요. 우리 빨리 가요.

Voca
结束 jiéshù 끝나다, 마치다, 종료하다

11 爆米花 bàomǐhuā

명 팝콘

A 电影还没开始呢,你要吃什么?
Diànyǐng hái méi kāishǐ ne, nǐ yào chī shénme?
영화는 아직 시작하지 않았어. 너 뭐 먹을래?

B 我们买爆米花和可乐吧。
Wǒmen mǎi bàomǐhuā hé kělè ba.
우리 팝콘이랑 콜라를 사자.

12 座位 zuòwèi

명 좌석, 자리

A 我们的座位在哪儿?
Wǒmen de zuòwèi zài nǎr?
우리 좌석은 어디예요?

B 等一下儿,我看看票。
Děng yíxiàr, wǒ kànkan piào.
잠깐만요. 표를 좀 볼게요.

13 VIP席
VIPxí

[명] VIP석

A 我一直很想看这个歌剧。
Wǒ yìzhí hěn xiǎng kàn zhè ge gējù.
저는 줄곧 이 뮤지컬을 보고 싶었어요.

B 那我上网看看有没有VIP席的票。
Nà wǒ shàngwǎng kànkan yǒu méi yǒu VIPxí de piào.
그럼 제가 인터넷으로 VIP석 표가 있는지 볼게요.

14 早场
zǎochǎng

[명] 조조영화

A 我们明天去看早场电影吧，早场电影便宜点儿。
Wǒmen míngtiān qù kàn zǎochǎng diànyǐng ba, zǎochǎng diànyǐng piányi diǎnr.
우리 내일 조조영화 봐요. 조조영화 표가 좀 저렴해요.

B 太早了，我们看夜场怎么样？
Tài zǎo le, wǒmen kàn yèchǎng zěnmeyàng?
시간이 너무 일러요. 우리 심야영화를 보는 게 어때요?

15 热门
rèmén

[형] 인기 있다

A 最近有什么热门电影吗？
Zuìjìn yǒu shénme rèmén diànyǐng ma?
요즘 인기 있는 영화가 있나요?

B 我找找，…最近这部电影很热门。
Wǒ zhǎozhao, …zuìjìn zhè bù diànyǐng hěn rèmén.
제가 찾아볼게요. …요즘 이 영화가 인기 있어요.

16 排行榜
páihángbǎng

[명] 순위, 랭킹

A 我真不知道看什么电影好了。
Wǒ zhēn bù zhīdào kàn shénme diànyǐng hǎo le.
어떤 영화를 보면 좋을지 정말 모르겠어요.

B 先看一下电影排行榜吧。
Xiān kàn yíxià diànyǐng páihángbǎng ba.
우선 영화 순위를 한번 봐요.

17

喜剧片
xǐjùpiàn

명 코미디 영화

A 你喜欢什么电影?
 Nǐ xǐhuan shénme diànyǐng?
 당신은 어떤 영화 좋아해요?

B 我非常喜欢喜剧片。
 Wǒ fēicháng xǐhuan xǐjùpiàn.
 저는 코미디 영화를 굉장히 좋아해요.

Voca

恐怖片 kǒngbùpiàn 공포 영화 | 科幻片 kēhuànpiàn SF, 공상과학 영화 | 悬疑片 xuányípiàn 미스터리 영화 | 惊悚片 jīngsǒngpiàn 스릴러 영화 | 爱情片 àiqíngpiàn 멜로 영화 | 动作片 dòngzuòpiàn 액션 영화 | 纪录片 jìlùpiàn 다큐멘터리 영화

18

大片儿
dàpiānr

명 블록버스터, 대작

A 你看过《泰坦尼克》吗?
 Nǐ kànguo 《Tàitǎnníkè》 ma?
 당신 《타이타닉》 봤어요?

B 当然看过,那是有名的大片儿嘛!
 Dāngrán kànguo, nà shì yǒumíng de dàpiānr ma!
 당연히 봤죠. 유명한 블록버스터 영화잖아요!

19

演出
yǎnchū

명 공연

A 周末我要去看这个演出。
 Zhōumò wǒ yào qù kàn zhè ge yǎnchū.
 주말에 저는 이 공연을 보러 갈 거예요.

B 我也想去看。
 Wǒ yě xiǎng qù kàn.
 저도 보러 가고 싶어요.

20 话剧 huàjù

명 연극

A 我们明天晚上去看电影，好吗？
Wǒmen míngtiān wǎnshang qù kàn diànyǐng, hǎo ma?
우리 내일 저녁에 영화 보러 가요. 좋아요?

B 我不太喜欢看电影，我喜欢看话剧。
Wǒ bú tài xǐhuan kàn diànyǐng, wǒ xǐhuan kàn huàjù.
저는 영화 보는 것을 별로 안 좋아해요. 연극 보는 것을 좋아해요.

21 歌剧 gējù

명 뮤지컬, 오페라

A 你看过什么有名的歌剧？
Nǐ kànguo shénme yǒumíng de gējù?
당신 무슨 유명한 뮤지컬을 본 적 있어요?

B 以前我看过《芝加哥》，很不错。
Yǐqián wǒ kànguo 《Zhījiāgē》, hěn búcuò.
예전에 《시카코》를 본 적 있어요. 매우 좋았어요.

22 剧场 jùchǎng

명 극장, 공연장

A 这家剧场挺小的。
Zhè jiā jùchǎng tǐng xiǎo de.
이 극장은 정말 작네요.

B 一般话剧都在小剧场演出。
Yìbān huàjù dōu zài xiǎo jùchǎng yǎnchū.
일반적으로 연극은 다 소극장에서 공연해요.

23 演唱会 yǎnchànghuì

명 콘서트

A 我有两张演唱会票，你想去吗？
Wǒ yǒu liǎng zhāng yǎnchànghuì piào, nǐ xiǎng qù ma?
저는 두 장의 콘서트 표가 있는데, 당신 가고 싶어요?

B 太好了，我喜欢看演唱会。
Tài hǎo le, wǒ xǐhuan kàn yǎnchànghuì.
너무 잘됐네요. 저는 콘서트 보는 것을 좋아해요.

3 영화 · 공연

4 오락 · 놀이

Mind Map Note

娱乐 yúlè
명 오락
동 오락하다, 즐겁게 보내다

游戏 yóuxì
명 놀이, 게임

练歌房 liàngēfáng
명 노래방

游乐园 yóulèyuán
명 놀이공원

好玩儿 hǎowánr
형 재미있다, 놀기가 좋다

麻将 májiàng
명 마작

玩家 wánjiā
명 게이머

网络游戏 wǎngluò yóuxì
명 온라인 게임

象棋 xiàngqí
명 장기

围棋 wéiqí
명 바둑

✱ Let's Start!

주제에 맞는 단어와 예문을 학습해보세요. 🔊 02-4

01
娱乐
yúlè

명 오락 동 오락하다, 즐겁게 보내다

A 你喜欢什么娱乐活动?
Nǐ xǐhuan shénme yúlè huódòng?
당신은 어떤 오락 활동을 좋아해요?

B 我喜欢打台球。
Wǒ xǐhuan dǎ táiqiú.
저는 당구 치는 것을 좋아해요.

02
游戏
yóuxì

명 놀이, 게임, 레크리에이션

A 你平时玩儿游戏吗?
Nǐ píngshí wánr yóuxì ma?
당신은 평소에 게임을 하나요?

B 我不太喜欢玩儿游戏。
Wǒ bú tài xǐhuan wánr yóuxì.
저는 게임하는 것을 별로 안 좋아해요.

03
智能手机
zhìnéng shǒujī

명 스마트폰

A 最近很多人用智能手机玩儿游戏。
Zuìjìn hěn duō rén yòng zhìnéng shǒujī wánr yóuxì.
요즘 많은 사람들이 스마트폰을 사용해서 게임을 해요.

B 是啊,智能手机很方便。
Shì a, zhìnéng shǒujī hěn fāngbiàn.
그래요. 스마트폰은 매우 편리하죠.

04
网络游戏
wǎngluò yóuxì

명 인터넷(온라인) 게임

A 你玩儿过网络游戏吗?
Nǐ wánrguo wǎngluò yóuxì ma?
당신은 인터넷 게임을 해본 적 있나요?

B 当然,我常常玩儿。
Dāngrán, wǒ chángcháng wánr.
당연하죠. 저는 자주 해요.

05 游戏机
yóuxìjī

[명] 게임기

A 你正在做什么呢?
Nǐ zhèngzài zuò shénme ne?
뭐 하고 있어요?

B 我修理游戏机呢。
Wǒ xiūlǐ yóuxìjī ne.
게임기 수리하고 있어요.

Grammar

- 正在 : '~하고 있는 중이다'라는 뜻으로 진행형을 나타낸다. [주어 + 正在 + 동사 + (呢)]의 형태로 쓰인다.

06 下载
xiàzài

[동] 다운로드를 하다

A 你常常用手机下载什么?
Nǐ chángcháng yòng shǒujī xiàzài shénme?
당신은 자주 휴대전화로 무엇을 다운로드하나요?

B 我常常下载音乐。
Wǒ chángcháng xiàzài yīnyuè.
저는 자주 음악을 다운로드해요.

07 软件
ruǎnjiàn

[명] 소프트웨어, 앱(APP, 애플리케이션)

A 这是免费的游戏软件吗?
Zhè shì miǎnfèi de yóuxì ruǎnjiàn ma?
이것은 무료 게임 앱이 맞나요?

B 是免费的。
Shì miǎnfèi de.
무료예요.

Grammar

- 软件 : 원래는 '소프트웨어'라는 뜻이지만, 최근에는 스마트폰에서 사용하는 앱을 가리키기도 한다.

08 玩家
wánjiā

몡 게이머

A 你做什么工作?
Nǐ zuò shénme gōngzuò?
당신은 어떤 일을 하세요?

B 我是专业玩家。
Wǒ shì zhuānyè wánjiā.
저는 프로 게이머입니다.

09 好玩儿
hǎowánr

혱 재미있다

A 这个游戏很好玩儿，你玩儿过吗?
Zhè ge yóuxì hěn hǎowánr, nǐ wánrguo ma?
이 게임 재미있어요. 당신 해본 적 있어요?

B 玩儿过，我觉得不太好玩儿。
Wánrguo, wǒ juéde bú tài hǎowánr.
해본 적 있어요. 제 생각에는 별로 재미없는 것 같아요.

10 沉迷
chénmí

동 깊이 빠지다

A 我最近沉迷在电脑游戏里了。
Wǒ zuìjìn chénmí zài diànnǎo yóuxì lǐ le.
저 요즘 컴퓨터 게임에 심하게 빠졌어요.

B 我没玩儿过，有那么好玩儿吗?
Wǒ méi wánrguo, yǒu nàme hǎowánr ma?
저는 해본 적 없어요. 그렇게 재미있어요?

11 中毒
zhòngdú

동 중독되다

A 我每天玩儿十个小时游戏。
Wǒ měitiān wánr shí ge xiǎoshí yóuxì.
저는 매일 10시간씩 게임을 해요.

B 你疯了吧? 你游戏中毒了!
Nǐ fēng le ba? Nǐ yóuxì zhòngdú le!
당신 미쳤어요? 게임에 중독된 거예요!

12 赌场
dǔchǎng

명 카지노

A 你为什么学习汉语?
Nǐ wèi shénme xuéxí Hànyǔ?
당신은 왜 중국어를 배워요?

B 我想在赌场工作。
Wǒ xiǎng zài dǔchǎng gōngzuò.
카지노에서 일하고 싶어서요.

13 游乐园
yóulèyuán

명 놀이공원

A 你知道上海有什么游乐园吗?
Nǐ zhīdào Shànghǎi yǒu shénme yóulèyuán ma?
당신은 상하이에 어떤 놀이동산이 있는지 알아요?

B 上海有一家迪士尼乐园。
Shànghǎi yǒu yì jiā Díshìní Lèyuán.
상하이에 디즈니랜드가 있어요.

Voca
迪士尼乐园 Díshìní Lèyuán 디즈니랜드 | 爱宝乐园 Àibǎo Lèyuán 에버랜드 | 乐天世界 Lètiān Shìjiè 롯데월드

14 网吧
wǎngbā

명 PC방

A 你休息的时候做什么?
Nǐ xiūxi de shíhou zuò shénme?
당신은 쉴 때 뭘 하세요?

B 我常常去网吧。
Wǒ chángcháng qù wǎngbā.
저는 자주 PC방에 가요.

15 练歌房
liàngēfáng

명 노래방

A 我特别喜欢唱歌。
Wǒ tèbié xǐhuan chànggē.
저는 노래 부르는 것을 특히 좋아해요.

B 那就去练歌房吧!
Nà jiù qù liàngēfáng ba!
그럼 노래방에 가요!

16 保龄球场
bǎolíngqiúchǎng

명 볼링장

A 你去过保龄球场吗?
Nǐ qùguo bǎolíngqiúchǎng ma?
당신 볼링장에 가본 적 있어요?

B 当然去过，我每周都去。
Dāngrán qùguo, wǒ měi zhōu dōu qù.
당연히 가본 적 있죠. 저는 매 주 가요.

17 抓娃娃机
zhuā wáwa jī

명 인형 뽑기 기계

A 最近又开始流行抓娃娃机了。
Zuìjìn yòu kāishǐ liúxíng zhuā wáwa jī le.
요즘 또 인형 뽑기 기계가 유행하기 시작했어요.

B 对啊，不过不容易抓。
Duì a, búguò bù róngyì zhuā.
맞아요. 그런데 뽑기 쉽지 않아요.

18 麻将
májiàng

명 마작

A 你打过麻将吗?
Nǐ dǎguo májiàng ma?
당신 마작 해본 적 있나요?

B 我在中国的时候打过，很有意思。
Wǒ zài Zhōngguó de shíhou dǎguo, hěn yǒuyìsi.
중국에 있을 때 해본 적 있어요. 정말 재밌어요.

19 象棋
xiàngqí

명 장기

A 你会下象棋吗?
Nǐ huì xià xiàngqí ma?
당신은 장기 둘 줄 알아요?

B 当然会，我从小喜欢下象棋。
Dāngrán huì, wǒ cóngxiǎo xǐhuan xià xiàngqí.
당연히 할 줄 알죠. 저는 어려서부터 장기 두는 것을 좋아했어요.

20

围棋
wéiqí

명 바둑

A 我们下围棋吧。
Wǒmen xià wéiqí ba.
우리 바둑 둬요.

B 我不会下，你教教我吧。
Wǒ bú huì xià, nǐ jiāojiao wǒ ba.
저는 바둑 둘 줄 몰라요. 당신이 저를 좀 가르쳐줘요.

21

踢毽子
tī jiànzi

제기차기

A 韩国有什么传统的游戏？
Hánguó yǒu shénme chuántǒng de yóuxì?
한국에 어떤 전통 놀이가 있나요?

B 有很多，你知道踢毽子吗？
Yǒu hěn duō, nǐ zhīdào tī jiànzi ma?
많이 있어요. 당신 제기차기 알아요?

22

翻板子
fān bǎnzi

윷놀이

A 你会玩儿翻板子游戏吗？
Nǐ huì wánr fān bǎnzi yóuxì ma?
당신은 윷놀이 게임을 할 줄 알아요?

B 会是会，不过好久没玩儿了。
Huì shì huì, búguò hǎo jiǔ méi wánr le.
할 줄 알지만 오랫동안 해보지 않았어요.

Grammar

- A是A, 不过B : 'A하긴 A하지만 그러나 B하다'라는 뜻으로 不过 대신 但是나 可是를 사용할 수 있다.

5 전시회

Mind Map Note

展览会 zhǎnlǎnhuì
명 전시회, 전람회

展览馆 zhǎnlǎnguǎn
명 전시관, 전람관

美术馆 měishùguǎn
명 미술관

博物馆 bówùguǎn
명 박물관

作品 zuòpǐn
명 작품

作家 zuòjiā
명 작가

讲解员 jiǎngjiěyuán
명 안내원, 해설자, 도슨트

展示 zhǎnshì
동 전시하다

参观 cānguān
동 참관하다

观赏 guānshǎng
동 감상하다, 보고 즐기다

5 전시회 81

✱ Let's Start! 주제에 맞는 단어와 예문을 학습해보세요. 🔊 02-5

01 展览会 zhǎnlǎnhuì

명 전시회, 전람회

A 星期六我去看展览会。
Xīngqīliù wǒ qù kàn zhǎnlǎnhuì.
토요일에 저는 전시회를 보러 가요.

B 我也想去，一起去怎么样？
Wǒ yě xiǎng qù, yìqǐ qù zěnmeyàng?
저도 가고 싶은데, 같이 가는 게 어때요?

02 展览馆 zhǎnlǎnguǎn

명 전시관

A 你知道这家展览馆吗？
Nǐ zhīdào zhè jiā zhǎnlǎnguǎn ma?
당신 이 전시관 알아요?

B 当然，是最有名的展览馆。
Dāngrán, shì zuì yǒumíng de zhǎnlǎnguǎn.
당연하죠. 가장 유명한 전시관이에요.

03 画展 huàzhǎn

명 그림 전시회

A 你喜欢看画展吗？
Nǐ xǐhuan kàn huàzhǎn ma?
당신 그림 전시회 보는 거 좋아해요?

B 我非常喜欢，我常去看。
Wǒ fēicháng xǐhuan, wǒ cháng qù kàn.
저는 굉장히 좋아해서 자주 보러 가요.

04 画廊 huàláng

명 화랑, 갤러리

A 我朋友开了家画廊，你来看看吧。
Wǒ péngyou kāi le jiā huàláng, nǐ lái kànkan ba.
제 친구가 갤러리를 열었어요. 한번 보러 오세요.

B 我周末一定去。
Wǒ zhōumò yídìng qù.
주말에 꼭 갈게요.

05 美术馆
měishùguǎn

명 미술관

A 你去过这家美术馆吗?
Nǐ qùguo zhè jiā měishùguǎn ma?
이 미술관에 가본 적 있어요?

B 我去过一次。
Wǒ qùguo yí cì.
한 번 가봤어요.

06 博物馆
bówùguǎn

명 박물관

A 我昨天去历史博物馆了。
Wǒ zuótiān qù lìshǐ bówùguǎn le.
저 어제 역사 박물관에 갔었어요.

B 以前我也去过,觉得很有意义。
Yǐqián wǒ yě qùguo, juéde hěn yǒu yìyì.
예전에 저도 가본 적 있는데, 아주 의미 있는 것 같아요.

07 讲解员
jiǎngjiěyuán

명 안내원, 해설자, 도슨트

A 有中文讲解员吗?
Yǒu Zhōngwén jiǎngjiěyuán ma?
중국어 해설자가 있나요?

B 有,等一下。
Yǒu, děng yíxià.
있어요. 잠시만 기다리세요.

08 作家
zuòjiā

명 작가

A 这个作家有名吗?
Zhè ge zuòjiā yǒumíng ma?
이 작가는 유명한가요?

B 你不知道吗?他非常有名。
Nǐ bù zhīdào ma? Tā fēicháng yǒumíng.
당신 몰라요? 그 사람 굉장히 유명해요.

09 作品
zuòpǐn

[명] 작품

A 你觉得这个作品怎么样?
Nǐ juéde zhè ge zuòpǐn zěnmeyàng?
당신 생각에 이 작품은 어떤가요?

B 我不太懂。
Wǒ bú tài dǒng.
저는 이해가 잘 안 돼요.

10 举办
jǔbàn

[동] 개최하다

A 周末在我家附近举办展览会。
Zhōumò zài wǒ jiā fùjìn jǔbàn zhǎnlǎnhuì.
주말에 우리 집 근처에서 전시회를 열어요.

B 那我们去看看吧。
Nà wǒmen qù kànkan ba.
그럼 우리 한번 보러 가요.

11 日程表
rìchéngbiǎo

[명] 일정표

A 这里这个月有什么展览?
Zhè lǐ zhè ge yuè yǒu shénme zhǎnlǎn?
이곳은 이번 달에 어떤 전시가 있나요?

B 有很多,给您一张日程表吧。
Yǒu hěn duō, gěi nín yì zhāng rìchéngbiǎo ba.
아주 많아요, 일정표 한 장 드릴게요.

12 票价
piàojià

[명] 표 가격, 푯값

A 这个展览会的票价贵吗?
Zhè ge zhǎnlǎnhuì de piàojià guì ma?
이 전시회의 표 가격은 비싼가요?

B 不太贵,你要去看吗?
Bú tài guì, nǐ yào qù kàn ma?
별로 안 비싸요. 당신 보러 갈 거예요?

13

展示
zhǎnshì

동 전시하다

A 这里展示了什么?
Zhè lǐ zhǎnshì le shénme?
여기는 무엇을 전시해놓았죠?

B 都是艺术作品。
Dōu shì yìshù zuòpǐn.
모두 예술 작품이에요.

14

参观
cānguān

동 참관하다

A 这个展览厅可以参观吗?
Zhè ge zhǎnlǎntīng kěyǐ cānguān ma?
이 전시장을 참관할 수 있나요?

B 这里得收费。
Zhè lǐ děi shōufèi.
이곳은 유료예요.

15

兴趣
xìngqù

명 흥미

A 我最近对名画感兴趣。
Wǒ zuìjìn duì mínghuà gǎn xìngqù.
저는 요즘 명화에 흥미가 있어요.

B 那我们一起去名画展览会吧。
Nà wǒmen yìqǐ qù mínghuà zhǎnlǎnhuì ba.
그럼 우리 명화 전시회에 같이 가요.

Grammar

• 对A感兴趣 : 'A에 흥미가 있다'라는 뜻이다.

16

工艺品
gōngyìpǐn

명 공예품

A 这周五有工艺品展，你去吗?
Zhè zhōuwǔ yǒu gōngyìpǐn zhǎn, nǐ qù ma?
이번 금요일에 공예품전이 있어요. 당신 가나요?

B 我不太喜欢去展览会。
Wǒ bú tài xǐhuan qù zhǎnlǎnhuì.
저는 전시회 가는 것을 별로 안 좋아해요.

17 照片 zhàopiàn

명 사진

A 这张照片怎么样?
Zhè zhāng zhàopiàn zěnmeyàng?
이 사진 어때요?

B 拍得很美。
Pāi de hěn měi.
아름답게 찍었네요.

18 观赏 guānshǎng

동 감상하다, 보고 즐기다

A 你看什么呢?
Nǐ kàn shénme ne?
당신 뭐 보고 있어요?

B 我正在观赏这张照片。
Wǒ zhèngzài guānshǎng zhè zhāng zhàopiàn.
이 사진을 감상하고 있는 중이에요.

✱ Voca Review 다음 빈칸에 한자, 병음, 뜻을 알맞게 채워보세요.

한자	병음	뜻
① 运动	yùndòng	운동하다
② 足球	zúqiú	축구
③ 游泳	yóuyǒng	수영, 수영하다
④ 滑雪	huáxuě	스키, 스키를 타다
⑤ 瑜伽	yújiā	요가
⑥ 跑步	pǎobù	달리다
⑦ 烹调	pēngtiáo	요리하다
⑧ 厨师	chúshī	요리사, 셰프
⑨ 美食家	měishíjiā	미식가
⑩ 饱	bǎo	배부르다
⑪ 拿手菜	náshǒucài	가장 자신 있는 요리
⑫ 夜宵	yèxiāo	야식
⑬ 电影	diànyǐng	영화
⑭ 话剧	huàjù	연극
⑮ 演唱会	yǎnchànghuì	콘서트

UNIT 03

✳

약속

원어민MP3 듣기   쓰기 연습장 PDF

1	시간 정할 때	90
2	장소 정할 때	96
3	약속 제안할 때	102
4	약속 변경 · 취소할 때	108

1 시간 정할 때

Mind Map Note

时间 shíjiān
명 시간

几点 jǐ diǎn
몇 시

礼拜 lǐbài
명 요일, 주

约会 yuēhuì
명 약속
동 만날 약속을 하다

马上 mǎshàng
부 금방, 당장, 곧

早 zǎo
형 이르다

时候 shíhou
명 때

随时 suíshí
부 언제나, 아무 때나

迟到 chídào
동 지각하다, 늦다

准时 zhǔnshí
부 정시에, 제때에

✱ Let's Start! 주제에 맞는 단어와 예문을 학습해보세요. 🔊 03-1

01 时间 shíjiān

명 시간

A 你现在有时间吗?
Nǐ xiànzài yǒu shíjiān ma?
당신 지금 시간이 있나요?

B 现在我很忙，没有时间。
Xiànzài wǒ hěn máng, méi yǒu shíjiān.
지금 바빠요. 시간 없어요.

02 几点 jǐ diǎn

몇 시

A 我们晚上能见面吗?
Wǒmen wǎnshang néng jiànmiàn ma?
우리 저녁에 만날 수 있어요?

B 可以，那几点见?
Kěyǐ, nà jǐ diǎn jiàn?
가능해요. 그럼 몇 시에 만날까요?

03 时候 shíhou

명 때

A 我们什么时候一起去玩儿?
Wǒmen shénme shíhou yìqǐ qù wánr?
우리 언제 같이 놀러 갈까요?

B 这个月很忙，下个月吧。
Zhè ge yuè hěn máng, xià ge yuè ba.
이번 달은 바쁘고, 다음 달에 가요.

04 后天 hòutiān

명 모레

A 后天你有事吗?
Hòutiān nǐ yǒu shì ma?
당신 모레 일 있어요?

B 没事，我都有时间。
Méi shì, wǒ dōu yǒu shíjiān.
없어요. 저는 시간이 다 돼요.

Voca
前天 qiántiān 그저께 | 昨天 zuótiān 어제 | 明天 míngtiān 내일

1 시간 정할 때

05 凌晨 língchén

[명] 새벽

A 明天我们去看日出吧。
Míngtiān wǒmen qù kàn rìchū ba.
내일 우리 일출 보러 가요.

B 那我们得凌晨起床。
Nà wǒmen děi língchén qǐchuáng.
그럼 우리 새벽에 일어나야 해요.

Grammar
- 得 děi : '~해야 한다'라는 뜻의 조동사로 의무나 필연을 나타낸다. [주어 + 得 + 동사 + 목적어]의 형태로 쓰인다.

06 早上 zǎoshang

[명] 아침

A 我们明天早上几点出发？
Wǒmen míngtiān zǎoshang jǐ diǎn chūfā?
우리 내일 아침 몇 시에 출발해요?

B 七点出发吧。
Qī diǎn chūfā ba.
7시에 출발해요.

07 上午 shàngwǔ

[명] 오전

A 上午你在公司吗？能见一会儿吗？
Shàngwǔ nǐ zài gōngsī ma? Néng jiàn yíhuìr ma?
오전에 당신은 회사에 있어요? 잠시 만날 수 있어요?

B 嗯，你到了以后打电话。
Ǹg, nǐ dào le yǐhòu dǎ diànhuà.
네, 도착한 후에 전화하세요.

Voca
下午 xiàwǔ 오후 | 晚上 wǎnshang 저녁

08 中午 zhōngwǔ

몡 정오

A 你明天早上有时间还是中午有时间?
Nǐ míngtiān zǎoshang yǒu shíjiān háishi zhōngwǔ yǒu shíjiān?
당신 내일 아침에 시간 있나요? 아니면 정오에 시간 있나요?

B 十二点怎么样?
Shí'èr diǎn zěnmeyàng?
12시 어때요?

09 礼拜 lǐbài

몡 요일, 주

A 我们礼拜几看电影?
Wǒmen lǐbài jǐ kàn diànyǐng?
우리 무슨 요일에 영화 볼까요?

B 这个礼拜三去吧。
Zhè ge lǐbàisān qù ba.
이번 주 수요일에 가요.

10 星期 xīngqī

몡 요일, 주

A 你星期几有时间?
Nǐ xīngqī jǐ yǒu shíjiān?
당신은 무슨 요일에 시간이 있어요?

B 我星期三和星期五有时间。
Wǒ xīngqīsān hé xīngqīwǔ yǒu shíjiān.
수요일과 금요일에 시간이 있어요.

11 号 hào

몡 일(날짜)

A 我们几号能一起吃饭?
Wǒmen jǐ hào néng yìqǐ chīfàn?
우리 며칠에 같이 밥 먹을 수 있어요?

B 三号怎么样?
Sān hào zěnmeyàng?
3일 어때요?

12
今年
jīnnián

명 올해

A 你这么忙，我们今年能见吗?
Nǐ zhème máng, wǒmen jīnnián néng jiàn ma?
당신 이렇게 바쁜데, 우리 올해 만날 수 있어요?

B 哈哈，这个周末怎么样?
Hāhā, zhè ge zhōumò zěnmeyàng?
하하, 이번 주말에 어때요?

13
以后
yǐhòu

명 이후

A 我们下班以后见吧。
Wǒmen xiàbān yǐhòu jiàn ba.
우리 퇴근 후에 만나요.

B 好啊，没问题。
Hǎo a, méi wèntí.
좋아요. 문제없어요.

14
马上
mǎshàng

부 금방, 당장, 곧

A 我们现在能见吗?
Wǒmen xiànzài néng jiàn ma?
우리 지금 만날 수 있어요?

B 下课以后，我马上去。
Xiàkè yǐhòu, wǒ mǎshàng qù.
수업 마친 후에 제가 바로 갈게요.

15
早
zǎo

형 (때가) 이르다

A 明天我们凌晨五点见。
Míngtiān wǒmen língchén wǔ diǎn jiàn.
내일 우리 새벽 5시에 만나요.

B 太早了，晚点儿吧。
Tài zǎo le, wǎn diǎnr ba.
너무 이르네요. 좀 늦게 만나요.

16 迟到 chídào

동 지각하다, 늦다

A 我们晚上七点见，对吗？
Wǒmen wǎnshang qī diǎn jiàn, duì ma?
우리 저녁 7시에 만나는 거 맞나요?

B 对，你别又迟到了。
Duì, nǐ bié yòu chídào le.
맞아요. 또 늦지 말아요.

17 准时 zhǔnshí

부 정시에, 제때에

A 你每次都迟到，这次别迟到了。
Nǐ měicì dōu chídào, zhè cì bié chídào le.
당신은 매번 늦는데, 이번에는 늦지 마세요.

B 知道了，这次一定准时到。
Zhīdào le, zhè cì yídìng zhǔnshí dào.
알겠어요. 이번에는 반드시 제때에 도착할게요.

18 随时 suíshí

부 언제나, 아무 때나

A 我几点去找你？
Wǒ jǐ diǎn qù zhǎo nǐ?
제가 몇 시에 당신을 찾아가면 될까요?

B 随时都可以。
Suíshí dōu kěyǐ.
아무 때나 괜찮습니다.

19 圣诞节 Shèngdàn Jié

명 성탄절, 크리스마스

A 圣诞节你有没有时间？
Shèngdàn Jié nǐ yǒu méi yǒu shíjiān?
크리스마스에 시간 있어요? 없어요?

B 那天我没有时间，不好意思。
Nà tiān wǒ méi yǒu shíjiān, bù hǎo yìsi.
그날은 시간이 없어요. 미안해요.

Voca
春节 Chūn Jié 설, 춘절 | 中秋节 Zhōngqiū Jié 추석 |
情人节 Qíngrén Jié 밸런타인 데이 | 万圣节 Wànshèng Jié 핼러윈 데이

2 장소 정할 때

Mind Map Note

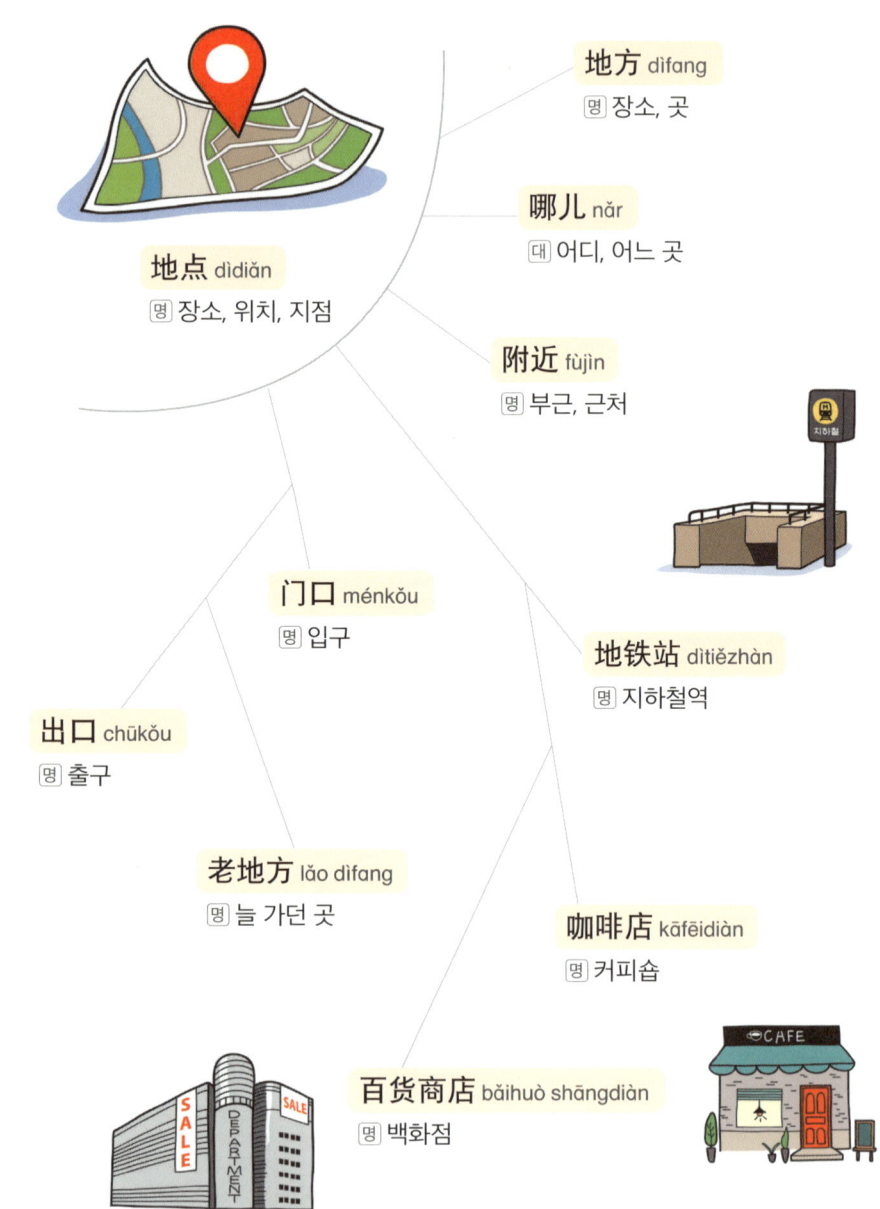

✱ Let's Start! 주제에 맞는 단어와 예문을 학습해보세요. 🔊 03-2

01
地点
dìdiǎn

명 장소, 위치, 지점

A 你知道集合<u>地点</u>吗?
Nǐ zhīdào jíhé dìdiǎn ma?
당신은 모이는 장소를 알고 있나요?

B 知道，我带你去。
Zhīdào, wǒ dài nǐ qù.
알아요. 제가 당신을 데려갈게요.

02
地方
dìfang

명 장소, 곳

A 我们在什么<u>地方</u>见?
Wǒmen zài shénme dìfang jiàn?
우리 어디에서 만나요?

B 我们在明洞站见吧。
Wǒmen zài Míngdòng zhàn jiàn ba.
우리 명동역에서 만나요.

Grammar

- 在 : '~에서 (~하다)'라는 뜻의 개사로 주어와 동사 사이에 오며 개사 뒤에는 명사가 온다. [주어 + 在 + 장소 + 동사]의 형태로 쓰인다.

03
那儿
nàr

대 거기, 그곳, 저곳

A 我们在<u>那儿</u>见吧。
Wǒmen zài nàr jiàn ba.
우리 거기에서 만나요.

B 太远了，换个地方吧。
Tài yuǎn le, huàn ge dìfang ba.
너무 멀어요. 장소를 바꾸죠.

Voca

这儿 zhèr 여기, 이곳

04 哪儿
nǎr

[대] 어디, 어느 곳

A 你在**哪儿**?
Nǐ zài nǎr?
당신 어디에요?

B 我在公司，你能来我这儿吗?
Wǒ zài gōngsī, nǐ néng lái wǒ zhèr ma?
회사에 있어요. 제가 있는 여기로 올 수 있어요?

05 出口
chūkǒu

[명] 출구

A 我在几号**出口**等你?
Wǒ zài jǐ hào chūkǒu děng nǐ?
제가 몇 번 출구에서 기다릴까요?

B 你在三号**出口**等我吧。
Nǐ zài sān hào chūkǒu děng wǒ ba.
3번 출구에서 기다리세요.

06 门口
ménkǒu

[명] 입구

A 我们在哪儿见面?
Wǒmen zài nǎr jiànmiàn?
우리 어디에서 만날까요?

B 在电影院**门口**见，好吗?
Zài diànyǐngyuàn ménkǒu jiàn, hǎo ma?
영화관 입구에서 만나요. 어때요?

07 对面
duìmiàn

[명] 맞은편

A 我们公司**对面**新开了一家日本料理。
Wǒmen gōngsī duìmiàn xīn kāi le yì jiā Rìběn liàolǐ.
우리 회사 맞은편에 일본 요리점이 새로 오픈했어요.

B 是吗? 那以后一起去吃吧。
Shì ma? Nà yǐhòu yìqǐ qù chī ba.
그래요? 그럼 나중에 같이 가서 먹어요.

08

附近
fùjìn

몡 부근, 근처

A 你家附近有什么大楼吗?
Nǐ jiā fùjìn yǒu shénme dà lóu ma?
당신 집 근처에 큰 건물이 있나요?

B 有一家火锅店，很容易能找到。
Yǒu yì jiā huǒguōdiàn, hěn róngyì néng zhǎodào.
샤브샤브 가게가 하나 있어요. 쉽게 찾을 수 있어요.

Grammar

- 火锅 : 훠궈. 중국식 샤브샤브 요리이다.
- 결과보어 : 동사 뒤에 동사(동작)의 목적 달성을 보충한다. [주어 + 동사 + 결과보어(到) + 목적어]의 형태로 쓰인다.

09

街
jiē

몡 거리, 길

A 你们公司在钟路三街吗?
Nǐmen gōngsī zài Zhōnglù sān jiē ma?
당신 회사는 종로 3가에 있나요?

B 对，你坐地铁来吧。
Duì, nǐ zuò dìtiě lái ba.
맞아요. 지하철을 타고 오세요.

10

楼
lóu

몡 층

A 我在三楼等你。
Wǒ zài sān lóu děng nǐ.
3층에서 당신을 기다릴게요.

B 好的，我马上去。
Hǎo de, wǒ mǎshàng qù.
알았어요. 바로 갈게요.

11

楼下
lóuxià

몡 아래층

A 周末我去你家楼下等你。
Zhōumò wǒ qù nǐ jiā lóuxià děng nǐ.
주말에 제가 당신 집 아래층에 가서 기다릴게요.

B 好，你到了以后，给我打电话。
Hǎo, nǐ dào le yǐhòu, gěi wǒ dǎ diànhuà.
좋아요. 도착한 후에 저한테 전화해요.

12 老地方
lǎo dìfang

명 늘 가던 곳

A 我们好久没见了。
Wǒmen hǎo jiǔ méi jiàn le.
우리 오랫동안 못 만났네요.

B 那明天晚上我们在老地方见，怎么样？
Nà míngtiān wǎnshang wǒmen zài lǎo dìfang jiàn, zěnmeyàng?
그럼 내일 저녁에 우리 늘 가던 곳에서 만나요. 어때요?

13 地铁站
dìtiězhàn

명 지하철역

A 今天我们在东大门站见。
Jīntiān wǒmen zài Dōngdàmén zhàn jiàn.
오늘 우리 동대문 역에서 만나요.

B 好的。在地铁站里见吧。
Hǎo de. Zài dìtiězhàn lǐ jiàn ba.
좋아요. 지하철역 안에서 만나요.

14 地下商街
dìxià shāngjiē

명 지하상가

A 我到了，我先在地下商街逛逛。
Wǒ dào le, wǒ xiānzài dìxià shāngjiē guàngguang.
저 도착했어요. 저 먼저 지하상가에서 구경 좀 할게요.

B 知道了，我十分钟以后到。
Zhīdào le, wǒ shí fēnzhōng yǐhòu dào.
알겠어요. 저는 10분 후에 도착해요.

15 咖啡厅
kāfēitīng

명 커피숍

A 我在哪儿等你？
Wǒ zài nǎr děng nǐ?
제가 어디에서 당신을 기다릴까요?

B 你在咖啡厅等我吧。
Nǐ zài kāfēitīng děng wǒ ba.
커피숍에서 기다리세요.

Voca

星巴克 Xīngbākè 스타벅스 | 咖啡陪你 Kāfēipéinǐ 카페베네 |
香啡缤咖啡 Xiāngfēibīn kāfēi 커피빈 |
安琪莉诺咖啡 Ānqílìnuò kāfēi 엔젤리너스

16 百货商店
bǎihuò shāngdiàn

명 백화점

A 我想去逛街。
Wǒ xiǎng qù guàngjiē.
저는 쇼핑하고 싶어요.

B 那去百货商店看看吧，我们几点见？
Nà qù bǎihuò shāngdiàn kànkan ba, wǒmen jǐ diǎn jiàn?
그럼 백화점에 가서 한번 둘러봐요. 우리 몇 시에 만날까요?

17 书店
shūdiàn

명 서점

A 外面太冷了，你先进去吧。
Wàimian tài lěng le, nǐ xiān jìnqù ba.
바깥이 너무 추우니 당신 먼저 들어가요.

B 好，那你到书店以后联系吧。
Hǎo, nà nǐ dào shūdiàn yǐhòu liánxì ba.
알았어요. 그럼 서점에 도착하면 연락하세요.

18 休息室
xiūxishì

명 휴게실

A 那儿有休息室吗？
Nàr yǒu xiūxishì ma?
그곳에 휴게실이 있나요?

B 有啊，你能找到吗？
Yǒu a, nǐ néng zhǎodào ma?
있어요. 당신 찾을 수 있어요?

19 前边
qiánbian

명 앞쪽

A 我在新华书店等你，你知道那儿吗？
Wǒ zài Xīnhuá shūdiàn děng nǐ, nǐ zhīdào nàr ma?
신화서점에서 당신을 기다릴게요. 거기 알아요?

B 在中国银行前边，对吗？
Zài Zhōngguó yínháng qiánbian, duì ma?
중국은행 앞쪽에 있는 것이 맞나요?

Voca

后边 hòubian 뒤쪽 | 右边 yòubian 오른쪽 | 左边 zuǒbian 왼쪽 |
里边 lǐbian 안쪽 | 外边 wàibian 바깥쪽 | 旁边 pángbiān 옆쪽

3 약속 제안할 때

Mind Map Note

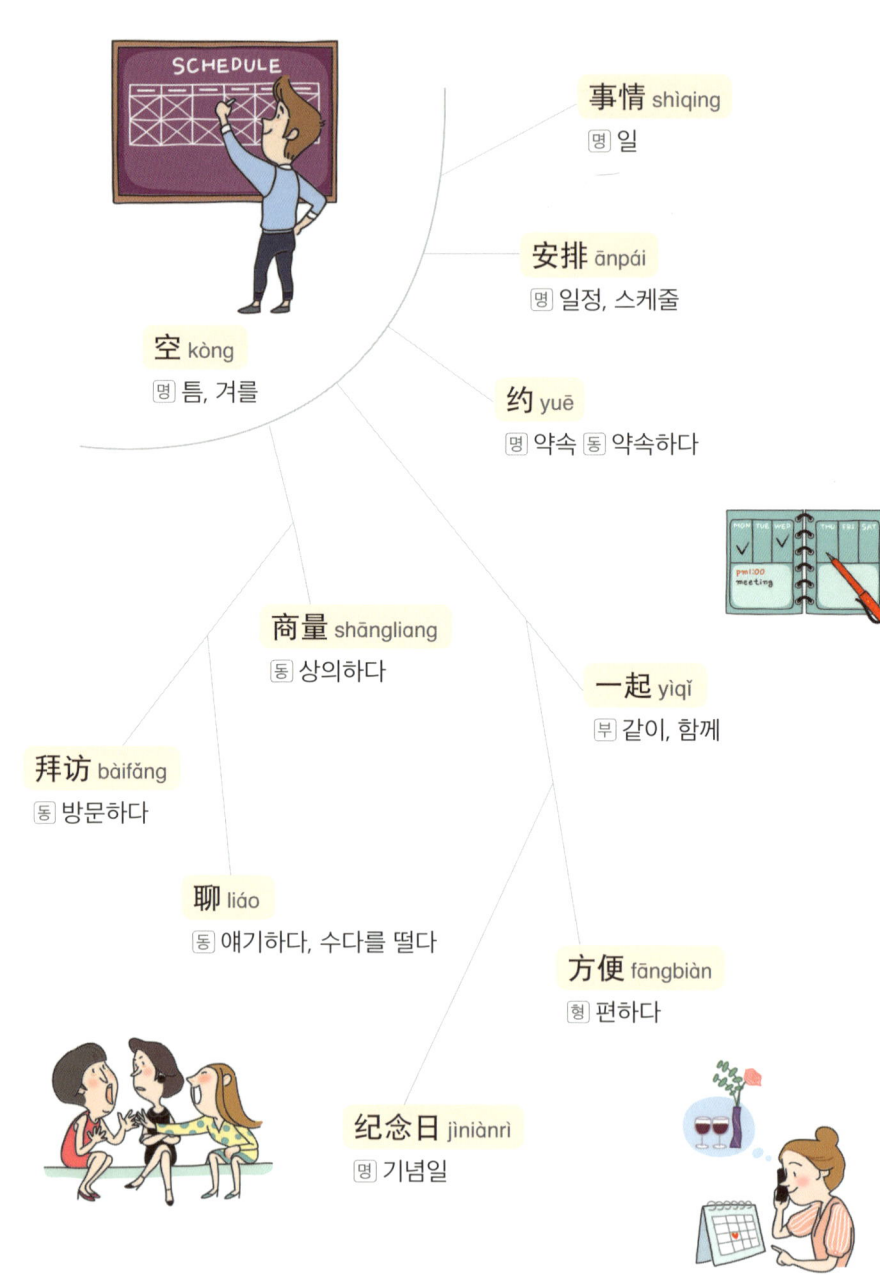

事情 shìqing
명 일

安排 ānpái
명 일정, 스케줄

空 kòng
명 틈, 겨를

约 yuē
명 약속 동 약속하다

商量 shāngliang
동 상의하다

一起 yìqǐ
부 같이, 함께

拜访 bàifǎng
동 방문하다

聊 liáo
동 얘기하다, 수다를 떨다

方便 fāngbiàn
형 편하다

纪念日 jìniànrì
명 기념일

✱ Let's Start! 주제에 맞는 단어와 예문을 학습해보세요. 🔊 03-3

01 空 kòng

명 틈, 겨를

A 你什么时候有空?
Nǐ shénme shíhou yǒu kòng?
당신 언제 시간 있어요?

B 星期三和星期五有空。
Xīngqīsān hé xīngqīwǔ yǒu kòng.
수요일과 금요일에 시간 있어요.

02 事情 shìqing

명 일

A 下个周末我们去爬山吧。
Xià ge zhōumò wǒmen qù páshān ba.
다음 주말에 우리 등산가요.

B 对不起,那天我有事情。
Duìbuqǐ, nà tiān wǒ yǒu shìqing.
미안해요. 그날 제가 일이 있어요.

03 心事 xīnshì

명 걱정거리

A 我有点儿心事,想跟你说说。
Wǒ yǒu diǎnr xīnshì, xiǎng gēn nǐ shuōshuo.
제가 걱정거리가 좀 있어서 당신과 얘기를 좀 하고 싶어요.

B 可以,我们晚上见吧。
Kěyǐ, wǒmen wǎnshang jiàn ba.
그래요. 우리 저녁에 만나요.

04 安排 ānpái

명 일정, 스케줄

A 这个星期你有什么安排?
Zhè ge xīngqī nǐ yǒu shénme ānpái?
이번 주에 당신 무슨 일정이 있어요?

B 没有,你有什么事吗?
Méi yǒu, nǐ yǒu shénme shì ma?
없어요. 무슨 일 있어요?

05 请 qǐng

[동] 청하다

A 中午我请你吃饭，你有时间吗?
Zhōngwǔ wǒ qǐng nǐ chīfàn, nǐ yǒu shíjiān ma?
점심에 제가 밥 살게요. 시간 있어요?

B 真的? 当然有时间啊!
Zhēn de? Dāngrán yǒu shíjiān a!
진짜요? 당연히 시간 있죠!

06 接 jiē

[동] 받다, 마중하다

A 明天你能带我去那儿吗?
Míngtiān nǐ néng dài wǒ qù nàr ma?
내일 당신이 저를 데리고 거기에 갈 수 있나요?

B 好，那我去接你。
Hǎo, nà wǒ qù jiē nǐ.
좋아요. 그럼 제가 당신을 데리러 갈게요.

07 想 xiǎng

[동] 보고 싶다

A 我们两个月没见了，我想你了。
Wǒmen liǎng ge yuè méi jiàn le, wǒ xiǎng nǐ le.
우리 두 달 동안 만나지 못했네요. 당신이 보고 싶어요.

B 我也想你，我们约时间见吧。
Wǒ yě xiǎng nǐ, wǒmen yuē shíjiān jiàn ba.
나도 보고 싶어요. 우리 시간 정해서 만나요.

08 聊 liáo

[동] 얘기하다, 수다를 떨다

A 我有事儿，想跟你聊聊。
Wǒ yǒu shìr, xiǎng gēn nǐ liáoliao.
제가 일이 있는데, 당신과 얘기를 좀 하고 싶어요.

B 那我们几点见?
Nà wǒmen jǐ diǎn jiàn?
그럼 우리 몇 시에 만날까요?

09 一起
yìqǐ

부 같이, 함께

A 今天晚上我们一起去百货商店，怎么样？
Jīntiān wǎnshang wǒmen yìqǐ qù bǎihuò shāngdiàn, zěnmeyàng?
오늘 저녁에 우리 같이 백화점에 가요. 어때요?

B 当然好，你要买什么？
Dāngrán hǎo, nǐ yào mǎi shénme?
당연히 좋죠. 무엇을 살 거예요?

10 约
yuē

명 약속 동 약속하다

A 你今天有约吗？
Nǐ jīntiān yǒu yuē ma?
당신 오늘 약속 있어요?

B 没有约，你有什么想做的吗？
Méi yǒu yuē, nǐ yǒu shénme xiǎng zuò de ma?
약속 없어요. 당신 뭐 하고 싶은 게 있나요?

11 拜访
bàifǎng

동 방문하다

A 我们什么时候去拜访老师？
Wǒmen shénme shíhou qù bàifǎng lǎoshī?
우리 언제 선생님 뵈러 갈까요?

B 我们先问问老师吧。
Wǒmen xiān wènwen lǎoshī ba.
우리 먼저 선생님께 한번 여쭤봐요.

12 方便
fāngbiàn

형 편하다

A 星期四你几点方便？
Xīngqīsì nǐ jǐ diǎn fāngbiàn?
목요일에 당신은 몇 시가 편해요?

B 我都可以。
Wǒ dōu kěyǐ.
저는 다 좋아요.

3 약속 제안할 때

13
决定
juédìng

동 결정하다

A 这次我们去哪儿，你决定了吗?
Zhè cì wǒmen qù nǎr, nǐ juédìng le ma?
이번에 우리 어디로 갈까요? 당신 결정했어요?

B 还没决定呢，我再想想。
Hái méi juédìng ne, wǒ zài xiǎngxiang.
아직 결정 못했어요. 다시 생각 좀 해볼게요.

14
商量
shāngliang

동 상의하다

A 我想跟你商量一件事儿。
Wǒ xiǎng gēn nǐ shāngliang yí jiàn shìr.
저는 당신과 한 가지 일을 상의하고 싶어요.

B 是吗? 那晚上见怎么样?
Shì ma? Nà wǎnshang jiàn zěnmeyàng?
그래요? 그럼 저녁에 만나는 게 어때요?

15
派对
pàiduì

명 파티

A 下个月我要开生日派对，你能来吗?
Xià ge yuè wǒ yào kāi shēngrì pàiduì, nǐ néng lái ma?
다음 달에 저는 생일파티를 하려고 하는데, 당신 올 수 있어요?

B 是吗? 几号啊?
Shì ma? Jǐ hào a?
그래요? 며칠이에요?

16
生日
shēngrì

명 생일

A 这个月3号是我的生日，你能来吗?
Zhè ge yuè sān hào shì wǒ de shēngrì, nǐ néng lái ma?
이번 달 3일이 제 생일이에요. 당신 올 수 있어요?

B 我看看时间吧。
Wǒ kànkan shíjiān ba.
제가 시간을 좀 볼게요.

17 纪念日
jìniànrì

명 기념일

A 今天是结婚纪念日，你没忘吧?
Jīntiān shì jiéhūn jìniànrì, nǐ méi wàng ba?
오늘 결혼 기념일인데, 당신 안 잊었죠?

B 当然，我们在外面吃饭吧。
Dāngrán, wǒmen zài wàimian chīfàn ba.
당연하죠. 우리 밖에서 외식해요.

18 上半年
shàngbànnián

명 상반기

A 你今年上半年什么时候有假?
Nǐ jīnnián shàngbànnián shénme shíhou yǒu jià?
당신은 올해 상반기 언제 휴가 있나요?

B 三月有四天假，我们在国内走走吧。
Sān yuè yǒu sì tiān jià, wǒmen zài guónèi zǒuzou ba.
3월에 4일 휴가가 있어요. 우리 국내에서 구경 좀 해요.

Voca
下半年 xiàbànnián 하반기

4 약속 변경 · 취소할 때

Mind Map Note

取消 qǔxiāo
동 취소하다

改天 gǎitiān
명 다른 날

拒绝 jùjué
동 거절하다

换 huàn
동 바꾸다

提前 tíqián
동 (시간을) 앞당기다

借口 jièkǒu
명 변명, 핑계

推迟 tuīchí
동 (시간을) 미루다

晚点 wǎndiǎn
동 늦다, 연착하다

变心 biànxīn
동 마음이 바뀌다, 변심하다

不见不散 bújiàn búsàn
성 만날 때까지 기다리다, 꼭 만나다

✱ Let's Start!

주제에 맞는 단어와 예문을 학습해보세요. 🔊 03-4

01
换
huàn

동 바꾸다

A 工作还没做完，我们换个时间见。
Gōngzuò hái méi zuòwán, wǒmen huàn ge shíjiān jiàn.
일이 아직 안 끝났어요. 우리 시간을 변경해서 만나요.

B 那晚一个小时吧。
Nà wǎn yí ge xiǎoshí ba.
그럼 한 시간 늦춰요.

02
取消
qǔxiāo

동 취소하다

A 对不起，今天的约会可以取消吗？
Duìbuqǐ, jīntiān de yuēhuì kěyǐ qǔxiāo ma?
미안해요. 오늘 약속을 취소할 수 있을까요?

B 怎么了？你有什么事？
Zěnme le? Nǐ yǒu shénme shì?
왜 그러는데요? 무슨 일 있어요?

03
拒绝
jùjué

동 거절하다

A 我约她了，可是她拒绝了。
Wǒ yuē tā le, kěshì tā jùjué le.
제가 그녀에게 데이트를 신청했지만 그녀는 거절했어요.

B 真的？她为什么拒绝了？
Zhēn de? Tā wèi shénme jùjué le?
진짜요? 그녀는 왜 거절했을까요?

04
改天
gǎitiān

명 다른 날

A 今天太冷了，我们改天见吧。
Jīntiān tài lěng le, wǒmen gǎitiān jiàn ba.
오늘은 너무 추워요. 우리 다른 날에 만나요.

B 不行，今天一定要见。
Bù xíng, jīntiān yídìng yào jiàn.
안 돼요. 오늘 반드시 만나야 해요.

05 晚点 wǎndiǎn

동 늦다, 연착하다

A 不好意思，地铁晚点了。
Bù hǎo yìsi, dìtiě wǎndiǎn le.
미안해요. 지하철이 연착됐어요.

B 没关系，我等你。
Méi guānxi, wǒ děng nǐ.
괜찮아요. 기다릴게요.

06 突然 tūrán

부 갑자기

A 我突然有事，今天不能见面了。
Wǒ tūrán yǒu shì, jīntiān bù néng jiànmiàn le.
제가 갑자기 일이 생겨서 오늘은 못 만날 것 같아요.

B 那你以后请我吃饭。
Nà nǐ yǐhòu qǐng wǒ chīfàn.
그럼 당신이 나중에 밥 한 끼 사요.

07 不舒服 bù shūfu

형 (몸이) 아프다, 불편하다

A 你别忘了今晚的约会。
Nǐ bié wàng le jīnwǎn de yuēhuì.
당신 오늘 저녁 약속 잊지 말아요.

B 对不起，我今天不舒服，改天吧。
Duìbuqǐ, wǒ jīntiān bù shūfu, gǎitiān ba.
미안해요. 제가 오늘 몸이 안 좋아서 다른 날에 만나요.

Voca
今晚 jīnwǎn 오늘 저녁 | 昨晚 zuówǎn 어제 저녁 | 明晚 míngwǎn 내일 저녁

08 加班 jiābān

동 야근하다

A 这个星期我每天得加班。
Zhè ge xīngqī wǒ měitiān děi jiābān.
이번 주에 제가 매일 야근해야 해요.

B 没办法，那我们下个星期见吧。
Méi bànfǎ, nà wǒmen xià ge xīngqī jiàn ba.
방법이 없네요. 그럼 우리 다음 주에 만나요.

09 休息 xiūxi

[동] 쉬다

A 周末我们去骑自行车吧。
Zhōumò wǒmen qù qí zìxíngchē ba.
주말에 우리 자전거 타러 가요.

B 我最近太累了，周末想休息。
Wǒ zuìjìn tài lèi le, zhōumò xiǎng xiūxi.
제가 요즘 너무 바빠요. 주말에는 쉬고 싶어요.

10 关门 guānmén

[동] 문을 닫다

A 听说那儿星期一关门。
Tīngshuō nàr xīngqīyī guānmén.
듣자 하니, 그곳은 월요일에 문을 닫는대요.

B 是吗？那我们星期二去吧。
Shì ma? Nà wǒmen xīngqī'èr qù ba.
그래요? 그럼 우리 화요일에 가요.

Grammar
- 听说 : '듣자 하니~'라는 뜻으로 전해들은 내용이 听说 뒤에 이어진다.

11 机会 jīhuì

[명] 기회

A 我这个周末没有时间。
Wǒ zhè ge zhōumò méi yǒu shíjiān.
제가 이번 주말에 시간이 없어요.

B 有机会的时候，再去玩儿吧。
Yǒu jīhuì de shíhou, zài qù wánr ba.
기회가 있을 때, 다시 놀러 가요.

12 恐怕 kǒngpà

[부] 아마도 ~일 것이다

A 明晚我恐怕不能跟你见面了。
Míngwǎn wǒ kǒngpà bù néng gēn nǐ jiànmiàn le.
내일 저녁에 제가 아마도 당신과 못 만날 것 같아요.

B 那今晚怎么样？
Nà jīnwǎn zěnmeyàng?
그럼 오늘 저녁은 어때요?

13 推迟
tuīchí

[동] (시간을) 미루다

A 我们能推迟几天见吗?
Wǒmen néng tuīchí jǐ tiān jiàn ma?
우리 며칠 미뤄서 만날 수 있어요?

B 可以，那再联系吧。
Kěyǐ, nà zài liánxì ba.
가능해요. 그럼 다시 연락해요.

14 提前
tíqián

[동] (시간을) 앞당기다

A 星期六车太多了。
Xīngqīliù chē tài duō le.
토요일은 차가 너무 많아요.

B 那提前一天，星期五晚上出发吧。
Nà tíqián yì tiān, xīngqīwǔ wǎnshang chūfā ba.
그럼 하루 앞당겨서 금요일 저녁에 출발해요.

15 离
lí

[개] ~으로부터, ~에서

A 我家离那儿太远了。
Wǒ jiā lí nàr tài yuǎn le.
우리 집은 거기에서 너무 멀어요.

B 是吗? 那我们换个地方吧。
Shì ma? Nà wǒmen huàn ge dìfang ba.
그래요? 그럼 우리 장소를 바꿔요.

Grammar

- 离 : 개사로 'A는 B에서 가깝다/멀다'라는 두 지점간의 거리를 나타낸다. [A离B + (기준점) + 近/远]의 형태로 쓰인다.

16 不见不散
bújiàn búsàn

[성] 만날 때까지 기다리다, 꼭 만나다

A 对不起，我今天不能去了。
Duìbuqǐ, wǒ jīntiān bù néng qù le.
미안해요. 오늘 갈 수 없게 되었어요.

B 好吧，下次一定不见不散。
Hǎo ba, xiàcì yídìng bújiàn búsàn.
알겠어요. 다음에는 반드시 만나요.

17 借口 jièkǒu

몡 변명, 핑계

A 对不起，我这几天太忙了，下次见吧。
Duìbuqǐ, wǒ zhè jǐ tiān tài máng le, xiàcì jiàn ba.
미안해요. 제가 요 며칠 너무 바쁜데, 다음에 만나요.

B 你别找借口了。
Nǐ bié zhǎo jièkǒu le.
핑계대지 말아요.

18 出事 chūshì

동 일이 생기다, 문제가 생기다

A 我朋友出事了，我要去看她。
Wǒ péngyou chūshì le, wǒ yào qù kàn tā.
제 친구에게 문제가 생겼어요. 그녀를 보러 가야 해요.

B 你快去吧，下次见。
Nǐ kuài qù ba, xiàcì jiàn.
빨리 가보세요. 다음에 봐요.

19 懒 lǎn

형 게으르다

A 我今天不想起来，能不能改时间？
Wǒ jīntiān bù xiǎng qǐlai, néng bu néng gǎi shíjiān?
저 오늘 일어나기 싫어요. 시간을 바꿀 수 있나요?

B 你太懒了。
Nǐ tài lǎn le.
당신 너무 게으르네요.

20 变心 biànxīn

동 마음이 바뀌다, 변심하다

A 我们能不能改天再去？
Wǒmen néng bu néng gǎitiān zài qù?
우리 날을 바꿔서 갈 수 있어요?

B 你怎么又变心了？
Nǐ zěnme yòu biànxīn le?
당신은 어째서 또 마음이 바뀌었어요?

UNIT 04

쇼핑

원어민MP3 듣기

쓰기 연습장 PDF

1	식품	116
2	전자제품	126
3	의류	134
4	화장품	144
5	액세서리	151
✳	Voca Review	157

1 식품

Mind Map Note

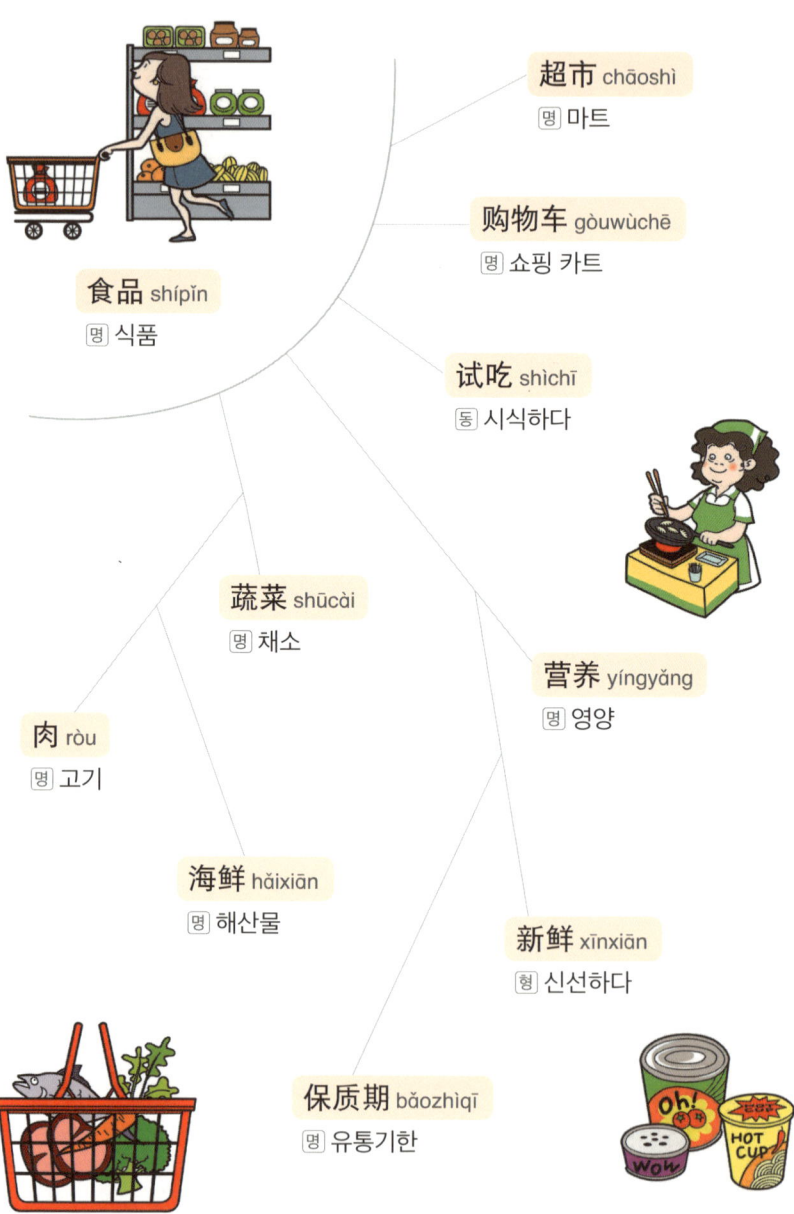

食品 shípǐn
명 식품

超市 chāoshì
명 마트

购物车 gòuwùchē
명 쇼핑 카트

试吃 shìchī
동 시식하다

蔬菜 shūcài
명 채소

营养 yíngyǎng
명 영양

肉 ròu
명 고기

海鲜 hǎixiān
명 해산물

新鲜 xīnxiān
형 신선하다

保质期 bǎozhìqī
명 유통기한

✱ Let's Start! 주제에 맞는 단어와 예문을 학습해보세요. 🔊 04-1

01
钱
qián

명 돈

A 这个多少**钱**？
Zhè ge duōshao qián?
이거 얼마예요?

B 一百块。
Yì bǎi kuài.
100위안이에요.

02
卖
mài

동 팔다, 판매하다

A 苹果怎么**卖**？
Píngguǒ zěnme mài?
사과는 어떻게 팔아요?

B 十块一斤。
Shí kuài yì jīn.
한 근에 10위안이에요.

03
食品
shípǐn

명 식품

A 我要买绿色**食品**。
Wǒ yào mǎi lǜsè shípǐn.
저는 친환경식품을 살 거예요.

B **食品**区往前走，在右边。
Shípǐnqū wǎng qián zǒu, zài yòubian.
식품 코너는 앞으로 가면 오른쪽에 있어요.

04
超市
chāoshì

명 마트, 슈퍼마켓

A 你去哪儿？
Nǐ qù nǎr?
어디 가세요?

B 我去**超市**买些吃的。
Wǒ qù chāoshì mǎi xiē chī de.
마트에 먹을 것 좀 사러 가요.

1 식품

05
购物车
gòuwùchē

명 쇼핑 카트

A 我们要买很多东西，你推个购物车过来吧。
Wǒmen yào mǎi hěn duō dōngxi, nǐ tuī ge gòuwùchē guòlái ba.
우리 물건을 많이 사야하니, 당신 카트를 끌고 오세요.

B 好的，你先逛逛吧。
Hǎo de, nǐ xiān guàngguang ba.
알겠어요. 당신 먼저 구경하고 있어요.

06
试吃
shìchī

동 시식하다

A 这是新出的，试吃一下儿。
Zhè shì xīnchū de, shìchī yíxiàr.
이것은 새로 나온 거예요. 시식 한번 해보세요.

B 味道不错，给我来一袋儿吧。
Wèidao búcuò, gěi wǒ lái yí dàir ba.
맛이 좋네요. 한 봉지 주세요.

07
水果
shuǐguǒ

명 과일

A 最近水果很便宜。
Zuìjìn shuǐguǒ hěn piányi.
요즘 과일이 싸요.

B 那回家的时候买点儿吧。
Nà huíjiā de shíhou mǎi diǎnr ba.
그럼 집에 돌아갈 때 좀 삽시다.

Voca

梨 lí 배 | 桃 táo 복숭아 | 苹果 píngguǒ 사과 | 草莓 cǎoméi 딸기 |
香蕉 xiāngjiāo 바나나 | 菠萝 bōluó 파인애플 | 猕猴桃 míhóutáo 키위 |
西瓜 xīguā 수박 | 葡萄 pútáo 포도 | 芒果 mángguǒ 망고

08 蔬菜
shūcài

몡 채소

A 我们买什么蔬菜?
Wǒmen mǎi shénme shūcài?
우리 어떤 채소를 살까요?

B 买点儿黄瓜和菠菜吧。
Mǎi diǎnr huángguā hé bōcài ba.
오이랑 시금치를 조금 사요.

Voca

黄瓜 huángguā 오이 | 萝卜 luóbo 무 | 葱 cōng 파 | 茄子 qiézi 가지 |
白菜 báicài 배추 | 生菜 shēngcài 상추 | 菠菜 bōcài 시금치 |
辣椒 làjiāo 고추 | 豆芽 dòuyá 콩나물 | 土豆 tǔdòu 감자 |
油菜 yóucài 청경채 | 洋葱 yángcōng 양파

09 新鲜
xīnxiān

혱 신선하다

A 这个蔬菜新鲜吗?
Zhè ge shūcài xīnxiān ma?
이 채소는 신선해요?

B 这个今天来的,特别新鲜。
Zhè ge jīntiān lái de, tèbié xīnxiān.
이것은 오늘 온 거예요. 굉장히 신선해요.

10 营养
yíngyǎng

몡 영양

A 你应该吃点儿有营养的。
Nǐ yīnggāi chī diǎnr yǒu yíngyǎng de.
당신은 영양가가 있는 것을 좀 먹어야 해요.

B 那买只鸡做参鸡汤吧。
Nà mǎi zhī jī zuò shēnjītāng ba.
그럼 닭 한 마리를 사서 삼계탕을 만들죠.

1 식품

11 肉 ròu

[명] 고기

A 我今晚想吃肉。
Wǒ jīnwǎn xiǎng chī ròu.
오늘 저녁은 고기를 먹고 싶어요.

B 我已经买猪肉了。
Wǒ yǐjīng mǎi zhūròu le.
제가 이미 돼지고기를 샀어요.

Voca

猪肉 zhūròu 돼지고기 | 牛肉 niúròu 소고기 | 鸡肉 jīròu 닭고기 |
羊肉 yángròu 양고기 | 鸭肉 yāròu 오리고기

12 鱼 yú

[명] 생선

A 最近什么鱼好吃?
Zuìjìn shénme yú hǎochī?
요즘 어떤 생선이 맛있어요?

B 你看，这条很不错。
Nǐ kàn, zhè tiáo hěn búcuò.
보세요. 이거 아주 좋아요.

Voca

鳗鱼 mányú 장어 | 带鱼 dàiyú 갈치 | 小银鱼 xiǎoyínyú 멸치 |
三文鱼 sānwényú 연어 | 金枪鱼 jīnqiāngyú 참치 |
鲐鲅鱼 táibàyú 고등어

13 海鲜 hǎixiān

[명] 해산물

A 那家的海鲜又便宜又新鲜。
Nà jiā de hǎixiān yòu piányi yòu xīnxiān.
저 집의 해산물은 저렴하고 신선해요.

B 那我们去那家买吧。
Nà wǒmen qù nà jiā mǎi ba.
그럼 우리 그 가게로 가서 사요.

Voca

虾 xiā 새우 | 螃蟹 pángxiè 게 | 牡蛎 mǔlì 굴 | 蛤蜊 gélí 조개 |
鲍鱼 bàoyú 전복 | 章鱼 zhāngyú 문어 | 鱿鱼 yóuyú 오징어 |
龙虾 lóngxiā 바닷가재, 랍스터 | 海带 hǎidài 미역, 다시마

14 乳制品
rǔzhìpǐn

명 유제품

A 多吃**乳制品**能保护肠胃健康。
Duō chī rǔzhìpǐn néng bǎohù chángwèi jiànkāng.
유제품을 많이 먹으면 위장 건강을 보호할 수 있어요.

B 可是我不太喜欢。
Kěshì wǒ bú tài xǐhuan.
하지만 저는 별로 안 좋아해요.

Voca
牛奶 niúnǎi 우유 | 酸奶 suānnǎi 요거트 | 奶酪 nǎilào 치즈

15 香肠
xiāngcháng

명 소시지

A 这个**香肠**今天买一送一。
Zhè ge xiāngcháng jīntiān mǎi yī sòng yī.
이 소시지 오늘 하나 사면 하나 더 드려요.

B 好吃吗？给我一个吧。
Hǎochī ma? Gěi wǒ yí ge ba.
맛있어요? 하나 주세요.

16 面条
miàntiáo

명 면, 국수

A 晚上我们做**面条**吃吧。
Wǎnshang wǒmen zuò miàntiáo chī ba.
저녁에 우리 국수 만들어 먹어요.

B 那我买回去吧。
Nà wǒ mǎi huíqù ba.
그럼 내가 사 가지고 갈게요.

17 方便面
fāngbiànmiàn

명 라면

A 我忘拿**方便面**了。
Wǒ wàng ná fāngbiànmiàn le.
라면 가져오는(사는) 것을 깜박했어요.

B 等一下儿，我去拿来。
Děng yíxiàr, wǒ qù nálái.
잠시만 기다려요. 내가 가서 가져올게요.

18 大米
dàmǐ

명 쌀

A 家里的大米快吃完了。
Jiā li de dàmǐ kuài chīwán le.
집에 있는 쌀을 거의 다 먹어가요.

B 那我们买五公斤吧。
Nà wǒmen mǎi wǔ gōngjīn ba.
그럼 우리 5kg 사요.

19 辛奇
xīnqí

명 김치

A 你要买什么辛奇?
Nǐ yào mǎi shénme xīnqí?
어떤 김치 사실 거예요?

B 我要买辣白菜。
Wǒ yào mǎi là báicài.
배추김치 사려고요.

20 紫菜
zǐcài

명 김

A 问一下儿,哪儿有紫菜?
Wèn yíxiàr, nǎr yǒu zǐcài?
말씀 좀 물을게요. 김은 어디에 있나요?

B 您去前边看看吧。
Nín qù qiánbian kànkan ba.
앞쪽으로 가서 한번 보세요.

21 豆腐
dòufu

명 두부

A 你回来的时候买一块儿豆腐吧。
Nǐ huílái de shíhou mǎi yíkuàir dòufu ba.
당신 돌아올 때 두부 한 모 사오세요.

B 好的,还需要别的吗?
Hǎo de, hái xūyào biéde ma?
알았어요. 또 다른 거 필요해요?

22 牛肉干
niúròu gān

명 소고기 육포

A 哪个牌子的牛肉干好吃?
Nǎ ge páizi de niúròu gān hǎochī?
어느 브랜드의 육포가 맛있나요?

B 您尝尝这个牌子的吧。
Nín chángchang zhè ge páizi de ba.
이 브랜드의 것을 한번 드셔보세요.

23 坚果
jiānguǒ

명 견과류

A 家里的坚果都吃完了。
Jiā li de jiānguǒ dōu chīwán le.
집에 있는 견과류를 다 먹었어요.

B 这次买杏仁,怎么样?
Zhè cì mǎi xìngrén, zěnmeyàng?
이번에는 아몬드를 사는 게 어때요?

Grammar
- 完 : 동사 뒤에서 결과보어로 쓰여 동작이 완료되었음을 보충한다. [주어 + 동사 + 결과보어(完) + 목적어]의 형태로 쓰인다.

Voca
花生 huāshēng 땅콩 | 核桃 hétao 호두 | 杏仁 xìngrén 아몬드 | 腰果 yāoguǒ 캐슈넛 | 榛果 zhēnguǒ 헤이즐넛, 개암

24 罐头
guàntou

명 통조림

A 我们买几个鱼罐头吧。
Wǒmen mǎi jǐ ge yú guàntou ba.
우리 생선 통조림 몇 개 사요.

B 家里还有。
Jiā li hái yǒu.
집에 아직 있어요.

25
冷冻
lěngdòng

명 냉동

A 没时间的时候，冷冻食品很方便。
Méi shíjiān de shíhou, lěngdòng shípǐn hěn fāngbiàn.
시간 없을 때에는 냉동식품이 편리해요.

B 那我们买几包吧。
Nà wǒmen mǎi jǐ bāo ba.
그럼 우리 몇 봉지 사요.

26
零食
língshí

명 군것질, 간식

A 家里有零食吗？
Jiā li yǒu língshí ma?
집에 간식거리가 있나요?

B 没有，你想吃吗？
Méi yǒu, nǐ xiǎng chī ma?
없어요. 당신 먹고 싶어요?

27
饮料
yǐnliào

명 음료

A 这个饮料买一送一。
Zhè ge yǐnliào mǎi yī sòng yī.
이 음료는 1+1이에요.

B 真便宜啊，买一个吧。
Zhēn piányi a, mǎi yí ge ba.
정말 싸네요. 하나 살게요.

28
酒
jiǔ

명 술

A 你喝过白酒吗？
Nǐ hēguo báijiǔ ma?
당신 바이주 마셔본 적 있어요?

B 没喝过，我们买一瓶吧。
Méi hēguo, wǒmen mǎi yì píng ba.
마셔본 적 없어요. 우리 한 병 사요.

Voca
白酒 báijiǔ 바이주 | 啤酒 píjiǔ 맥주 | 红酒 hóngjiǔ 와인 |
洋酒 yángjiǔ 양주 | 烧酒 shāojiǔ 소주 | 米酒 mǐjiǔ 막걸리, 동동주

29 国产
guóchǎn

명 국산

A 这个是不是**国产**?
Zhè ge shì bu shì guóchǎn?
이것은 국산인가요, 아닌가요?

B 这个是美国产，那个是**国产**。
Zhè ge shì Měiguóchǎn, nà ge shì guóchǎn.
이것은 미국산이고, 저것이 국산이에요.

30 保质期
bǎozhìqī

명 유통기한

A 你好好儿看**保质期**。
Nǐ hǎohāor kàn bǎozhìqī.
당신 유통기한을 잘 보세요.

B 这个**保质期**还有一个月。
Zhè ge bǎozhìqī hái yǒu yí ge yuè.
이건 유통기한이 아직 1개월 남았어요.

31 有机食品
yǒujī shípǐn

명 유기농 식품

A **有机食品**对身体好，我们买点儿吧。
Yǒujī shípǐn duì shēntǐ hǎo, wǒmen mǎi diǎnr ba.
유기농 식품은 몸에 좋아요. 우리 조금 사요.

B 可是有点儿贵。
Kěshì yǒudiǎnr guì.
그런데 좀 비싸요.

Voca

加工食品 jiāgōng shípǐn 가공식품 | 速冻食品 sùdòng shípǐn 냉동식품 | 健康食品 jiànkāng shípǐn 건강식품 | 绿色食品 lǜsè shípǐn 친환경식품 | 减肥食品 jiǎnféi shípǐn 다이어트식품

32 微波食品
wēibō shípǐn

명 전자레인지용 식품

A 这是**微波食品**吗?
Zhè shì wēibō shípǐn ma?
이것은 전자레인지용 식품인가요?

B 对，转三分钟就可以。
Duì, zhuàn sān fēnzhōng jiù kěyǐ.
맞아요. 3분 돌리면 바로 돼요.

2 전자제품

Mind Map Note

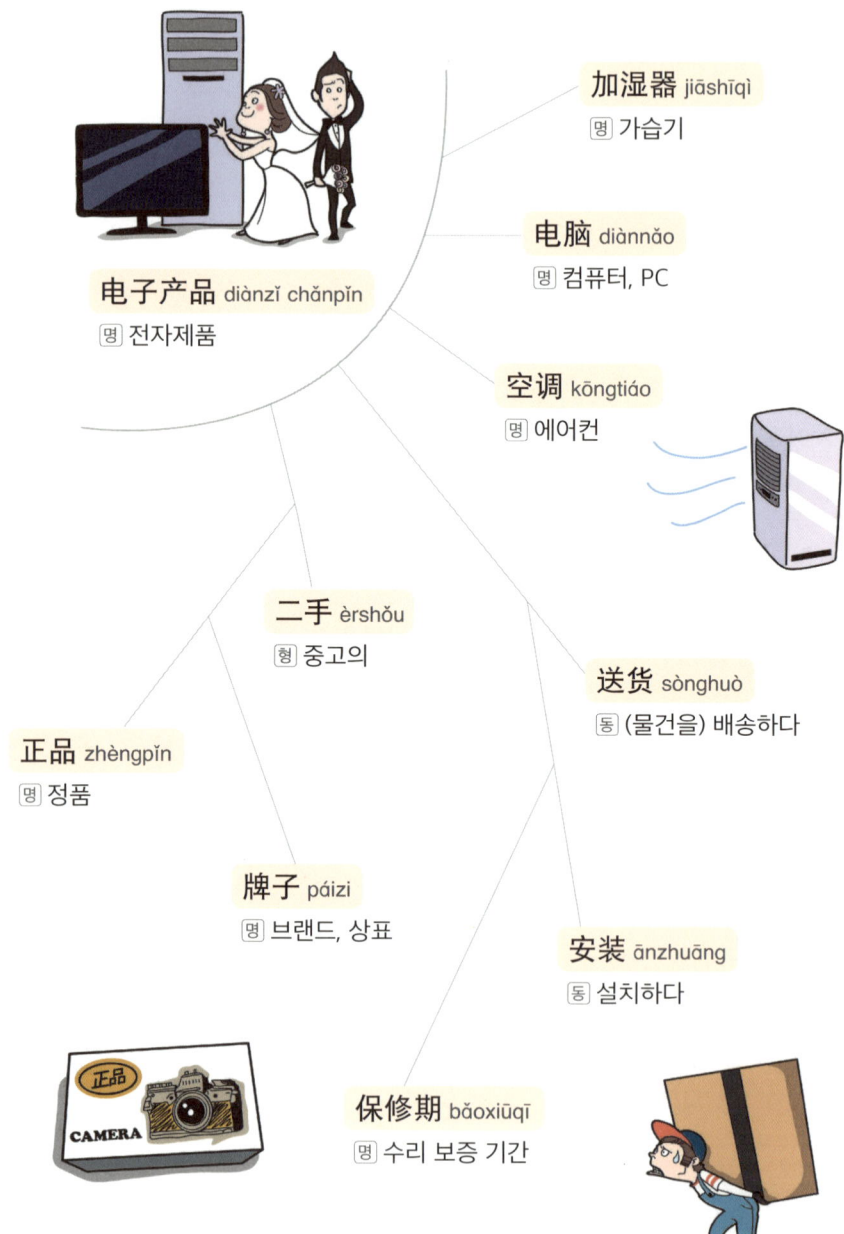

电子产品 diànzǐ chǎnpǐn
[명] 전자제품

加湿器 jiāshīqì
[명] 가습기

电脑 diànnǎo
[명] 컴퓨터, PC

空调 kōngtiáo
[명] 에어컨

二手 èrshǒu
[형] 중고의

送货 sònghuò
[동] (물건을) 배송하다

正品 zhèngpǐn
[명] 정품

牌子 páizi
[명] 브랜드, 상표

安装 ānzhuāng
[동] 설치하다

保修期 bǎoxiūqī
[명] 수리 보증 기간

✳ Let's Start! 주제에 맞는 단어와 예문을 학습해보세요. 🔊 04-2

01 电子产品
diànzǐ chǎnpǐn

명 전자제품

A 这家的**电子产品**正在打折。
Zhè jiā de diànzǐ chǎnpǐn zhèngzài dǎzhé.
이 가게의 전자제품이 세일 중이에요.

B 是吗？今天我们去看看吧。
Shì ma? Jīntiān wǒmen qù kànkan ba.
그래요? 오늘 우리 한번 보러 가요.

02 付款
fùkuǎn

동 돈을 지불하다, 계산하다

A 你要分几个月**付款**？
Nǐ yào fēn jǐ ge yuè fùkuǎn?
당신은 몇 개월로 나눠서 계산하실 건가요?

B 三个月可以吗？
Sān ge yuè kěyǐ ma?
3개월 가능한가요?

03 信用卡
xìnyòngkǎ

명 신용카드

A 您用**信用卡**付款吗？
Nín yòng xìnyòngkǎ fùkuǎn ma?
신용카드로 계산하실 건가요?

B 对，什么**信用卡**有优惠？
Duì, shénme xìnyòngkǎ yǒu yōuhuì?
네, 어떤 신용카드가 혜택이 있나요?

04 现金
xiànjīn

명 현금

A 我用**现金**，那可以便宜点儿吗？
Wǒ yòng xiànjīn, nà kěyǐ piányi diǎnr ma?
제가 현금을 사용하면 좀 싸게 할 수 있나요?

B 不好意思，**现金**和信用卡一样。
Bù hǎo yìsi, xiànjīn hé xìnyòngkǎ yíyàng.
죄송해요. 현금과 신용카드가 같아요.

05 质量 zhìliàng

명 품질

A 这个质量特别好，你可以看看。
Zhè ge zhìliàng tèbié hǎo, nǐ kěyǐ kànkan.
이건 품질이 아주 좋아요. 보셔도 돼요.

B 还不错，多少钱？
Hái búcuò, duōshao qián?
그런대로 좋네요. 얼마예요?

06 商品 shāngpǐn

명 제품, 상품

A 我觉得苹果的商品都很好。
Wǒ juéde Píngguǒ de shāngpǐn dōu hěn hǎo.
제 생각에는 애플의 제품은 다 좋은 것 같아요.

B 对，很多人用苹果的商品。
Duì, hěn duō rén yòng Píngguǒ de shāngpǐn.
맞아요. 많은 사람들이 애플의 제품을 사용하죠.

07 正品 zhèngpǐn

명 정품

A 太贵了，能便宜点儿吗？
Tài guì le, néng piányi diǎnr ma?
너무 비싸네요. 좀 싸게 주실 수 있어요?

B 这是正品，不能便宜。
Zhè shì zhèngpǐn, bù néng piányi.
이것은 정품이라 싸게 드릴 수 없어요.

08 山寨 shānzhài

명 가짜 제품, 모조품, 복제품

A 这台这么便宜？是山寨货吗？
Zhè tái zhème piányi? Shì shānzhài huò ma?
이 제품이 이렇게 저렴해요? 복제품인가요?

B 这是展示品，所以便宜。
Zhè shì zhǎnshìpǐn, suǒyǐ piányi.
이것은 진열 상품이에요. 그래서 저렴해요.

Grammar

• 台 : '컴퓨터 한 대', '세탁기 한 대' 등 비교적 큰 전자제품을 셀 때 쓰는 단위이다.

09 明码标价
míngmǎ biāojià

명 정찰제

A 这儿的商品都是**明码标价**吗?
Zhèr de shāngpǐn dōu shì míngmǎ biāojià ma?
이곳의 상품은 모두 정찰제인가요?

B 对，你要买什么？
Duì, nǐ yào mǎi shénme?
맞아요. 무엇을 사실 건가요?

10 二手
èrshǒu

형 중고의

A 这儿有**二手**手机吗？
Zhèr yǒu èrshǒu shǒujī ma?
여기 중고 휴대전화가 있나요?

B 有，你要什么款式的？
Yǒu, nǐ yào shénme kuǎnshì de?
있어요. 어떤 스타일을 원하세요?

11 牌子
páizi

명 브랜드, 상표

A 我要买这个**牌子**的洗衣机。
Wǒ yào mǎi zhè ge páizi de xǐyījī.
저는 이 브랜드의 세탁기를 사려고 해요.

B 你要买什么价位的？
Nǐ yào mǎi shénme jiàwèi de?
어떤 가격대를 원하세요?

12 讨价还价
tǎojià huánjià

동 흥정하다

A 去那儿买东西可以**讨价还价**吗？
Qù nàr mǎi dōngxi kěyǐ tǎojià huánjià ma?
거기 가서 물건을 사면 흥정할 수 있나요?

B 可以，但是不容易。
Kěyǐ, dànshì bù róngyì.
가능해요. 하지만 쉽지 않아요.

2 전자제품

13 送货 sònghuò

동 물건을 배송하다

A 什么时候能送货?
Shénme shíhou néng sònghuò?
언제 배송해주실 수 있나요?

B 今天晚上能送到。
Jīntiān wǎnshang néng sòngdào.
오늘 저녁에 배송해드릴 수 있어요.

14 安装 ānzhuāng

동 설치하다

A 买这个给安装吗?
Mǎi zhè ge gěi ānzhuāng ma?
이것을 사면 설치해주나요?

B 当然了，您几点在家?
Dāngrán le, nín jǐ diǎn zài jiā?
당연하죠. 몇 시에 집에 계세요?

15 生产 shēngchǎn

동 생산하다

A 这是什么时候生产的?
Zhè shì shénme shíhou shēngchǎn de?
이것은 언제 만들어진 제품이에요?

B 是去年生产的。
Shì qùnián shēngchǎn de.
작년에 생산된 제품이에요.

16 保修期 bǎoxiūqī

명 수리 보증 기간

A 这台电视的保修期是几年?
Zhè tái diànshì de bǎoxiūqī shì jǐ nián?
이 텔레비전의 수리 보증 기간은 몇 년인가요?

B 可以保修一年。
Kěyǐ bǎoxiū yì nián.
1년 동안 무상 수리가 가능해요.

17 空调 kōngtiáo

명 에어컨

A 这台**空调**功能怎么样?
Zhè tái kōngtiáo gōngnéng zěnmeyàng?
이 에어컨의 기능은 어때요?

B 功能非常好，很有人气。
Gōngnéng fēicháng hǎo, hěn yǒu rénqì.
기능은 굉장히 좋아서 매우 인기 있어요.

Voca

电视 diànshì 텔레비전 | 电脑 diànnǎo 컴퓨터 | 冰箱 bīngxiāng 냉장고 | 吸尘器 xīchénqì 청소기 | 洗衣机 xǐyījī 세탁기

18 电饭锅 diànfànguō

명 전기밥솥

A 你要买几人用的**电饭锅**?
Nǐ yào mǎi jǐ rén yòng de diànfànguō?
당신은 몇 인용의 전기밥솥을 원하세요?

B 有3、4人用的吗?
Yǒu sān、sì rén yòng de ma?
3~4인용 있어요?

19 微波炉 wēibōlú

명 전자레인지

A 哪个是最新型的**微波炉**?
Nǎ ge shì zuì xīnxíng de wēibōlú?
어느 것이 가장 최신형 전자레인지인가요?

B 这是最新型的。
Zhè shì zuì xīnxíng de.
이것이 가장 최신형이에요.

Voca

烤箱 kǎoxiāng 오븐레인지

20 数码相机
shùmǎ xiàngjī

명 디지털 카메라

A 我想换**数码相机**，有小点儿的吗？
Wǒ xiǎng huàn shùmǎ xiàngjī, yǒu xiǎo diǎnr de ma?
디지털 카메라를 바꾸고 싶어요. 좀 작은 것이 있나요?

B 您看看这台怎么样？
Nín kànkan zhè tái zěnmeyàng?
이게 어떤지 좀 보실래요?

21 充电器
chōngdiànqì

명 충전기

A 对了，我的**充电器**坏了。
Duì le, wǒ de chōngdiànqì huài le.
맞다. 제 충전기가 고장 났어요.

B 你要新买一个吗？
Nǐ yào xīn mǎi yí ge ma?
당신 새로 하나 살 거예요?

22 空气净化器
kōngqì jìnghuàqì

명 공기 청정기

A 家里空气不太好。
Jiā li kōngqì bú tài hǎo.
집 안의 공기가 너무 안 좋아요.

B 是啊，那我们买一台**空气净化器**，怎么样？
Shì a, nà wǒmen mǎi yì tái kōngqì jìnghuàqì, zěnmeyàng?
그래요. 그럼 우리 공기 청정기를 하나 사는 게 어때요?

23 加湿器
jiāshīqì

명 가습기

A 太干燥了，我想买一台**加湿器**。
Tài gānzào le, wǒ xiǎng mǎi yì tái jiāshīqì.
너무 건조하네요. 저는 가습기 한 대를 사고 싶어요.

B 不过最近**加湿器**有很多问题。
Búguò zuìjìn jiāshīqì yǒu hěn duō wèntí.
그런데 요즘 가습기에 문제가 많아요.

24 吸尘器
xīchénqì

명 청소기

A 哪台**吸尘器**的功能最好？
　Nǎ tái xīchénqì de gōngnéng zuì hǎo?
　어떤 청소기의 성능이 가장 좋아요?

B 这台贵是贵，不过功能真的很好。
　Zhè tái guì shì guì, búguò gōngnéng zhēn de hěn hǎo.
　이게 비싸긴 비싼데, 성능이 정말 좋아요.

25 吹风机
chuīfēngjī

명 (헤어) 드라이어

A 怎么办？**吹风机**坏了。
　Zěnme bàn? Chuīfēngjī huài le.
　어떡해요? 드라이어가 망가졌어요.

B 下班以后去买吧。
　Xiàbān yǐhòu qù mǎi ba.
　퇴근한 후에 사러 가요.

26 洗衣机
xǐyījī

명 세탁기

A 家里的**洗衣机**用得太久了。
　Jiā li de xǐyījī yòng de tài jiǔ le.
　집에 있는 세탁기 너무 오래 사용했어요.

B 是啊，我也正想换一台。
　Shì a, wǒ yě zhèng xiǎng huàn yì tái.
　맞아요. 나도 마침 한 대 바꾸고 싶었어요.

27 按摩椅
ànmóyǐ

명 안마 의자

A 您试试这个**按摩椅**吧。
　Nín shìshi zhè ge ànmóyǐ ba.
　이 안마 의자를 한번 이용해보세요.

B 哦！很舒服，多少钱？
　Ó! Hěn shūfu, duōshao qián?
　오! 편안하네요. 얼마예요?

2 전자제품

3 의류

Mind Map Note

服装 fúzhuāng
명 의류, 의복

休闲服 xiūxiánfú
명 캐주얼복, 평상복

正装 zhèngzhuāng
명 정장, 슈트

内衣 nèiyī
명 속옷

颜色 yánsè
명 색상, 색깔

过时 guòshí
형 유행이 지나다

号码(儿) hàomǎ(r)
명 사이즈, 치수

款式 kuǎnshì
명 스타일, 양식

流行 liúxíng
동 형 유행하다

时尚 shíshàng
명 트렌드, 유행
형 시대에 맞다, 멋스럽다

✱ Let's Start! 주제에 맞는 단어와 예문을 학습해보세요. 🔊 04-3

01 衣服 yīfu

[명] 옷, 의복

A 天气冷了，我要买新衣服。
Tiānqì lěng le, wǒ yào mǎi xīn yīfu.
날씨가 추워졌어요. 새 옷을 사야겠어요.

B 你想买什么衣服?
Nǐ xiǎng mǎi shénme yīfu?
당신은 어떤 옷을 사고 싶어요?

Voca
裤子 kùzi 바지 | 裙子 qúnzi 치마 | 衬衫 chènshān 와이셔츠 | T恤衫 T-xùshān T셔츠 | 毛衣 máoyī 스웨터 | 外套 wàitào 외투 | 内衣 nèiyī 속옷

02 穿 chuān

[동] 입다, 신다

A 我穿这件外套好看吗?
Wǒ chuān zhè jiàn wàitào hǎokàn ma?
제가 이 외투를 입으면 예쁜가요?

B 真好看，买一件吧。
Zhēn hǎokàn, mǎi yí jiàn ba.
진짜 예뻐요. 한 벌 사세요.

03 号码(儿) hàomǎ(r)

[명] 사이즈, 치수

A 你穿多大号码(儿)的衣服?
Nǐ chuān duō dà hàomǎ(r) de yīfu?
당신은 몇 치수의 옷을 입으세요?

B 我穿S的。
Wǒ chuān S de.
저는 S사이즈를 입어요.

04 个子 gèzi

[명] 키

A 我不知道男朋友穿多大的。
Wǒ bù zhīdào nánpéngyou chuān duō dà de.
남자친구가 몇 사이즈를 입는지 모르겠어요.

B 那他个子多高?
Nà tā gèzi duō gāo?
그럼 그분은 키가 얼마나 되나요?

05
有点儿
yǒudiǎnr

[부] 조금, 약간

A 这件**有点儿**大。
Zhè jiàn yǒudiǎnr dà.
이 옷은 조금 크네요.

B 我觉得还可以，那你看看这件。
Wǒ juéde hái kěyǐ, nà nǐ kànkan zhè jiàn.
제 생각에는 괜찮은데, 그럼 이 옷을 한번 보세요.

06
肥
féi

[형] 헐렁하다

A 怎么样？合适吗？
Zěnmeyàng? Héshì ma?
어때요? 잘 맞아요?

B 有点儿**肥**。
Yǒudiǎnr féi.
조금 헐렁해요.

Grammar

- 肥 : 본래 뜻은 '살지다, 살집이 좋다'는 뜻이나, 옷이나 신발 등에 대해 쓸 때에는 '크다, 헐렁헐렁하다'의 뜻으로 쓰인다.

07
紧
jǐn

[형] (옷, 신발 등이) 꼭 끼다

A 这条裤子有点儿**紧**。
Zhè tiáo kùzi yǒudiǎnr jǐn.
이 바지는 조금 껴요.

B 那您再试试大一号的吧。
Nà nín zài shìshi dà yí hào de ba.
그럼 한 사이즈 큰 것으로 다시 입어보세요.

08
厚
hòu

[형] 두껍다

A 这件很**厚**，我想买薄一点儿的。
Zhè jiàn hěn hòu, wǒ xiǎng mǎi báo yìdiǎnr de.
이 옷은 두꺼운데, 저는 좀 얇은 것으로 사고 싶어요.

B 那这件怎么样？
Nà zhè jiàn zěnmeyàng?
그럼 이 옷은 어때요?

09
短
duǎn

[형] 짧다

A 这条裤子有点儿短。
Zhè tiáo kùzi yǒudiǎnr duǎn.
이 바지 조금 짧네요.

B 最近流行这样的裤子。
Zuìjìn liúxíng zhèyàng de kùzi.
요즘 이런 바지가 유행이에요.

10
七分袖
qīfēnxiù

[명] 7부(약간 짧은 소매)

A 这儿有七分袖的T恤衫吗?
Zhèr yǒu qīfēnxiù de T-xùshān ma?
여기 7부 티셔츠 있나요?

B 有,在那边。
Yǒu, zài nàbiān.
있어요. 저쪽에요.

11
颜色
yánsè

[명] 색상, 색깔

A 这条裙子有其他颜色吗?
Zhè tiáo qúnzi yǒu qítā yánsè ma?
이 치마는 다른 색깔이 있나요?

B 有黑色和灰色。
Yǒu hēisè hé huīsè.
검은색과 회색이 있어요.

Voca
红色 hóngsè 빨간색 | 黄色 huángsè 노란색 | 绿色 lǜsè 초록색 | 蓝色 lánsè 파란색 | 黑色 hēisè 검은색 | 白色 báisè 흰색 | 灰色 huīsè 회색

12
图案
tú'àn

[명] 무늬

A 我喜欢花的图案。
Wǒ xǐhuan huā de tú'àn.
저는 꽃무늬를 좋아해요.

B 我们这儿正好有一件,你看看。
Wǒmen zhèr zhènghǎo yǒu yí jiàn, nǐ kànkan.
여기에 마침 한 벌이 있네요. 한번 보세요.

3 의류

13 款式
kuǎnshì

명 스타일, 양식

A 你看我穿这个款式怎么样?
Nǐ kàn wǒ chuān zhè ge kuǎnshì zěnmeyàng?
당신이 보기에 제가 이런 스타일로 입는 건 어때요?

B 不错，挺漂亮的。
Búcuò, tǐng piàoliang de.
아주 좋아요. 참 예쁘네요.

14 新款
xīnkuǎn

명 신상품

A 这是新款，你喜欢吗?
Zhè shì xīnkuǎn, nǐ xǐhuan ma?
이것은 신상이에요. 마음에 드세요?

B 很漂亮，多少钱?
Hěn piàoliang, duōshao qián?
예쁘네요. 얼마예요?

15 合适
héshì

형 알맞다, 적합하다

A 你觉得怎么样? 合适吗?
Nǐ juéde zěnmeyàng? Héshì ma?
당신 생각에는 어때요? 잘 맞아요?

B 这双鞋很合适。
Zhè shuāng xié hěn héshì.
이 신발이 아주 잘 맞네요.

16 时尚
shíshàng

명 트렌드, 유행 형 시대에 맞다, 멋스럽다

A 你很时尚。
Nǐ hěn shíshàng.
당신은 스타일이 참 좋네요.

B 谢谢，我很喜欢打扮自己。
Xièxie, wǒ hěn xǐhuan dǎban zìjǐ.
고마워요. 저는 자신을 꾸미는 것을 좋아해요.

17 流行 liúxíng

동 형 유행하다

A 今年很流行五分袖。
Jīnnián hěn liúxíng wǔfēnxiù.
올해 5부 반소매가 매우 유행하고 있어요.

B 那给我看看五分袖的衣服吧。
Nà gěi wǒ kànkan wǔfēnxiù de yīfu ba.
그럼 저에게 5부 반소매 옷을 좀 보여주세요.

18 过时 guòshí

형 유행이 지나다

A 这件衣服怎么样？
Zhè jiàn yīfu zěnmeyàng?
이 옷 어때요?

B 已经过时了，我要买新款。
Yǐjīng guòshí le, wǒ yào mǎi xīnkuǎn.
이미 유행이 지났어요. 저는 신상을 사고 싶어요.

19 别的 biéde

대 다른 것

A 我不太喜欢这个颜色，有没有别的？
Wǒ bú tài xǐhuan zhè ge yánsè, yǒu méi yǒu biéde?
저는 이 색깔을 별로 안 좋아하는데, 다른 것 있나요?

B 只有一个颜色。
Zhǐ yǒu yí ge yánsè.
오직 한 색깔만 있어요.

20 试 shì

동 시도하다, 해보다

A 我可以试试吗？
Wǒ kěyǐ shìshi ma?
제가 좀 입어봐도 될까요?

B 不好意思，白色的衣服不能试。
Bù hǎo yìsi, báisè de yīfu bù néng shì.
죄송해요. 흰색 옷은 입어볼 수 없어요.

21 试衣间
shìyījiān

[명] 탈의실

A 试衣间在哪儿?
Shìyījiān zài nǎr?
탈의실이 어디에 있나요?

B 在那边，您去试试吧。
Zài nàbiān, nín qù shìshi ba.
저쪽에 있어요. 가서 한번 입어보세요.

22 便宜
piányi

[형] 싸다

A 这双鞋为什么这么便宜?
Zhè shuāng xié wèi shénme zhème piányi?
이 신발은 왜 이렇게 싸요?

B 这是最后一双。
Zhè shì zuìhòu yì shuāng.
이것이 마지막 한 켤레예요.

23 发票
fāpiào

[명] 영수증

A 请给我开发票。
Qǐng gěi wǒ kāi fāpiào.
영수증을 끊어주세요.

B 好，马上给您。
Hǎo, mǎshàng gěi nín.
알겠습니다. 바로 드릴게요.

24 退
tuì

[동] 환불하다

A 这件衣服有问题，我要退。
Zhè jiàn yīfu yǒu wèntí, wǒ yào tuì.
이 옷에 문제가 있어서 환불하려고 해요.

B 您是什么时候买的? 请给我发票。
Nín shì shénme shíhou mǎi de? Qǐng gěi wǒ fāpiào.
언제 사신 건가요? 영수증을 주세요.

25 老顾客
lǎo gùkè

단골손님

A 我是**老顾客**嘛，便宜点儿吧。
Wǒ shì lǎo gùkè ma, piányi diǎnr ba.
저는 단골손님이잖아요. 좀 싸게 해주세요.

B 已经很便宜了，别再讨价还价了。
Yǐjīng hěn piányi le, bié zài tǎojià huánjià le.
이미 충분히 싸요. 더 흥정하지 마세요.

26 模特
mótè

명 마네킹

A 那个**模特**穿的衣服在哪儿？
Nà ge mótè chuān de yīfu zài nǎr?
저 마네킹이 입은 옷은 어디에 있나요?

B 在那边，我给您拿来。
Zài nàbiān, wǒ gěi nín nálái.
저쪽에 있어요. 제가 가져올게요.

27 正装
zhèngzhuāng

명 정장

A 我明天穿这套**正装**怎么样？
Wǒ míngtiān chuān zhè tào zhèngzhuāng zěnmeyàng?
제가 내일 이 정장 입는 거 어때요?

B 我觉得样子有点儿老，买套新的吧。
Wǒ juéde yàngzi yǒudiǎnr lǎo, mǎi tào xīn de ba.
제 생각에는 스타일이 좀 오래된 것 같아요. 새 정장 한 벌 사세요.

Grammar

• 套 : 세트나 벌로 이루어진 것을 세는 단위이다.

28 休闲服
xiūxiánfú

명 캐주얼복, 평상복

A 请问，几楼卖**休闲服**？
Qǐngwèn, jǐ lóu mài xiūxiánfú?
실례해요. 몇 층에서 캐주얼복을 판매하나요?

B 您去三楼吧。
Nín qù sān lóu ba.
3층으로 가세요.

29
羽绒服
yǔróngfú

명 패딩 점퍼

A 我要买一件羽绒服。
Wǒ yào mǎi yí jiàn yǔróngfú.
저는 패딩 점퍼를 한 벌 사려고 해요.

B 你要买什么牌子的?
Nǐ yào mǎi shénme páizi de?
당신은 어떤 브랜드를 살 거예요?

30
高领
gāolǐng

명 (목)폴라

A 请问,有高领毛衣吗?
Qǐngwèn, yǒu gāolǐng máoyī ma?
실례해요. 폴라 스웨터 있어요?

B 有啊,有三个款式。
Yǒu a, yǒu sān ge kuǎnshì.
있어요. 세 가지 스타일이 있어요.

31
裙子
qúnzi

명 치마

A 我觉得这条裙子很适合你。
Wǒ juéde zhè tiáo qúnzi hěn shìhé nǐ.
제 생각에는 이 치마가 당신에게 잘 어울리는 것 같아요.

B 我平时不太喜欢穿裙子。
Wǒ píngshí bú tài xǐhuan chuān qúnzi.
저는 평소에 치마 입는 것을 별로 안 좋아해요.

32
牛仔裤
niúzǎikù

명 청바지

A 这条牛仔裤太小了,有大一号的吗?
Zhè tiáo niúzǎikù tài xiǎo le, yǒu dà yí hào de ma?
이 청바지는 너무 작아요. 한 사이즈 큰 것이 있나요?

B 等一下儿,我找找。
Děng yíxiàr, wǒ zhǎozhao.
잠시만 기다리세요. 좀 찾아볼게요.

- 条 : 바지, 치마 등 가늘고 긴 것을 세는 단위이다.

Grammar

33 睡衣 shuìyī

명 잠옷

A 我想送父母一套睡衣。
Wǒ xiǎng sòng fùmǔ yí tào shuìyī.
저는 부모님께 잠옷을 한 벌 사드리고 싶어요.

B 您父母穿多大号的?
Nín fùmǔ chuān duō dà hào de?
부모님께서 무슨 사이즈를 입으세요?

34 袜子 wàzi

명 양말

A 现在穿的袜子太旧了。
Xiànzài chuān de wàzi tài jiù le.
지금 신은 양말이 너무 낡았어요.

B 一楼卖袜子，去看看吧。
Yī lóu mài wàzi, qù kànkan ba.
1층에 양말을 팔아요. 가서 한번 봐요.

35 丝袜 sīwà

명 스타킹

A 请给我三条肉色丝袜。
Qǐng gěi wǒ sān tiáo ròusè sīwà.
살구색 스타킹 세 개 주세요.

B 请稍等。
Qǐng shāo děng.
잠시만 기다려주세요.

36 鞋 xié

명 신발, 구두

A 这双鞋怎么样?
Zhè shuāng xié zěnmeyàng?
이 신발 어때요?

B 很好看，我可以穿一下儿吗?
Hěn hǎokàn, wǒ kěyǐ chuān yíxiàr ma?
예쁘네요. 좀 신어봐도 될까요?

Voca
皮鞋 píxié 구두 | 凉鞋 liángxié 샌들 | 靴子 xuēzi 부츠 |
高跟鞋 gāogēnxié 하이힐 | 平底鞋 píngdǐxié 플랫슈즈 |
运动鞋 yùndòngxié 운동화

4 화장품

Mind Map Note

化妆品 huàzhuāngpǐn
명 화장품

皮肤 pífū
명 피부

彩妆 cǎizhuāng
명 색조 화장(품)

卸妆 xièzhuāng
동 화장을 지우다

防晒霜 fángshàishuāng
명 선크림

面膜 miànmó
명 마스크 팩

美白 měibái
명 미백

香水 xiāngshuǐ
명 향수

保湿 bǎoshī
명 보습

除皱 chúzhòu
동 주름을 없애다

✱ Let's Start!

주제에 맞는 단어와 예문을 학습해보세요. 🔊 04-4

01
化妆品
huàzhuāngpǐn

명 화장품

A 您要买点儿什么?
Nín yào mǎi diǎnr shénme?
무엇을 사실 건가요?

B 我想给女朋友买化妆品。
Wǒ xiǎng gěi nǚ péngyou mǎi huàzhuāngpǐn.
여자친구에게 화장품을 사주려고요.

02
套装
tàozhuāng

명 세트 상품

A 这个套装多少钱?
Zhè ge tàozhuāng duōshao qián?
이 세트는 얼마예요?

B 800块。买套装能便宜点儿。
Bā bǎi kuài. Mǎi tàozhuāng néng piányi diǎnr.
800위안이에요. 세트로 사면 조금 싸요.

03
样品
yàngpǐn

명 샘플

A 请多给我点儿样品。
Qǐng duō gěi wǒ diǎnr yàngpǐn.
샘플 좀 많이 주세요.

B 好的,你试试这个吧。
Hǎo de, nǐ shìshi zhè ge ba.
네, 이것 한번 써보세요.

04
赠送
zèngsòng

동 증정하다

A 您买这个可以赠送5毫升的眼霜。
Nín mǎi zhè ge kěyǐ zèngsòng wǔ háoshēng de yǎnshuāng.
이것을 사시면 5ml의 아이크림을 증정해드려요.

B 那给我来一个吧。
Nà gěi wǒ lái yí ge ba.
그럼 하나 주세요.

05 开封
kāifēng

[동] 개봉하다

A 开封以后可以用多长时间？
Kāifēng yǐhòu kěyǐ yòng duōcháng shíjiān?
개봉 후에 얼마 동안 사용할 수 있어요?

B 可以用两年。
Kěyǐ yòng liǎng nián.
2년 동안 사용할 수 있어요.

06 皮肤
pífū

[명] 피부

A 我的皮肤很敏感，想换一种化妆品。
Wǒ de pífū hěn mǐngǎn, xiǎng huàn yì zhǒng huàzhuāngpǐn.
제 피부가 민감해서 화장품 종류를 바꾸고 싶어요.

B 那您用这个吧。
Nà nín yòng zhè ge ba.
그럼 이것을 사용해 보세요.

07 除皱
chúzhòu

[동] 주름을 없애다

A 这种化妆品可以除皱。
Zhè zhǒng huàzhuāngpǐn kěyǐ chúzhòu.
이 화장품은 주름을 없앨 수 있어요.

B 真的吗？那有样品吗？
Zhēn de ma? Nà yǒu yàngpǐn ma?
진짜요? 그럼 샘플 있어요?

08 保养
bǎoyǎng

[동] 보양하다, 가꾸다

A 你最近有皱纹了，得保养保养了。
Nǐ zuìjìn yǒu zhòuwén le, děi bǎoyǎng bǎoyǎng le.
당신 요즘 주름이 생겼어요. 좀 가꿔야겠어요.

B 用什么化妆品好呢？
Yòng shénme huàzhuāngpǐn hǎo ne?
어떤 화장품을 쓰면 좋을까요?

09 美白 měibái

명 미백

A 我要买美白营养霜。
Wǒ yào mǎi měibái yíngyǎng shuāng.
저는 미백 영양크림을 사려고 해요.

B 你要买什么牌子的?
Nǐ yào mǎi shénme páizi de?
당신은 어떤 브랜드를 사려고 해요?

10 保湿 bǎoshī

명 보습

A 这是最新出的保湿霜，您看看。
Zhè shì zuì xīn chū de bǎoshī shuāng, nín kànkan.
이것은 최근 새롭게 출시된 수분크림이에요. 한번 보세요.

B 我可以试用一下儿吗?
Wǒ kěyǐ shìyòng yíxiàr ma?
한번 사용해볼 수 있나요?

11 效果 xiàoguǒ

명 효과

A 这个美白效果怎么样?
Zhè ge měibái xiàoguǒ zěnmeyàng?
이것의 미백 효과는 어떤가요?

B 很多人都说效果非常好。
Hěn duō rén dōu shuō xiàoguǒ fēicháng hǎo.
많은 사람들이 말하기를 효과가 굉장히 좋다고 해요.

12 容量 róngliàng

명 용량

A 这个香水有什么容量的?
Zhè ge xiāngshuǐ yǒu shénme róngliàng de?
이 향수는 어떤 용량이 있어요?

B 有30毫升、50毫升、100毫升的。
Yǒu sānshí háoshēng、wǔshí háoshēng、yìbǎi háoshēng de.
30ml, 50ml, 100ml가 있어요.

13 面膜 miànmó

명 마스크 팩

A 这个面膜买二送一。
Zhè ge miànmó mǎi èr sòng yī.
이 마스크 팩은 두 개 사면 하나를 더 드립니다.

B 那我买十张吧。
Nà wǒ mǎi shí zhāng ba.
그럼 10장 살게요.

14 爽肤水 shuǎngfūshuǐ

명 스킨, 토너

A 我的爽肤水用完了。
Wǒ de shuǎngfūshuǐ yòngwán le.
제 스킨을 다 썼어요.

B 我也用完了，我们一起去买吧。
Wǒ yě yòngwán le, wǒmen yìqǐ qù mǎi ba.
저도 다 썼는데, 우리 같이 가서 사요.

Voca

乳液 rǔyè 로션 | 眼霜 yǎnshuāng 아이크림 |
精华液 jīnghuáyè 에센스 | 营养霜 yíngyǎngshuāng 영양크림

15 防晒霜 fángshàishuāng

명 선크림

A 我没用过防晒霜，想买一个。
Wǒ méi yòngguo fángshàishuāng, xiǎng mǎi yí ge.
저는 선크림을 써본 적이 없어요. 하나 사고 싶어요.

B 我用的防晒霜很好，你也买这个牌子吧。
Wǒ yòng de fángshàishuāng hěn hǎo, nǐ yě mǎi zhè ge páizi ba.
제가 쓰는 선크림이 좋아요. 당신도 이 브랜드를 사세요.

16 遮瑕膏 zhēxiágāo

명 컨실러

A 这个遮瑕膏的效果好吗？
Zhè ge zhēxiágāo de xiàoguǒ hǎo ma?
이 컨실러의 효과가 좋아요?

B 我觉得还可以。
Wǒ juéde hái kěyǐ.
제 생각엔 그럭저럭 괜찮아요.

17 彩妆 cǎizhuāng

명 색조 화장, 색조 화장품

A 我没有彩妆，买什么好呢?
Wǒ méi yǒu cǎizhuāng, mǎi shénme hǎo ne?
저는 색조 화장품이 없어요. 무엇을 사면 좋을까요?

B 我们去百货商店看看吧。
Wǒmen qù bǎihuò shāngdiàn kànkan ba.
우리 백화점에 가서 한번 봐요.

18 BB霜 BB shuāng

명 BB크림

A 这个BB霜颜色有点儿深。
Zhè ge BB shuāng yánsè yǒudiǎnr shēn.
이 BB크림 색이 조금 진하네요.

B 这是23号，你用几号?
Zhè shì èrshísān hào, nǐ yòng jǐ hào?
이것은 23호예요. 당신은 몇 호를 쓰세요?

Voca

CC霜 CC shuāng CC크림 | 隔离霜 gélíshuāng 메이크업 베이스 |
粉底液 fěndǐyè 파운데이션 | 气垫粉 qìdiànfěn 에어쿠션 |
粉饼 fěnbǐng 파우더팩트

19 眼影 yǎnyǐng

명 아이섀도

A 现在流行什么颜色的眼影?
Xiànzài liúxíng shénme yánsè de yǎnyǐng?
지금 어떤 색깔의 아이섀도가 유행해요?

B 棕色系很流行。
Zōngsèxì hěn liúxíng.
갈색 계열이 유행해요.

Voca

眉笔 méibǐ 아이브로우 | 眼线笔 yǎnxiànbǐ 아이라이너 |
睫毛膏 jiémáogāo 마스카라 | 腮红 sāihóng 블러셔 |
口红 kǒuhóng 립스틱

20 喷雾
pēnwù

미스트

A 我可以试试这个保湿喷雾吗?
Wǒ kěyǐ shìshi zhè ge bǎoshī pēnwù ma?
제가 이 수분 미스트를 한번 사용해봐도 될까요?

B 当然可以。这个很好用。
Dāngrán kěyǐ. Zhè ge hěn hǎoyòng.
당연히 가능하죠. 이것은 쓰기 좋아요.

21 香水
xiāngshuǐ

[명] 향수

A 这个周末是我朋友的生日, 送什么好呢?
Zhè ge zhōumò shì wǒ péngyou de shēngrì, sòng shénme hǎo ne?
이번 주말이 친구의 생일인데, 무엇을 선물하면 좋을까요?

B 送香水吧, 她肯定喜欢。
Sòng xiāngshuǐ ba, tā kěndìng xǐhuan.
향수를 선물하세요. 그녀가 분명히 좋아할 거예요.

22 洗面奶
xǐmiànnǎi

[명] 클렌징 폼

A 有没有男士洗面奶?
Yǒu méi yǒu nánshì xǐmiànnǎi?
남성 클렌징 폼 있어요?

B 这个不错, 正在打折。
Zhè ge bú cuò, zhèngzài dǎzhé.
이게 좋아요. 세일 중이에요.

23 广告
guǎnggào

[명] 광고

A 这个广告上的化妆品是什么牌子?
Zhè ge guǎnggào shang de huàzhuāngpǐn shì shénme páizi?
이 광고에 나오는 화장품은 어떤 브랜드인가요?

B 是最受年轻人喜爱的牌子。
Shì zuì shòu niánqīngrén xǐ'ài de páizi.
젊은이들에게 가장 사랑받는 브랜드예요.

5 액세서리

Mind Map Note

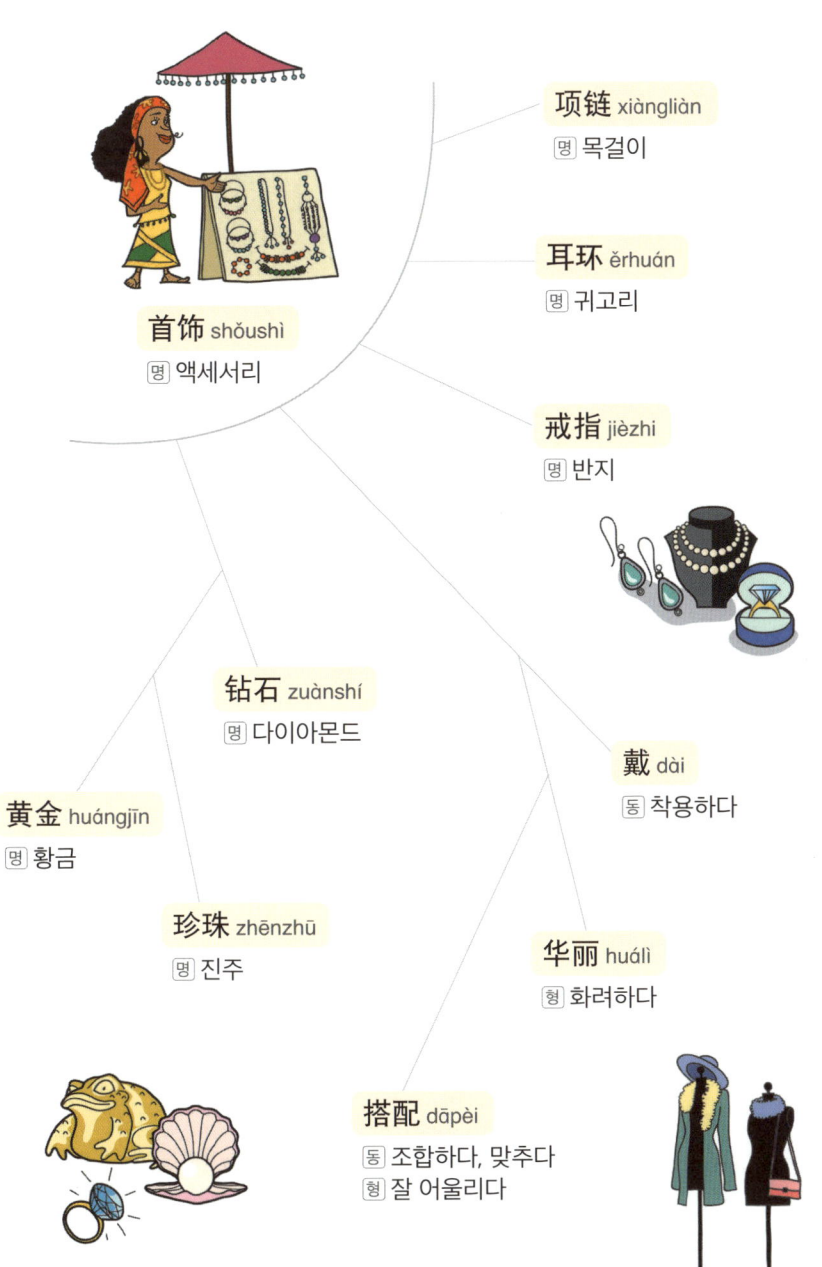

首饰 shǒushì
명 액세서리

项链 xiàngliàn
명 목걸이

耳环 ěrhuán
명 귀고리

戒指 jièzhi
명 반지

钻石 zuànshí
명 다이아몬드

黄金 huángjīn
명 황금

珍珠 zhēnzhū
명 진주

戴 dài
동 착용하다

华丽 huálì
형 화려하다

搭配 dāpèi
동 조합하다, 맞추다
형 잘 어울리다

✱ Let's Start! 주제에 맞는 단어와 예문을 학습해보세요. 04-5

01 首饰 shǒushì

명 액세서리

A 这儿附近有首饰店吗?
Zhèr fùjìn yǒu shǒushìdiàn ma?
여기 근처에 액세서리 가게가 있나요?

B 有一家，我带你去吧。
Yǒu yì jiā, wǒ dài nǐ qù ba.
하나 있어요. 내가 당신을 데리고 갈게요.

02 项链 xiàngliàn

명 목걸이

A 你的项链很漂亮，在哪儿买的?
Nǐ de xiàngliàn hěn piàoliang, zài nǎr mǎi de?
당신의 목걸이가 무척 예쁘네요. 어디에서 산 거예요?

B 在百货商店买的。
Zài bǎihuò shāngdiàn mǎi de.
백화점에서 산 거예요.

03 戒指 jièzhi

명 반지

A 我想看看情侣戒指。
Wǒ xiǎng kànkan qínglǚ jièzhi.
커플링을 좀 보고 싶어요.

B 您想买多少钱的?
Nín xiǎng mǎi duōshao qián de?
당신은 얼마짜리를 사고 싶으세요?

04 手表 shǒubiǎo

명 시계

A 30岁左右的男人喜欢什么牌子的手表?
Sānshí suì zuǒyòu de nánrén xǐhuan shénme páizi de shǒubiǎo?
30세 정도의 남자들은 어떤 브랜드의 시계를 좋아하나요?

B 我也不知道，你上网看看吧。
Wǒ yě bù zhīdao, nǐ shàngwǎng kànkan ba.
저도 잘 모르겠어요. 인터넷에 한번 찾아보세요.

05 发卡
fàqiǎ

명 머리핀

A 请给我看一下儿这个发卡。
Qǐng gěi wǒ kàn yíxiàr zhè ge fàqiǎ.
이 머리핀을 좀 보여주세요.

B 好的。这个发卡最近卖得很好。
Hǎo de. Zhè ge fàqiǎ zuìjìn mài de hěn hǎo.
알았어요. 이 머리핀이 요즘 잘 팔려요.

Voca

手链 shǒuliàn 팔찌 | 脚链 jiǎoliàn 발찌 | 耳环 ěrhuán 귀고리

06 太阳镜
tàiyángjìng

명 선글라스

A 我可以试试这个太阳镜吗?
Wǒ kěyǐ shìshi zhè ge tàiyángjìng ma?
이 선글라스를 착용해봐도 될까요?

B 可以,您随便试吧。
Kěyǐ, nín suíbiàn shì ba.
가능해요. 편하게 착용해보세요.

07 胸针
xiōngzhēn

명 브로치

A 我想给妈妈买礼物,买什么好呢?
Wǒ xiǎng gěi māma mǎi lǐwù, mǎi shénme hǎo ne?
엄마에게 선물을 사드리고 싶은데, 무엇을 사면 좋을까요?

B 妈妈们一般喜欢胸针。
Māmamen yìbān xǐhuan xiōngzhēn.
엄마들은 일반적으로 브로치를 좋아해요.

08 帽子
màozi

명 모자

A 你的帽子已经很多了,还要买吗?
Nǐ de màozi yǐjīng hěn duō le, hái yào mǎi ma?
당신 모자가 이미 많은데, 또 사려고요?

B 我没有这种帽子,不好看吗?
Wǒ méi yǒu zhè zhǒng màozi, bù hǎokàn ma?
이런 종류의 모자는 없어요. 안 예뻐요?

5 액세서리

09

钻石
zuànshí

명 다이아몬드

A 你要送她什么戒指?
Nǐ yào sòng tā shénme jièzhi?
그녀에게 어떤 반지를 선물하고 싶어요?

B 我要送她钻石戒指,你跟我去看看吧。
Wǒ yào sòng tā zuànshí jièzhi, nǐ gēn wǒ qù kànkan ba.
그녀에게 다이아몬드 반지를 선물하려고요. 저와 좀 보러 가요.

10

K金
K jīn

명 캐럿 금

A 这个是多少K金的?
Zhè ge shì duōshao K jīn de?
이것은 몇 캐럿 금이에요?

B 是14K金的。
Shì shísì K jīn de.
14K예요.

11

玫瑰金
méiguìjīn

명 로즈골드

A 这个耳环的颜色真好看。
Zhè ge ěrhuán de yánsè zhēn hǎokàn.
이 귀고리의 색깔이 정말 예쁘네요.

B 这是玫瑰金,很适合你。
Zhè shì méiguìjīn, hěn shìhé nǐ.
이것은 로즈골드예요. 당신하고 잘 어울려요.

12

大小
dàxiǎo

명 사이즈, 크기

A 大小怎么样?
Dàxiǎo zěnmeyàng?
사이즈는 어때요?

B 很合适,我就买这个吧。
Hěn héshì, wǒ jiù mǎi zhè ge ba.
잘 맞아요. 이걸로 살게요.

Grammar

· 适合와 合适는 둘 다 '어울리다, 맞다, 적합하다'의 뜻이다. 그러나 适合는 동사로 [(정도부사 +) 适合 + 목적어]의 형태로 쓸 수 있고, 合适는 형용사로 [정도부사 + 合适]의 형태로만 쓸 수 있다.

13
量
liáng

[동] 재다

A 我不知道我戴几号戒指。
Wǒ bù zhīdào wǒ dài jǐ hào jièzhi.
저는 제가 몇 호 반지를 끼는지 몰라요.

B 我给您量量吧。
Wǒ gěi nín liángliang ba.
제가 한번 사이즈를 재볼게요.

14
打耳洞
dǎ ěrdòng

귀를 뚫다

A 你好，这儿可以打耳洞吗？
Nǐ hǎo, zhèr kěyǐ dǎ ěrdòng ma?
안녕하세요. 여기서 귀를 뚫을 수 있나요?

B 当然，您买一副耳环，可以免费打耳洞。
Dāngrán, nín mǎi yí fù ěrhuán, kěyǐ miǎnfèi dǎ ěrdòng.
그럼요. 귀고리 한 쌍을 사면 무료로 뚫어드려요.

15
戴
dài

[동] 착용하다

A 我三天前买的，能换别的吗？
Wǒ sān tiān qián mǎi de, néng huàn biéde ma?
제가 3일 전에 샀는데, 다른 것으로 바꿀 수 있나요?

B 您没戴过吧？
Nín méi dàiguo ba?
착용한 적 없으시죠?

16
搭配
dāpèi

[동] 조합하다, 맞추다 [형] 잘 어울리다

A 这个项链搭配什么手链好呢？
Zhè ge xiàngliàn dāpèi shénme shǒuliàn hǎo ne?
이 목걸이는 어떤 팔찌를 같이 하면 좋을까요?

B 您看看这几款吧。
Nín kànkan zhè jǐ kuǎn ba.
이 몇 가지 스타일을 좀 보세요.

17 调整
tiáozhěng

[동] 조절하다

A 这条手链有点儿长，可以调整吗?
Zhè tiáo shǒuliàn yǒudiǎnr cháng, kěyǐ tiáozhěng ma?
이 팔찌가 조금 긴데, 조절할 수 있어요?

B 可以，需要一个星期。
Kěyǐ, xūyào yí ge xīngqī.
가능해요. 일주일 걸려요.

18 华丽
huálì

[형] 화려하다

A 这条项链太华丽了。
Zhè tiáo xiàngliàn tài huálì le.
이 목걸이는 너무 화려해요.

B 您不喜欢吗? 那看看别的吧。
Nín bù xǐhuan ma? Nà kànkan biéde ba.
맘에 안 들어요? 그럼 다른 것을 좀 보세요.

19 包装
bāozhuāng

[동] 포장하다

A 请给我包装一下儿。
Qǐng gěi wǒ bāozhuāng yíxiàr.
포장 좀 해주세요.

B 好的，这是送人的吗?
Hǎo de, zhè shì sòng rén de ma?
네. 선물하실 건가요?

20 保证书
bǎozhèngshū

[명] 보증서

A 这是保证书，您拿好。
Zhè shì bǎozhèngshū, nín náhǎo.
이것은 보증서예요. 잘 가지고 계세요.

B 有保证书才能保修吗?
Yǒu bǎozhèngshū cái néng bǎoxiū ma?
보증서가 있어야만 무상 수리가 가능한가요?

✳ Voca Review 다음 빈칸에 한자, 병음, 뜻을 알맞게 채워보세요.

한자	병음	뜻
① 食品	shípǐn	식품
② 超市	chāoshì	마트, 슈퍼마켓
③ 试吃	shìchī	시식하다
④ 新鲜	xīnxiān	신선하다
⑤ 方便面	fāngbiànmiàn	라면
⑥ 保质期	bǎozhìqī	유통기한
⑦ 正品	zhèngpǐn	정품
⑧ 质量	zhìliàng	품질
⑨ 二手	èrshǒu	중고의
⑩ 牌子	páizi	브랜드, 상표
⑪ 送货	sònghuò	물건을 배송하다
⑫ 安装	ānzhuāng	설치하다
⑬ 号码	hàomǎ	사이즈, 치수
⑭ 款式	kuǎnshì	스타일, 양식
⑮ 时尚	shíshàng	트렌드, 유행 시대에 맞다, 멋스럽다

UNIT 05

*

교통수단

원어민MP3 듣기

쓰기 연습장 PDF

01	버스	160
02	택시	167
03	지하철	175
04	기차	181
05	비행기	188
✻	Voca Review	197

1 버스

Mind Map Note

公共汽车 gōnggòng qìchē
몡 버스

交通卡 jiāotōngkǎ
몡 교통카드

公交车站 gōngjiāochēzhàn
몡 버스 정류장

站牌 zhànpái
몡 정류장 표지판

夜班车 yèbānchē
몡 야간 버스

堵车 dǔchē
동 차가 막히다

班车 bānchē
몡 셔틀 버스

双层巴士 shuāngcéng bāshì
몡 이층 버스

终点站 zhōngdiǎnzhàn
몡 종착역

按铃 àn líng
동 (하차)벨을 누르다

✱ Let's Start! 주제에 맞는 단어와 예문을 학습해보세요. 🔊 05-1

01

公共汽车
gōnggòng qìchē

명 버스

A 我们怎么去?
　Wǒmen zěnme qù?
　우리 어떻게 가요?

B 坐公共汽车去吧。
　Zuò gōnggòng qìchē qù ba.
　버스를 타고 갑시다.

Grammar
- 公共汽车 : 줄임 표현으로 公交车 혹은 公车, 公交라고도 한다.

02

双层巴士
shuāngcéng bāshì

명 이층 버스

A 我没坐过双层巴士，你呢?
　Wǒ méi zuòguo shuāngcéng bāshì, nǐ ne?
　저는 이층 버스를 타본 적이 없어요. 당신은요?

B 我在中国坐过。
　Wǒ zài Zhōngguó zuòguo.
　저는 중국에서 타본 적 있어요.

03

长途汽车
chángtú qìchē

명 시외버스

A 我周末要坐长途汽车去釜山。
　Wǒ zhōumò yào zuò chángtú qìchē qù Fǔshān.
　저는 주말에 시외버스를 타고 부산에 가려고 해요.

B 坐长途汽车，时间太长了。
　Zuò chángtú qìchē, shíjiān tài cháng le.
　시외버스를 타면 시간이 너무 오래 걸려요.

04
班车
bānchē

명 셔틀 버스

A 你们学校有班车吗?
Nǐmen xuéxiào yǒu bānchē ma?
당신 학교에는 셔틀 버스가 있어요?

B 有,我每天坐班车去学校。
Yǒu, wǒ měitiān zuò bānchē qù xuéxiào.
있어요. 저는 매일 셔틀 버스를 타고 학교에 가요.

05
夜班车
yèbānchē

명 야간 버스

A 这趟夜班车从几点到几点?
Zhè tàng yèbānchē cóng jǐ diǎn dào jǐ diǎn?
이 야간 버스는 몇 시부터 몇 시까지 운행하나요?

B 从晚上十一点到早上六点。
Cóng wǎnshang shíyī diǎn dào zǎoshang liù diǎn.
저녁 11시부터 아침 6시까지요.

06
公交车站
gōngjiāochēzhàn

명 버스 정류장

A 请问,这儿附近有公交车站吗?
Qǐngwèn, zhèr fùjìn yǒu gōngjiāochēzhàn ma?
실례합니다. 여기 근처에 버스 정류장이 있나요?

B 有,就在前边。
Yǒu, jiù zài qiánbian.
있어요. 바로 앞쪽에 있어요.

07
站牌
zhànpái

명 정류장 표지판

A 我们坐几站?
Wǒmen zuò jǐ zhàn?
우리 몇 정거장을 타야 해요?

B 我也不知道,我看看站牌吧。
Wǒ yě bù zhīdào, wǒ kànkan zhànpái ba.
저도 몰라요. 표지판을 좀 볼게요.

08 路 lù

명 (버스 노선의) 번

A 去那儿得坐几路车?
Qù nàr děi zuò jǐ lù chē?
거기 가려면 몇 번 버스를 타야 하나요?

B 坐35路、37路都可以。
Zuò sānshíwǔ lù、sānshíqī lù dōu kěyǐ.
35번, 37번 모두 가능해요.

09 司机 sījī

명 (운전)기사

A 我们在哪站下?
Wǒmen zài nǎ zhàn xià?
우리 어느 역에서 내리나요?

B 我也不太清楚,我们问一下儿司机吧。
Wǒ yě bú tài qīngchu, wǒmen wèn yíxiàr sījī ba.
저도 잘 몰라요. 우리 기사님께 좀 물어보죠.

10 交通卡 jiāotōngkǎ

명 교통카드

A 在中国用交通卡可以坐出租车吗?
Zài Zhōngguó yòng jiāotōngkǎ kěyǐ zuò chūzūchē ma?
중국에서 교통카드로 택시를 탈 수 있나요?

B 不能,只能坐地铁和公交车。
Bù néng, zhǐnéng zuò dìtiě hé gōngjiāochē.
안 돼요. 지하철과 버스만 탈 수 있어요.

11 充值 chōngzhí

동 충전하다

A 在哪儿可以充值?
Zài nǎr kěyǐ chōngzhí?
어디에서 충전할 수 있나요?

B 在便利店可以充值。
Zài biànlìdiàn kěyǐ chōngzhí.
편의점에서 충전할 수 있어요.

12 交通费
jiāotōngfèi

명 교통비

A 最近交通费太贵了。
Zuìjìn jiāotōngfèi tài guì le.
요즘 교통비가 너무 비싸요.

B 是啊，我每个月花十万韩币。
Shì a, wǒ měi ge yuè huā shíwàn Hánbì.
그래요. 저는 매달 10만원을 써요.

13 上车
shàngchē

동 올라타다, 탑승하다

A 前门人太多了。
Qiánmén rén tài duō le.
앞문에 사람이 너무 많아요.

B 那你从后门上车吧。
Nà nǐ cóng hòumén shàngchē ba.
그럼 뒷문으로 타세요.

14 专用道
zhuānyòngdào

명 전용 도로

A 最近坐公交车也很快。
Zuìjìn zuò gōngjiāochē yě hěn kuài.
요즘은 버스를 타도 빨라요.

B 是啊，因为有公共汽车专用道。
Shì a, yīnwèi yǒu gōnggòng qìchē zhuānyòngdào.
그래요. 왜냐하면 버스 전용 도로가 있기 때문이에요.

15 高峰
gāofēng

명 최고조, 절정

A 高峰时间人太多了。
Gāofēng shíjiān rén tài duō le.
러시아워 때는 사람이 너무 많아요.

B 对啊，大家上下班时间都差不多。
Duì a, dàjiā shàngxiàbān shíjiān dōu chàbuduō.
맞아요. 다들 출퇴근 시간이 모두 비슷해요.

16 堵车
dǔchē

동 차가 막히다

A 现在堵车，别坐公交车了。
Xiànzài dǔchē, bié zuò gōngjiāochē le.
지금 차가 막혀요. 버스는 타지 말아요.

B 那我们坐地铁吧。
Nà wǒmen zuò dìtiě ba.
그럼 우리 지하철을 타요.

17 速度
sùdù

명 속도

A 这辆车的速度太慢了。
Zhè liàng chē de sùdù tài màn le.
이 차량의 속도가 너무 느리네요.

B 就是，我要晚了。
Jiù shì, wǒ yào wǎn le.
그러게요. 저 늦겠어요.

18 车祸
chēhuò

명 교통사고

A 怎么这么堵车？
Zěnme zhème dǔchē?
왜 이렇게 차가 막히죠?

B 前边可能出车祸了。
Qiánbian kěnéng chū chēhuò le.
앞쪽에 아마도 교통사고가 났나봐요.

19 错过
cuòguò

동 놓치다

A 你为什么迟到了？
Nǐ wèi shénme chídào le?
당신 왜 지각했어요?

B 我错过了一辆车。
Wǒ cuòguò le yí liàng chē.
차를 한 대 놓쳤어요.

20
到站
dàozhàn

동 역에 도착하다

A 我们准备下车吧。
Wǒmen zhǔnbèi xiàchē ba.
우리 내릴 준비해요.

B 快要到站了吗?
Kuàiyào dàozhàn le ma?
곧 역에 도착하나요?

21
终点站
zhōngdiǎnzhàn

명 종착역

A 这辆车的终点站是哪儿?
Zhè liàng chē de zhōngdiǎnzhàn shì nǎr?
이 버스의 종점이 어디인가요?

B 是首尔站。
Shì Shǒu'ěr zhàn.
서울역이에요.

Voca

始发站 shǐfāzhàn 출발역

22
按铃
àn líng

동 (하차)벨을 누르다

A 师傅，为什么不停车?
Shīfu, wèi shénme bù tíngchē?
기사님, 왜 차를 안 세워요?

B 您没按铃啊。
Nín méi àn líng a.
벨을 안 누르셨어요.

2 택시

Mind Map Note

出租车 chūzūchē
명 택시

师傅 shīfu
명 기사님, 선생님

打表 dǎbiǎo
동 미터기를 켜다

起步价 qǐbùjià
명 기본 요금

导航 dǎoháng
명 내비게이션

空车 kōngchē
명 빈 차

打车 dǎchē
동 택시를 타다

停车 tíngchē
동 차를 멈추다, 주차하다

拼车 pīnchē
동 합승하다, 카풀하다

叫车 jiàochē
동 택시를 부르다 (콜택시)

✱ Let's Start!
주제에 맞는 단어와 예문을 학습해보세요. 🔊 05-2

01 出租车 chūzūchē

명 택시

A 我们坐出租车去吧。
Wǒmen zuò chūzūchē qù ba.
우리 택시를 타고 가요.

B 还有时间，我们坐地铁吧。
Hái yǒu shíjiān, wǒmen zuò dìtiě ba.
아직 시간이 있어요. 우리 지하철을 탑시다.

02 打车 dǎchē

동 택시를 잡다, 택시를 타다

A 现在打车不堵车吗?
Xiànzài dǎchē bù dǔchē ma?
지금 택시를 타면 안 막혀요?

B 现在四点半，还可以。
Xiànzài sì diǎn bàn, hái kěyǐ.
지금은 4시 반이라서 괜찮아요.

Grammar

- 打的 dǎdī : 打车와 같이 '택시를 잡다', '택시를 타다'의 의미이다. 打的의 的는 '택시'의 영어 발음을 빌려 만들어진 的士 díshì에서 첫 글자를 가져온 것으로 '택시'를 가리킨다.

03 空车 kōngchē

명 빈 차

A 已经打了三十分钟了，没有空车。
Yǐjīng dǎ le sānshí fēnzhōng le, méi yǒu kōngchē.
이미 30분 동안 잡았는데, 빈 차가 없어요.

B 我们往前走走吧。
Wǒmen wǎng qián zǒuzou ba.
우리 앞쪽으로 좀 걸어요.

Grammar

- 往 : '~쪽으로'라는 뜻의 개사로 방향을 나타낸다. [주어 + 往 + 방위사 + 동사]의 형태로 쓰인다.

04 叫车
jiàochē

동 택시를 부르다 (콜택시)

A 我们喝得太多了，叫车走吧。
Wǒmen hē de tài duō le, jiàochē zǒu ba.
우리 (술을) 너무 많이 마셨어요. 택시를 불러서 가요.

B 好啊，你打电话吧。
Hǎo a, nǐ dǎ diànhuà ba.
좋아요. 당신이 전화해요.

05 拼车
pīnchē

동 합승하다, 카풀하다

A 我上班太不方便了，我能跟你拼车上班吗？
Wǒ shàngbān tài bù fāngbiàn le, wǒ néng gēn nǐ pīnchē shàngbān ma?
저는 출근하는 게 너무 불편해요. 당신과 카풀해서 출근할 수 있어요?

B 没问题，你家在哪儿？
Méi wèntí, nǐ jiā zài nǎr?
문제없어요. 당신 집은 어디인가요?

06 起步价
qǐbùjià

명 기본 요금

A 北京出租车的起步价是多少？
Běijīng chūzūchē de qǐbùjià shì duōshao?
베이징 택시의 기본 요금은 얼마인가요?

B 大概十三块。
Dàgài shísān kuài.
대략 13위안이에요.

07 打表
dǎbiǎo

동 미터기를 켜다

A 去那儿得两百块。
Qù nàr děi liǎngbǎi kuài.
거기에 가려면 200위안이 필요해요.

B 两百块太贵了，还是打表去吧。
Liǎngbǎi kuài tài guì le, háishi dǎbiǎo qù ba.
200위안은 너무 비싸네요. 차라리 미터기로 가요.

Grammar

- 还是 : '그래도', '차라리', '~하는 것이 낫다'라는 뜻의 부사로 [주어 + 还是…吧]의 형태로 쓰인다.

08 师傅
shīfu

[명] 기사님, 선생님 (전문적인 기능을 가진 사람에 대한 존칭)

A 师傅，去机场，走吗？
　Shīfu, qù jīchǎng, zǒu ma?
　기사님, 공항에 가려는데 가나요?

B 走，您有行李吗？
　Zǒu, nín yǒu xíngli ma?
　갑니다. 짐 있으세요?

09 后备箱
hòubèixiāng

[명] 트렁크

A 师傅，请您打开后备箱。
　Shīfu, qǐng nín dǎkāi hòubèixiāng.
　기사님, 트렁크를 열어주세요.

B 好，打开了。
　Hǎo, dǎkāi le.
　알았어요. 열었어요.

10 安全带
ānquándài

[명] 안전벨트

A 你系好安全带了吗？
　Nǐ jìhǎo ānquándài le ma?
　안전벨트를 잘 맸나요?

B 嗯，系好了。
　Ǹg, jìhǎo le.
　네, 잘 맸어요.

11 地址
dìzhǐ

[명] 주소

A 师傅，您知道怎么去那儿吗？
　Shīfu, nín zhīdào zěnme qù nàr ma?
　기사님, 거기 어떻게 가는지 아세요?

B 您有地址吗？
　Nín yǒu dìzhǐ ma?
　주소 있어요?

12
导航
dǎoháng

명 내비게이션

A 不好意思，我不知道怎么去那儿。
Bù hǎo yìsi, wǒ bù zhīdào zěnme qù nàr.
죄송해요. 거기에 어떻게 가는지 몰라요.

B 那您看导航吧。
Nà nín kàn dǎoháng ba.
그럼 내비게이션을 보세요.

Voca
手机导航 shǒujī dǎoháng 휴대전화 내비게이션

13
十字路口
shízì lùkǒu

명 사거리

A 您知道怎么走吗？
Nín zhīdào zěnme zǒu ma?
당신은 어떻게 가는지 아세요?

B 前边十字路口往右开。
Qiánbian shízìlùkǒu wǎng yòu kāi.
앞쪽 사거리에서 오른쪽으로 가 주세요.

Voca
丁字路口 dīngzì lùkǒu 삼거리

14
路边
lùbiān

명 길가

A 不好意思，能在路边停一下儿吗？
Bù hǎo yìsi, néng zài lùbiān tíng yíxiàr ma?
죄송해요. 길가에 잠시 세워줄 수 있나요?

B 好的，快点儿回来。
Hǎo de, kuài diǎnr huílái.
알겠어요. 빨리 돌아오세요.

15
胡同
hútòng

명 골목

A 前边出车祸了，走胡同可以吗？
Qiánbian chū chēhuò le, zǒu hútòng kěyǐ ma?
앞쪽에 교통사고가 나서 골목으로 가도 괜찮을까요?

B 可以可以，怎么方便怎么走吧。
Kěyǐ kěyǐ, zěnme fāngbiàn zěnme zǒu ba.
그럼요. 편한 대로 가세요.

16 赶时间
gǎn shíjiān

동 시간에 쫓기다

A 我赶时间，能开快点儿吗?
Wǒ gǎn shíjiān, néng kāi kuài diǎnr ma?
제가 시간이 급해서요. 좀 빨리 운전해줄 수 있어요?

B 我尽量开快点儿。
Wǒ jǐnliàng kāi kuài diǎnr.
가능한 한 빨리 운전할게요.

17 绕道
ràodào

동 (길을) 돌아가다

A 现在堵车，我们绕道走，行吗?
Xiànzài dǔchē, wǒmen ràodào zǒu, xíng ma?
지금 차가 막혀요. 우리 길을 돌아서 가도 될까요?

B 好的，那绕道走吧。
Hǎo de, nà ràodào zǒu ba.
알았어요. 그럼 돌아서 갑시다.

18 掉头
diàotóu

동 유턴하다

A 给您掉头停吗?
Gěi nín diàotóu tíng ma?
유턴해서 세워드릴까요?

B 不用，停在前边吧。
Bú yòng, tíng zài qiánbian ba.
아니요. 앞쪽에서 세워주세요.

19 拐
guǎi

동 돌다

A 师傅，请在前边往左拐。
Shīfu, qǐng zài qiánbian wǎng zuǒ guǎi.
기사님, 앞쪽에서 왼쪽으로 돌아주세요.

B 前边不能左拐。
Qiánbian bù néng zuǒ guǎi.
앞쪽에서는 좌회전을 할 수 없어요.

20 停 tíng

[동] 멈추다

A 请在前边停车。
Qǐng zài qiánbian tíngchē.
앞쪽에서 차를 세워주세요.

B 前边不能停车，我再往前开一点儿。
Qiánbian bù néng tíngchē, wǒ zài wǎng qián kāi yìdiǎnr.
앞쪽에서는 차를 세울 수 없어요. 앞으로 좀 더 갈게요.

21 红绿灯 hónglǜdēng

[명] 신호등

A 您在哪儿下车?
Nín zài nǎr xiàchē?
당신은 어디에서 내리실 건가요?

B 我在前边的红绿灯下车。
Wǒ zài qiánbian de hónglǜdēng xiàchē.
앞쪽의 신호등에서 내릴게요.

22 零钱 língqián

[명] 잔돈

A 您有零钱吗?
Nín yǒu língqián ma?
잔돈 있으세요?

B 没有，我只有一百块。
Méi yǒu, wǒ zhǐ yǒu yìbǎi kuài.
없어요. 100위안밖에 없어요.

23 小票 xiǎopiào

[명] 영수증

A 您要小票吗?
Nín yào xiǎopiào ma?
영수증 필요하세요?

B 不用了，谢谢。
Búyòng le, xièxie.
됐어요. 고맙습니다.

24
高速公路
gāosù gōnglù

명 고속도로

A 师傅，我很着急，能快点儿吗？
　Shīfu, wǒ hěn zháojí, néng kuài diǎnr ma?
　기사님, 제가 급한데, 좀 빨리 갈 수 있을까요?

B 那我们走高速公路吧。
　Nà wǒmen zǒu gāosù gōnglù ba.
　그럼 우리 고속도로로 갈게요.

25
收费站
shōufèizhàn

명 톨게이트(고속도로 요금소)

A 师傅，去这儿通过收费站吗？
　Shīfu, qù zhèr tōngguò shōufèizhàn ma?
　기사님, 여기 가려면 톨게이트 지나갑니까?

B 不通过收费站。
　Bù tōngguò shōufèizhàn.
　톨게이트는 안 지납니다.

3 지하철

Mind Map Note

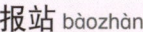

报站 bàozhàn
동 (역을) 안내 방송하다

地铁 dìtiě
명 전철, 지하철

号线 hàoxiàn
명 호선

线路图 xiànlùtú
명 노선도

换乘 huànchéng
동 환승하다

坐反 zuòfǎn
동 반대 방향으로 타다

让座 ràngzuò
동 좌석을 양보하다

专用座 zhuānyòngzuò
명 전용 좌석

过站 guòzhàn
동 역을 지나치다

自动售票机 zìdòng shòupiàojī
명 자동 매표기

✳ Let's Start!

주제에 맞는 단어와 예문을 학습해보세요.   🔊 05-3

01
地铁
dìtiě

명 전철, 지하철

A 我们坐什么去最快?
Wǒmen zuò shénme qù zuì kuài?
우리 뭐 타고 가는 게 제일 빨라요?

B 坐地铁去最快。
Zuò dìtiě qù zuì kuài.
지하철을 타고 가는 게 가장 빨라요.

02
号线
hàoxiàn

명 호선

A 我们坐几号线?
Wǒmen zuò jǐ hàoxiàn?
우리 몇 호선을 타요?

B 坐四号线, 在明洞站下车。
Zuò sì hào xiàn, zài Míngdòng zhàn xiàchē.
4호선을 타고 명동역에서 내려요.

03
线路图
xiànlùtú

명 노선도

A 你有首尔的地铁线路图吗?
Nǐ yǒu Shǒu'ěr de dìtiě xiànlùtú ma?
당신 서울 지하철 노선도 있어요?

B 没有, 用手机找找吧。
Méi yǒu, yòng shǒujī zhǎozhao ba.
없어요. 휴대전화로 찾아봐요.

04
自动售票机
zìdòng shòupiàojī

명 자동 매표기

A 交通卡里没钱了, 我要充值。
Jiāotōngkǎ li méi qián le, wǒ yào chōngzhí.
교통카드에 돈이 없어요. 충전해야 해요.

B 后边有自动售票机, 你可以去那儿充值。
Hòubian yǒu zìdòng shòupiàojī, nǐ kěyǐ qù nàr chōngzhí.
뒤쪽에 자동 매표기가 있어요. 거기 가서 충전할 수 있어요.

05 一次性
yícìxìng

명 일회용

A 我今天没带卡，得买一次性交通卡。
Wǒ jīntiān méi dài kǎ, děi mǎi yícìxìng jiāotōngkǎ.
저 오늘 카드를 안 가져와서 일회용 교통카드를 사야 해요.

B 我在这儿等你，你去买吧。
Wǒ zài zhèr děng nǐ, nǐ qù mǎi ba.
제가 여기서 당신을 기다릴게요. 가서 사세요.

06 报站
bàozhàn

동 (역을) 안내 방송하다

A 怎么没报站？
Zěnme méi bàozhàn?
왜 역 안내 방송을 안 했죠?

B 刚才报了，说是江南站。
Gāngcái bào le, shuō shì Jiāngnán zhàn.
방금 방송했어요. 강남역이라고 말했어요.

07 下一站
xià yí zhàn

명 다음 역, 다음 정류장

A [广播] 前方到站是首尔站。
[Guǎngbō] Qiánfāng dào zhàn shì Shǒu'ěr zhàn.
[안내 방송] 곧 도착할 역은 서울역입니다.

B 我们下一站下车。
Wǒmen xià yí zhàn xiàchē.
우리 다음 역에 내려야 해요.

08 自动扶梯
zìdòng fútī

명 에스컬레이터

A 这站的台阶太多了，我们坐自动扶梯吧。
Zhè zhàn de táijiē tài duō le, wǒmen zuò zìdòng fútī ba.
이번 역의 계단은 너무 많아요. 우리 에스컬레이터를 타요.

B 别坐自动扶梯了，我们运动运动吧。
Bié zuò zìdòng fútī le, wǒmen yùndòng yùndòng ba.
에스컬레이터는 타지 말아요. 우리 운동 좀 합시다.

09 专用座
zhuānyòngzuò

명 (노약자 · 장애인 · 임산부) 전용 좌석

A 那儿有空位子。
Nàr yǒu kōng wèizi.
저쪽에 빈자리가 있어요.

B 那是孕妇专用座，不能坐那儿。
Nà shì yùnfù zhuānyòngzuò, bù néng zuò nàr.
저 자리는 임산부 전용 좌석이에요. 거기 앉으면 안 돼요.

10 让座
ràngzuò

동 양보하다

A 前边有位老人。
Qiánbian yǒu wèi lǎorén.
앞쪽에 노인이 있어요.

B 我们给他让座吧。
Wǒmen gěi tā ràngzuò ba.
우리 그분에게 자리를 양보합시다.

11 扶手
fúshǒu

명 손잡이

A 你扶好扶手。
Nǐ fúhǎo fúshǒu.
손잡이를 잘 잡으세요.

B 扶手有点儿高，不太方便。
Fúshǒu yǒudiǎnr gāo, bú tài fāngbiàn.
손잡이가 좀 높네요. 별로 편리하지 않아요.

12 打盹儿
dǎdǔnr

동 졸다

A 我常常在地铁里打盹儿。
Wǒ chángcháng zài dìtiě li dǎdǔnr.
저는 자주 지하철에서 졸아요.

B 我也是，常常下不了车。
Wǒ yě shì, chángcháng xiàbuliǎo chē.
저도 그래서 자주 못 내려요.

13 首班车
shǒubānchē

[명] 첫차

A 首班车几点开?
Shǒubānchē jǐ diǎn kāi?
첫차는 몇 시에 운행해요?

B 早上五点开。
Zǎoshang wǔ diǎn kāi.
아침 5시에 운행해요.

Voca
末班车 mòbānchē 막차

14 开往
kāiwǎng

[동] ~을 향하여 가다

A 这趟地铁开往哪儿?
Zhè tàng dìtiě kāi wǎng nǎr?
이 열차는 어디로 가는 열차인가요?

B 开往仁川。
Kāi wǎng Rénchuān.
인천행이에요.

15 进站
jìnzhàn

[동] 역에 진입하다

A 地铁快要进站了。
Dìtiě kuàiyào jìnzhàn le.
지하철이 곧 들어와요.

B 知道了, 我们准备上车吧。
Zhīdào le, wǒmen zhǔnbèi shàngchē ba.
알았어요. 우리 탈 준비해요.

16 拥挤
yōngjǐ

[형] 붐비다

A 现在不是高峰时间, 这么拥挤!
Xiànzài bú shì gāofēng shíjiān, zhème yōngjǐ!
지금은 러시아워 시간도 아닌데, 이렇게 붐비다니!

B 一号线什么时间都有很多人。
Yī hàoxiàn shénme shíjiān dōu yǒu hěn duō rén.
1호선은 어떤 시간에도 사람이 많아요.

3 지하철

17 故障 gùzhàng

명 고장

A 地铁怎么又停了？
Dìtiě zěnme yòu tíng le?
지하철이 왜 또 멈췄어요?

B 可能出故障了。
Kěnéng chū gùzhàng le.
아마도 고장이 났나 봐요.

18 换乘 huànchéng

동 환승하다

A 我们在什么站换乘？
Wǒmen zài shénme zhàn huànchéng?
우리는 무슨 역에서 환승해요?

B 我看看，我们在东大门换乘四号线。
Wǒ kànkan, wǒmen zài Dōngdàmén huànchéng sì hàoxiàn.
제가 한번 볼게요. 우리는 동대문에서 4호선으로 환승해요.

19 过站 guòzhàn

동 역을 지나치다

A 怎么办？我们坐过站了。
Zěnmebàn? Wǒmen zuò guòzhàn le.
어떡해요? 우리는 역을 지나쳤어요.

B 没办法，这站下吧。
Méi bànfǎ, zhè zhàn xià ba.
방법이 없네요. 이번 역에서 내려요.

20 坐反 zuòfǎn

동 반대 방향으로 타다

A 我们方向坐反了。
Wǒmen fāngxiàng zuòfǎn le.
우리 방향을 반대로 탔어요.

B 真的？那我们这站下吧。
Zhēn de? Nà wǒmen zhè zhàn xià ba.
정말요? 그럼 우리 이번 역에서 내려요.

4 기차

Mind Map Note

火车 huǒchē
명 기차, 열차

候车室 hòuchēshì
명 대합실

站台 zhàntái
명 플랫폼

检票 jiǎnpiào
동 검표하다, 개찰하다

高铁 gāotiě
명 고속열차(KTX)

车厢 chēxiāng
명 객실

餐车 cānchē
명 이동식 (음식) 카트, 식당칸

站票 zhànpiào
명 입석표

座位号 zuòwèihào
명 좌석 번호

行李架 xínglijià
명 짐칸, 선반

✱ Let's Start!
주제에 맞는 단어와 예문을 학습해보세요. 05-4

01 火车 huǒchē

명 기차, 열차

A 去釜山得坐几个小时火车?
Qù Fǔshān děi zuò jǐ ge xiǎoshí huǒchē?
부산에 가려면 몇 시간 동안 기차를 타야 하나요?

B 从首尔得坐三个半小时的KTX。
Cóng Shǒu'ěr děi zuò sān ge bàn xiǎoshí de KTX.
서울에서 3시간 반 동안 KTX를 타야 해요.

02 列车 lièchē

명 열차

A 这趟列车到大田吗?
Zhè tàng lièchē dào Dàtián ma?
이 열차는 대전에 도착하나요?

B 这趟不到,你去对面吧。
Zhè tàng bú dào, nǐ qù duìmiàn ba.
이 열차는 안 가요. 맞은편으로 가보세요.

03 高铁 gāotiě

명 고속열차(KTX)

A 从北京到天津坐高铁很快。
Cóng Běijīng dào Tiānjīn zuò gāotiě hěn kuài.
베이징에서 텐진까지 고속열차를 타면 빨라요.

B 那我们坐高铁去吧。
Nà wǒmen zuò gāotiě qù ba.
그럼 우리 고속열차를 타고 가요.

04 火车站 huǒchēzhàn

명 기차역

A 火车站里人太多了。
Huǒchēzhàn li rén tài duō le.
기차역 안에 사람이 너무 많아요.

B 现在是中秋节嘛!
Xiànzài shì Zhōngqiū Jié ma!
지금은 추석이잖아요!

05 售票处
shòupiàochù

명 매표소

A 我们在哪儿换票?
  Wǒmen zài nǎr huànpiào?
  우리 어디에서 표를 교환해요?

B 去售票处问问吧。
  Qù shòupiàochù wènwen ba.
  매표소에 가서 한번 물어봐요.

06 候车室
hòuchēshì

명 대합실

A 离上车还有三十分钟呢。
  Lí shàngchē hái yǒu sānshí fēnzhōng ne.
  차 탈 때까지 아직 30분 남았어요.

B 那我们去候车室等吧。
  Nà wǒmen qù hòuchēshì děng ba.
  그럼 우리 대합실에 가서 기다려요.

07 站台
zhàntái

명 플랫폼

A 我们的车是几号站台?
  Wǒmen de chē shì jǐ hào zhàntái?
  우리 기차는 몇 번 플랫폼인가요?

B 我看看票，是三号站台。
  Wǒ kànkan piào, shì sān hào zhàntái.
  표를 좀 볼게요. 3번 플랫폼이에요.

08 出站口
chūzhànkǒu

명 역 출구

A 我们从几号出站口出去?
  Wǒmen cóng jǐ hào chūzhànkǒu chūqù?
  우리는 몇 번 출구로 나가야 해요?

B 从五号出站口出去。
  Cóng wǔ hào chūzhànkǒu chūqù.
  5번 출구로 나가요.

09 直达
zhídá

[동] 직행하다

A 这趟火车直达上海吗?
Zhè tàng huǒchē zhídá Shànghǎi ma?
이 기차는 상하이에 직행하나요?

B 对,您要几张票?
Duì, nín yào jǐ zhāng piào?
맞아요. 표 몇 장을 원하세요?

10 经过
jīngguò

[동] 경유하다

A 这趟列车经过几个地方?
Zhè tàng lièchē jīngguò jǐ ge dìfang?
이 열차는 몇 곳을 경유하나요?

B 经过两个地方。
Jīngguò liǎng ge dìfang.
두 곳을 경유해요.

11 单程票
dānchéngpiào

[명] 편도 표

A 你要买单程票还是往返票?
Nǐ yào mǎi dānchéngpiào háishi wǎngfǎnpiào?
당신은 편도 표를 살 건가요? 아니면 왕복 표를 살 건가요?

B 给我一张往返票。
Gěi wǒ yì zhāng wǎngfǎnpiào.
왕복 표 한 장 주세요.

Grammar
- 还是 : '아니면', '또는'이라는 뜻의 접속사로 'A입니까? 아니면 B입니까?' 둘 중 하나를 선택하는 의문문이다. [A还是B?]의 형태로 쓰인다.

12 站票
zhànpiào

[명] 입석표

A 只有站票了,您要吗?
Zhǐ yǒu zhànpiào le, nín yào ma?
입석표만 남았어요. 원하세요?

B 给我两张吧。
Gěi wǒ liǎng zhāng ba.
두 장 주세요.

13 硬座 yìngzuò

명 일반석

A 有硬座票吗?
Yǒu yìngzuò piào ma?
일반석 표가 있나요?

B 有，您要几张?
Yǒu, nín yào jǐ zhāng?
있어요. 몇 장 원하세요?

Voca

硬卧 yìngwò 일반 침대석 | 软座 ruǎnzuò 일등석 |
软卧 ruǎnwò 일등석 침대석

14 身份证 shēnfènzhèng

명 신분증

A 在中国，买票得有身份证。
Zài Zhōngguó, mǎipiào děi yǒu shēnfènzhèng.
중국에서는 표를 사려면 신분증이 있어야 해요.

B 真的? 在韩国不用。
Zhēn de? Zài Hánguó bú yòng.
정말요? 한국에서는 필요 없어요.

15 排队 páiduì

동 줄을 서다

A 排队的人这么多!
Páiduì de rén zhème duō!
줄을 선 사람이 이렇게 많아요!

B 我们也快去排队吧。
Wǒmen yě kuài qù páiduì ba.
우리도 빨리 가서 줄을 서요.

16 出发 chūfā

동 출발하다

A 火车几点出发? 还得等多长时间?
Huǒchē jǐ diǎn chūfā? Hái děi děng duōcháng shíjiān?
기차가 몇 시에 출발하나요? 얼마나 더 기다려야 해요?

B 还有二十分钟。
Hái yǒu èrshí fēnzhōng.
아직 20분 남았어요.

17
车厢
chēxiāng

명 객실

A 我们是几号车厢？
Wǒmen shì jǐ hào chēxiāng?
우리는 몇 호 차예요?

B 七号车厢，往前走。
Qī hào chēxiāng, wǎng qián zǒu.
7호 차예요. 앞으로 가세요.

18
座位号
zuòwèihào

명 좌석 번호

A 你看看我们的座位号。
Nǐ kànkan wǒmen de zuòwèihào.
우리의 좌석 번호를 좀 봐요.

B 是25A和25B。
Shì èrshíwǔ A hé èrshíwǔ B.
25A와 25B예요.

19
行李架
xínglijià

명 짐칸, 선반

A 行李架上没有地方了。
Xínglijià shang méi yǒu dìfang le.
선반 위에 자리가 없어요.

B 那放在地上吧。
Nà fàng zài dìshang ba.
그럼 바닥에 둬요.

20
餐车
cānchē

명 이동식 (음식) 카트, 식당칸

A 我太饿了，餐车什么时候过来？
Wǒ tài è le, cānchē shénme shíhou guòlái?
너무 배고파요. 음식 카트는 언제 오죠?

B 等一下，马上过来。
Děng yíxià, mǎshàng guòlái.
잠시 기다리세요. 곧 올 거예요.

Grammar

- 餐车 : 식당칸과 이동식 카트를 가리킬 때 사용한다. 두 가지를 정확히 구분할 경우, 이동식 카트를 手推餐车라고 한다.

21 检票
jiǎnpiào

동 검표하다, 개찰하다

A 什么时候检票?
Shénme shíhou jiǎnpiào?
언제 개표하나요?

B 十分钟以后检票。
Shí fēnzhōng yǐhòu jiǎnpiào.
10분 후에 개찰해요.

22 补票
bǔpiào

동 (분실하여) 표를 다시 사다

A 我的票丢了。
Wǒ de piào diū le.
제 표를 잃어버렸어요.

B 那您得补票。
Nà nín děi bǔpiào.
그럼 표를 다시 사야 해요.

5 비행기

Mind Map Note

飞机 fēijī
명 비행기

机场 jīchǎng
명 공항

机票 jīpiào
명 비행기 표, 항공권

护照 hùzhào
명 여권

降落 jiàngluò
동 착륙하다

起飞 qǐfēi
동 이륙하다

转机 zhuǎnjī
동 비행기를 갈아타다

入境卡 rùjìngkǎ
명 입국 신고서

机内餐 jīnèicān
명 기내식

乘务员 chéngwùyuán
명 승무원

✽ Let's Start! 주제에 맞는 단어와 예문을 학습해보세요. 🔊 05-5

01 飞机 fēijī

명 비행기

A 你几点的飞机?
Nǐ jǐ diǎn de fēijī?
당신 몇 시 비행기예요?

B 早上九点出发。
Zǎoshang jiǔ diǎn chūfā.
아침 9시에 출발해요.

02 机场 jīchǎng

명 공항

A 我们在哪个机场坐飞机?
Wǒmen zài nǎ ge jīchǎng zuò fēijī?
우리 어느 공항에서 비행기를 타나요?

B 这次在金浦机场坐。
Zhè cì zài Jīnpǔ jīchǎng zuò.
이번에는 김포공항에서 타요.

03 机场大巴 jīchǎng dàbā

명 공항 버스

A 我们坐机场大巴回去吧。
Wǒmen zuò jīchǎng dàbā huíqù ba.
우리 공항 버스를 타고 돌아가요.

B 好啊，坐机场大巴也很方便。
Hǎo a, zuò jīchǎng dàbā yě hěn fāngbiàn.
좋아요. 공항 버스를 타는 것도 편리해요.

04 机票 jīpiào

명 비행기 표, 항공권

A 你平时怎么买机票?
Nǐ píngshí zěnme mǎi jīpiào?
당신은 평소에 어떻게 비행기 표를 사나요?

B 我常常在网上买。
Wǒ chángcháng zài wǎngshang mǎi.
저는 자주 인터넷에서 사요.

05 航空
hángkōng

[명] 항공

A 最近哪个**航空**公司的票便宜？
Zuìjìn nǎ ge hángkōng gōngsī de piào piányi?
요즘 어느 항공 회사의 표가 저렴해요?

B 现在是九月，都很贵。
Xiànzài shì jiǔ yuè, dōu hěn guì.
지금 9월이어서 모두 비싸요.

06 航班号
hángbānhào

[명] (비행기) 편명

A 我去机场接你，你的**航班号**是多少？
Wǒ qù jīchǎng jiē nǐ, nǐ de hángbānhào shì duōshao?
제가 공항에 마중 갈게요. 당신의 비행기 편명이 어떻게 돼요?

B 我的**航班号**是CA123。
Wǒ de hángbānhào shì CA yāo èr sān.
제 비행기 편명은 CA123이에요.

07 起飞
qǐfēi

[동] 이륙하다

A 飞机马上就要**起飞**了。
Fēijī mǎshàng jiù yào qǐfēi le.
비행기가 곧 이륙할 거예요.

B 你关手机了吗？
Nǐ guān shǒujī le ma?
당신 휴대전화 껐어요?

08 下降
xiàjiàng

[동] 하강하다

A 飞机开始**下降**了。
Fēijī kāishǐ xiàjiàng le.
비행기가 하강하기 시작했어요.

B 这么快？北京离仁川真近。
Zhème kuài? Běijīng lí Rénchuān zhēn jìn.
이렇게 빨리요? 베이징에서 인천까지 정말 가깝네요.

09 降落
jiàngluò

[동] 착륙하다

A 我们的飞机已经降落了。
Wǒmen de fēijī yǐjīng jiàngluò le.
우리 비행기는 이미 착륙했어요.

B 拿好你的东西，准备下飞机。
Náhǎo nǐ de dōngxi, zhǔnbèi xià fēijī.
물건을 잘 챙기고, 비행기에서 내릴 준비를 하세요.

10 手续
shǒuxù

[명] 수속

A 请问，在哪儿办登机手续？
Qǐngwèn, zài nǎr bàn dēngjī shǒuxù?
실례해요. 어디에서 탑승수속을 해야 하나요?

B 您坐什么航空公司的飞机？
Nín zuò shénme hángkōng gōngsī de fēijī?
어떤 항공사의 비행기를 타시나요?

11 托运
tuōyùn

[동] 탁송하다

A 请问，几点可以托运行李？
Qǐngwèn, jǐ diǎn kěyǐ tuōyùn xíngli?
실례해요. 몇 시에 짐을 부칠 수 있어요?

B 现在已经开始了。
Xiànzài yǐjīng kāishǐ le.
지금 이미 시작했어요.

12 检查
jiǎnchá

[동] 검사하다

A 请打开包，我检查一下。
Qǐng dǎkāi bāo, wǒ jiǎnchá yíxià.
가방을 열어주세요. 검사 좀 할게요.

B 有什么问题吗？
Yǒu shénme wèntí ma?
무슨 문제가 있나요?

13 携带
xiédài

동 휴대하다

A 这个可以携带吗?
Zhè ge kěyǐ xiédài ma?
이거 휴대할 수 있나요?

B 不好意思，不能携带。
Bù hǎo yìsi, bù néng xiédài.
죄송합니다. 휴대할 수 없어요.

14 靠
kào

동 ~근접해 있다

A 您要靠窗户的座位还是靠通道的座位?
Nín yào kào chuānghu de zuòwèi háishi kào tōngdào de zuòwèi?
창가 쪽 자리를 원하세요? 아니면 복도 쪽 자리를 원하세요?

B 请给我靠窗户的座位。
Qǐng gěi wǒ kào chuānghu de zuòwèi.
창가 쪽 자리로 주세요.

Voca
窗户 chuānghu 창문 | 通道 tōngdào 통로, 복도

15 经济舱
jīngjìcāng

명 일반석, 이코노미석

A 经济舱在哪儿排队?
Jīngjìcāng zài nǎr páiduì?
일반석은 어디에서 줄을 서나요?

B 在那边。
Zài nàbiān.
저쪽이에요.

Voca
商务舱 shāngwùcāng 비즈니스석

16 护照
hùzhào

명 여권

A 请出示您的护照。
Qǐng chūshì nín de hùzhào.
당신의 여권을 제시해주세요.

B 好的，给您。
Hǎo de, gěi nín.
알았어요. 여기요.

17 登机牌
dēngjīpái

[명] 탑승권

A 请给我看看您的登机牌。
Qǐng gěi wǒ kànkan nín de dēngjīpái.
저에게 탑승권을 좀 보여주세요.

B 好的，在这儿。
Hǎo de, zài zhèr.
네, 여기 있습니다.

18 登机口
dēngjīkǒu

[명] 탑승구

A 我们在几号登机口登机？
Wǒmen zài jǐ hào dēngjīkǒu dēngjī?
우리는 몇 번 탑승구에서 탑승해요?

B 在35号登机口，就在前边。
Zài sānshíwǔ hào dēngjīkǒu, jiù zài qiánbian.
35번 탑승구에서요. 바로 앞쪽에 있어요.

19 乘务员
chéngwùyuán

[명] 승무원

A 那位乘务员是不是中国人？
Nà wèi chéngwùyuán shì bu shì Zhōngguórén?
저 승무원은 중국인가요?

B 我觉得她是韩国人。
Wǒ juéde tā shì Hánguórén.
제 생각에 그녀는 한국인 같아요.

20 乘客
chéngkè

[명] 승객

A 这位乘客，您需要什么吗？
Zhè wèi chéngkè, nín xūyào shénme ma?
승객 분, 무엇이 필요하세요?

B 请给我一杯果汁。
Qǐng gěi wǒ yì bēi guǒzhī.
주스 한 잔 주세요.

21 使用 shǐyòng

[동] 사용하다

A 现在可以使用电脑吗?
Xiànzài kěyǐ shǐyòng diànnǎo ma?
지금 컴퓨터를 사용해도 되나요?

B 飞机已经起飞了，可以使用。
Fēijī yǐjīng qǐfēi le, kěyǐ shǐyòng.
비행기가 이미 이륙했어요. 사용해도 됩니다.

22 提供 tígōng

[동] 제공하다

A 请问，飞机上提供红酒吗?
Qǐngwèn, fēijī shang tígōng hóngjiǔ ma?
실례해요. 비행기에서 와인을 제공하나요?

B 不好意思，只提供啤酒。
Bù hǎo yìsi, zhǐ tígōng píjiǔ.
죄송하지만, 오직 맥주만 제공됩니다.

23 气流 qìliú

[명] 기류

A 现在能去洗手间吗?
Xiànzài néng qù xǐshǒujiān ma?
지금 화장실에 가도 되나요?

B 现在气流不稳，一会儿去吧。
Xiànzài qìliú bù wěn, yíhuìr qù ba.
지금은 기류가 불안정해요. 잠시 후에 가세요.

24 晕机 yùnjī

[동] 비행기 멀미를 하다

A 乘务员，我有点儿晕机。
Chéngwùyuán, wǒ yǒudiǎnr yùnjī.
승무원, 비행기 멀미가 좀 나요.

B 您要晕机药吗?
Nín yào yùnjī yào ma?
멀미약이 필요하세요?

25 转机
zhuǎnjī

[동] 비행기를 갈아타다

A 我们去哪儿转机?
Wǒmen qù nǎr zhuǎnjī?
우리 어디로 가서 비행기를 갈아타죠?

B 前边是出站口, 我们往右走。
Qiánbian shì chūzhànkǒu, wǒmen wǎng yòu zǒu.
앞쪽은 출구이고, 우리는 오른쪽으로 가요.

26 摆渡车
bǎidùchē

[명] 셔틀 버스

A 我们得坐摆渡车。
Wǒmen děi zuò bǎidùchē.
우리는 셔틀 버스를 타야 해요.

B 那我们快走吧。
Nà wǒmen kuài zǒu ba.
그럼 우리 빨리 가요.

27 毯子
tǎnzi

[명] 담요

A 乘务员, 请给我一个毯子。
Chéngwùyuán, qǐng gěi wǒ yí ge tǎnzi.
승무원, 담요 하나 주세요.

B 好的, 马上给您拿过来。
Hǎo de, mǎshàng gěi nín ná guòlái.
네, 바로 가져올게요.

28 遮光板
zhēguāngbǎn

[명] 차광판, 가림막

A 请您打开遮光板。
Qǐng nín dǎkāi zhēguāngbǎn.
차광판을 열어주세요.

B 好的, 知道了。
Hǎo de, zhīdào le.
네, 알겠어요.

29 椅背
yǐbèi

명 등받이

A 请您调直椅背。
Qǐng nín tiáo zhí yǐbèi.
등받이를 똑바로 세워주세요.

B 好的，我知道了。
Hǎo de, wǒ zhīdào le.
네, 알겠어요.

Grammar
- 调는 '조절하다', 直는 '똑바로(곧게) 펴다'라는 뜻으로 调直는 '똑바로(곧게) 되도록 조절하다'라는 의미이다.

30 免税商品
miǎnshuì shāngpǐn

명 면세 상품

A 现在可以购买免税商品。
Xiànzài kěyǐ gòumǎi miǎnshuì shāngpǐn.
지금 면세 상품을 사셔도 돼요.

B 请问，有没有这个化妆品？
Qǐngwèn, yǒu méi yǒu zhè ge huàzhuāngpǐn.
여쭤볼게요(저기요). 이 화장품이 있나요?

31 入境卡
rùjìngkǎ

명 입국 신고서

A 您需要入境卡吗？
nín xūyào rùjìngkǎ ma?
입국 신고서 필요하세요?

B 请给我两张。
Qǐng gěi wǒ liǎng zhāng.
두 장 주세요.

✱ Voca Review 다음 빈칸에 한자, 병음, 뜻을 알맞게 채워보세요.

한자	병음	뜻
① 公共汽车	gōnggòng qìchē	버스
② 双层巴士	shuāngcéng bāshì	이층 버스
③ 交通卡	jiāotōngkǎ	교통카드
④ 堵车	dǔchē	차가 막히다
⑤ 车祸	chēhuò	교통사고
⑥ 按铃	àn líng	(하차)벨을 누르다
⑦ 出租车	chūzūchē	택시
⑧ 起步价	qǐbùjià	기본 요금
⑨ 安全带	ānquándài	안전벨트
⑩ 导航	dǎoháng	네비게이션
⑪ 绕道	ràodào	(길을) 돌아가다
⑫ 掉头	diàotóu	유턴하다
⑬ 红绿灯	hónglǜdēng	신호등
⑭ 地铁	dìtiě	전철, 지하철
⑮ 线路图	xiànlùtú	노선도

UNIT 06

✱

계절 · 날씨

원어민MP3 듣기  쓰기 연습장 PDF

01	봄	200
02	여름	207
03	가을	214
04	겨울	220
✽	Voca Review	227

1 봄

Mind Map Note

春天 chūntiān
명 봄

季节 jìjié
명 계절

气温 qìwēn
명 기온, 온도

天气 tiānqì
명 날씨

刮风 guāfēng
동 바람이 불다

春雨 chūnyǔ
명 봄비

暖和 nuǎnhuo
형 따뜻하다

沙尘暴 shāchénbào
명 황사

春游 chūnyóu
동 봄나들이하다, 봄 소풍 가다

赏花 shǎnghuā
동 꽃을 감상하다, 꽃을 구경하다

✱ Let's Start!

주제에 맞는 단어와 예문을 학습해보세요. 🔊 06-1

01
四季
sìjì

명 사계

A 韩国四季分明，中国呢?
Hánguó sìjì fēnmíng, Zhōngguó ne?
한국의 사계절은 뚜렷한데, 중국은요?

B 中国也一样。
Zhōngguó yě yíyàng.
중국도 같아요.

02
季节
jìjié

명 계절

A 你最喜欢什么季节?
Nǐ zuì xǐhuan shénme jìjié?
당신은 어떤 계절을 가장 좋아하세요?

B 四季我都喜欢。
Sìjì wǒ dōu xǐhuan.
사계절 모두 좋아해요.

03
春天
chūntiān

명 봄

A 四季中你喜欢哪个季节?
Sìjì zhōng nǐ xǐhuan nǎ ge jìjié?
사계절 중 당신은 어떤 계절을 좋아해요?

B 我喜欢春天。
Wǒ xǐhuan chūntiān.
저는 봄을 좋아해요.

04
天气
tiānqì

명 날씨

A 最近天气怎么样?
Zuìjìn tiānqì zěnmeyàng?
요즘 날씨는 어때요?

B 天气很好，我想去玩儿。
Tiānqì hěn hǎo, wǒ xiǎng qù wánr.
날씨가 아주 좋아요. 놀러 가고 싶네요.

05 预报 yùbào

명 예보

A 听天气预报说，明天有点儿冷。
Tīng tiānqì yùbào shuō, míngtiān yǒudiǎnr lěng.
일기예보를 들어보니 내일 좀 춥대요.

B 现在是三月，当然还有点儿冷。
Xiànzài shì sān yuè, dāngrán hái yǒudiǎnr lěng.
지금은 3월이니, 당연히 아직 좀 춥지요.

06 立春 lìchūn

명 입춘 동 봄이 오다

A 下个星期就立春了。
Xià ge xīngqī jiù lìchūn le.
다음 주에 곧 입춘이에요.

B 是啊，春天开始了。
Shì a, chūntiān kāishǐ le.
그래요, 봄이 시작되었네요.

07 刮风 guāfēng

동 바람이 불다

A 现在外面刮风吗？
Xiànzài wàimian guāfēng ma?
지금 밖에 바람 불어요?

B 是啊，风刮得很大。
Shì a, fēng guā de hěn dà.
네, 바람이 많이 불어요.

08 沙尘暴 shāchénbào

명 황사, 모래폭풍

A 我晚上打算去见朋友。
Wǒ wǎnshang dǎsuàn qù jiàn péngyou.
저는 저녁에 친구를 만날 계획이에요.

B 今天有沙尘暴，你别出去了。
Jīntiān yǒu shāchénbào, nǐ bié chūqù le.
오늘은 황사가 있으니 나가지 말아요.

09 灰尘 huīchén

[명] 먼지

A 开一会儿窗户吧。
Kāi yíhuìr chuānghu ba.
창문을 잠깐 열어요.

B 外边灰尘很多，别开窗户了。
Wàibian huīchén hěn duō, bié kāi chuānghu le.
밖에 먼지가 많아요. 창문 열지 말아요.

Voca
微尘 wēichén 미세먼지 | 雾霾 wùmái 초미세먼지

10 气温 qìwēn

[명] 기온

A 早上的气温很低。
Zǎoshang de qìwēn hěn dī.
아침의 기온이 낮아요.

B 对，不过中午的气温高点儿。
Duì, búguò zhōngwǔ de qìwēn gāo diǎnr.
맞아요. 그런데 정오의 기온은 좀 높아요.

11 度 dù

[양] 도 (온도의 단위)

A 今天多少度？
Jīntiān duōshao dù?
오늘 몇 도예요?

B 最高13度。
Zuì gāo shísān dù.
가장 높게는 13도예요.

12 暖和 nuǎnhuo

[형] 따뜻하다

A 今天真暖和。
Jīntiān zhēn nuǎnhuo.
오늘 진짜 따뜻하네요.

B 是啊，春天来了。
Shì a, chūntiān lái le.
그래요. 봄이 왔네요.

13 春雨 chūnyǔ

[명] 봄비

A 春天了，也下雨？
Chūntiān le, yě xiàyǔ?
봄이 되었는데도 비가 오네요?

B 当然了，这是春雨嘛。
Dāngrán le, zhè shì chūnyǔ ma.
당연하죠. 이건 봄비잖아요.

14 春寒 chūnhán

[명] 꽃샘추위

A 三月了，春寒来了。
Sān yuè le, chūnhán lái le.
3월이에요. 꽃샘추위가 왔어요.

B 是啊，所以三天冷，四天暖和。
Shì a, suǒyǐ sān tiān lěng, sì tiān nuǎnhuo.
그래요. 그래서 사흘은 춥고, 나흘은 따뜻해요.

15 凉 liáng

[형] 차갑다, 서늘하다

A 四月了，春天了。
Sì yuè le, chūntiān le.
4월이에요. 봄이 되었어요.

B 不过天气还有点儿凉。
Búguò tiānqì hái yǒudiǎnr liáng.
그런데 날씨가 아직도 조금 차요.

16 薄 báo

[형] 얇다

A 你今天衣服穿得这么薄，不冷吗？
Nǐ jīntiān yīfu chuān de zhème báo, bù lěng ma?
당신 오늘 옷을 이렇게 얇게 입었네요. 안 추워요?

B 不冷，今天很暖和。
Bù lěng, jīntiān hěn nuǎnhuo.
안 추워요. 오늘은 따뜻해요.

17 阳光
yángguāng

몡 햇빛

A 今天天气很好，阳光也很充足。
Jīntiān tiānqì hěn hǎo, yángguāng yě hěn chōngzú.
오늘 날씨가 좋네요. 햇빛도 많이 비치고요.

B 那吃完午饭，我们走走吧。
Nà chīwán wǔfàn, wǒmen zǒuzou ba.
그럼 점심 다 먹고, 우리 좀 걸어요.

18 晴
qíng

형 맑다

A 今天天这么晴，真不想工作。
Jīntiān tiān zhème qíng, zhēn bù xiǎng gōngzuò.
오늘 하늘이 이렇게 맑다니. 정말 일하고 싶지 않네요.

B 我也是，想早点儿下班。
Wǒ yě shì, xiǎng zǎo diǎnr xiàbān.
저도 그래요. 일찍 퇴근하고 싶어요.

19 困
kùn

형 졸리다

A 我太困了，这几天总是很困。
Wǒ tài kùn le, zhè jǐ tiān zǒngshì hěn kùn.
너무 졸려요. 요 며칠 계속 졸려요.

B 春天了，大家都觉得很困。
Chūntiān le, dàjiā dōu juéde hěn kùn.
봄이 되어서 모두 졸려 해요.

20 迎春花
yíngchūnhuā

몡 개나리

A 路边的迎春花都开了。
Lùbiān de yíngchūnhuā dōu kāi le.
길가에 개나리가 다 피었어요.

B 是啊，一片黄色，很漂亮。
Shì a, yí piàn huángsè, hěn piàoliang.
그래요. 온통 노란색이에요. 예뻐요.

21 赏花
shǎnghuā

[동] 꽃을 감상하다, 꽃을 구경하다

A 最近花都开了，真漂亮。
Zuìjìn huā dōu kāi le, zhēn piàoliang.
요즘 꽃이 다 피었어요. 정말 예뻐요.

B 那我们周末去赏花吧。
Nà wǒmen zhōumò qù shǎnghuā ba.
그럼 우리 주말에 꽃 구경하러 가요.

22 春游
chūnyóu

[동] 봄나들이하다, 봄 소풍 가다

A 周末我们去春游吧。
Zhōumò wǒmen qù chūnyóu ba.
주말에 우리 봄나들이 가요.

B 好啊，你想去哪儿？
Hǎo a, nǐ xiǎng qù nǎr?
좋아요. 당신 어디로 가고 싶어요?

23 游客
yóukè

[명] 관광객

A 这儿的游客这么多！
Zhèr de yóukè zhème duō!
여기 관광객이 이렇게 많아요!

B 天气很好，大家都出来了。
Tiānqì hěn hǎo, dàjiā dōu chūlái le.
날씨가 좋아서 모두 다 나왔네요.

24 婚礼
hūnlǐ

[명] 결혼식

A 春天结婚的人最多。
Chūntiān jiéhūn de rén zuì duō.
봄에 결혼하는 사람이 가장 많아요.

B 对，我星期六又要参加朋友的婚礼。
Duì, wǒ xīngqīliù yòu yào cānjiā péngyou de hūnlǐ.
맞아요. 토요일에 또 친구의 결혼식에 참석해야 해요.

2 여름

Mind Map Note

夏天 xiàtiān
명 여름

炎热 yánrè
형 무덥다

台风 táifēng
명 태풍

梅雨 méiyǔ
명 장마

避暑 bìshǔ
동 피서하다

放假 fàngjià
동 방학하다

海边 hǎibiān
명 해변

水上乐园 shuǐshàng lèyuán
물놀이 공원, 워터파크

游泳衣 yóuyǒngyī
명 수영복

红豆刨冰 hóngdòu bàobīng
명 팥빙수

*Let's Start!
주제에 맞는 단어와 예문을 학습해보세요. 🔊 06-2

01 夏天 xiàtiān

명 여름

A 夏天来了，太热了。
Xiàtiān lái le, tài rè le.
여름이 왔네요. 너무 더워요.

B 所以我不太喜欢夏天。
Suǒyǐ wǒ bú tài xǐhuan xiàtiān.
그래서 저는 여름을 별로 안 좋아해요.

02 下雨 xiàyǔ

동 비가 오다

A 听说下午下雨。你带雨伞了吗？
Tīngshuō xiàwǔ xiàyǔ. Nǐ dài yǔsǎn le ma?
오후에 비가 온대요. 당신 우산을 가져왔어요?

B 怎么办？我没有雨伞。
Zěnmebàn? Wǒ méi yǒu yǔsǎn.
어떻게 하죠? 전 우산이 없어요.

03 阴 yīn

형 흐리다

A 天这么阴，好像要下雨了。
Tiān zhème yīn, hǎoxiàng yào xiàyǔ le.
날이 이렇게 흐려서 비가 올 것 같아요.

B 可是我听说今天不下雨。
Kěshì wǒ tīngshuō jīntiān bú xiàyǔ.
하지만 제가 듣기로는 오늘은 비가 안 온대요.

04 阵雨 zhènyǔ

명 소나기

A 怎么突然下雨了？
Zěnme tūrán xiàyǔ le?
왜 갑자기 비가 내리죠?

B 这是阵雨，一会儿就停了。
Zhè shì zhènyǔ, yíhuìr jiù tíng le.
이것은 소나기예요. 잠시 후에 바로 멈출 거예요.

05 降水量
jiàngshuǐliàng

명 강수량

A 我不喜欢下雨天。
Wǒ bù xǐhuan xiàyǔtiān.
저는 비 오는 날을 안 좋아해요.

B 不过听说今年的降水量很多。
Búguò tīngshuō jīnnián de jiàngshuǐliàng hěn duō.
그런데 듣기에 올해의 강수량이 아주 많대요.

06 雨季
yǔjì

명 우기

A 北京也有雨季吗？是几月？
Běijīng yě yǒu yǔjì ma? Shì jǐ yuè?
베이징도 우기가 있나요? 몇 월인가요?

B 北京七、八月是雨季。
Běijīng qī、bā yuè shì yǔjì.
베이징은 7, 8월이 우기예요.

07 梅雨
méiyǔ

명 장마

A 中国有没有梅雨季节？
Zhōngguó yǒu méi yǒu méiyǔ jìjié?
중국에 장마철이 있어요?

B 有，不过每个地方不太一样。
Yǒu, búguò měi ge dìfang bú tài yíyàng.
있어요. 그런데 모든 지역이 같지는 않아요.

08 打雷
dǎléi

동 천둥 치다

A 刚才打雷了，你听见了吗？
Gāngcái dǎléi le, nǐ tīngjiàn le ma?
방금 천둥 쳤는데, 당신 들었나요?

B 听见了，太恐怖了。
Tīngjiàn le, tài kǒngbù le.
들었어요. 너무 무섭네요.

Voca
闪电 shǎndiàn 번개 치다

09 台风
táifēng

명 태풍

A 首尔常常刮台风吗?
Shǒu'ěr chángcháng guā táifēng ma?
서울에 자주 태풍이 불어요?

B 夏天有的时候刮台风。
Xiàtiān yǒude shíhou guā táifēng.
여름에 때때로 태풍이 불어요.

10 冰雹
bīngbáo

명 우박

A 外面雨下得很大。
Wàimian yǔ xià de hěn dà.
바깥에 비가 많이 내리네요.

B 下的不是雨,是冰雹。
Xià de bú shì yǔ, shì bīngbáo.
비가 내리는 게 아니라 우박이에요.

11 潮湿
cháoshī

형 습하다, 축축하다

A 天天下雨,天气太潮湿了。
Tiāntiān xiàyǔ, tiānqì tài cháoshī le.
매일 비가 내려서 날씨가 너무 습해요.

B 是啊,雨季什么时候走啊?
Shì a, yǔjì shénme shíhou zǒu a?
그러게요. 우기는 언제 지나가죠?

12 雨靴
yǔxuē

명 장화, 레인부츠

A 外边雨下得真大。
Wàibian yǔ xià de zhēn dà.
바깥에 비가 정말 많이 내려요.

B 出去的时候,穿雨靴吧。
Chūqù de shíhou, chuān yǔxuē ba.
나갈 때, 장화를 신어요.

13 彩虹 cǎihóng

몡 무지개

A 你看，天上有彩虹。
Nǐ kàn, tiān shang yǒu cǎihóng.
봐요. 하늘에 무지개가 있어요.

B 真漂亮，我好久没看过彩虹了。
Zhēn piàoliang, wǒ hǎo jiǔ méi kànguo cǎihóng le.
정말 예쁘네요. 저는 오랫동안 무지개를 못 봤어요.

14 炎热 yánrè

혱 무덥다

A 今天多少度？真不喜欢这种炎热的天气。
Jīntiān duōshao dù? Zhēn bù xǐhuan zhè zhǒng yánrè de tiānqì.
오늘 몇 도예요? 이렇게 무더운 날씨는 정말 싫어요.

B 今天35度，我们别出去了。
Jīntiān sānshíwǔ dù, wǒmen bié chūqù le.
오늘은 35도예요. 우리 나가지 말아요.

15 闷热 mēnrè

혱 후텁지근하다

A 今天怎么这么闷热？
Jīntiān zěnme zhème mēnrè?
오늘 왜 이렇게 후텁지근하죠?

B 是啊，快要下雨了。
Shì a, kuàiyào xiàyǔ le.
맞아요. 곧 비가 올 거예요.

16 三伏天 sānfútiān

몡 삼복날

A 现在是三伏天。
Xiànzài shì sānfútiān.
지금 삼복날이에요.

B 中午我们去吃参鸡汤吧。
Zhōngwǔ wǒmen qù chī shēnjītāng ba.
점심에 우리 삼계탕 먹으러 가요.

Voca
初伏 chūfú 초복 | 中伏 zhōngfú 중복 | 末伏 mòfú 말복

17. 中暑 zhòngshǔ

[동] 더위를 먹다

A 今天怎么这么热！
Jīntiān zěnme zhème rè!
오늘 어쩜 이렇게 덥죠!

B 是啊，我头很晕，好像中暑了。
Shì a, wǒ tóu hěn yūn, hǎoxiàng zhòngshǔ le.
맞아요. 머리가 어지러워요. 더위를 먹은 것 같아요.

18. 放假 fàngjià

[동] 방학하다

A 我们几号放假？
Wǒmen jǐ hào fàngjià?
우리 며칠에 방학하죠?

B 我们二十五号放假，你打算做什么？
Wǒmen èrshíwǔ hào fàngjià, nǐ dǎsuàn zuò shénme?
25일에 방학해요. 당신은 무엇을 할 계획이에요?

19. 避暑 bìshǔ

[동] 피서하다, 더위를 피하다

A 这次你想去哪儿避暑？
Zhè cì nǐ xiǎng qù nǎr bìshǔ?
이번에 당신은 어디로 피서를 가고 싶어요?

B 我想去济州岛，可是人太多了。
Wǒ xiǎng qù Jìzhōudǎo, kěshì rén tài duō le.
저는 제주도에 가고 싶어요. 하지만 사람이 너무 많아요.

20. 海边 hǎibiān

[명] 해변

A 我们去哪儿的海边好呢？
Wǒmen qù nǎr de hǎibiān hǎo ne?
우리 어느 해변으로 가는 게 좋을까요?

B 这次我们去东海吧。
Zhè cì wǒmen qù Dōnghǎi ba.
이번엔 우리 동해로 가요.

21 水上乐园
shuǐshàng lèyuán

물놀이 공원, 워터파크

A 周末我们去水上乐园玩儿吧。
Zhōumò wǒmen qù shuǐshàng lèyuán wánr ba.
주말에 우리 워터파크로 놀러 가요.

B 你订票了吗？夏天得早点儿买票。
Nǐ dìngpiào le ma? Xiàtiān děi zǎo diǎnr mǎipiào.
당신 표 예약했어요? 여름에는 표를 일찍 사야 해요.

22 游泳衣
yóuyǒngyī

명 수영복

A 你喜欢什么款式的游泳衣？
Nǐ xǐhuan shénme kuǎnshì de yóuyǒngyī?
당신 어떤 스타일의 수영복을 좋아해요?

B 我喜欢防晒游泳衣。
Wǒ xǐhuan fángshài yóuyǒngyī.
저는 래시가드 수영복을 좋아해요.

23 阳伞
yángsǎn

명 양산

A 这样的天气得用阳伞。
Zhèyàng de tiānqì děi yòng yángsǎn.
이런 날씨에는 양산을 써야 해요.

B 我还没有，想买一把阳伞。
Wǒ hái méi yǒu, xiǎng mǎi yì bǎ yángsǎn.
저는 아직 없어요, 양산 하나 사고 싶어요.

24 蚊子
wénzi

명 모기

A 你昨天睡得不好吗？
Nǐ zuótiān shuì de bù hǎo ma?
당신 어제 잠을 잘 못 잤어요?

B 是啊，夏天蚊子太多了。
Shì a, xiàtiān wénzi tài duō le.
네. 여름에 모기가 너무 많아요.

3 가을

Mind Map Note

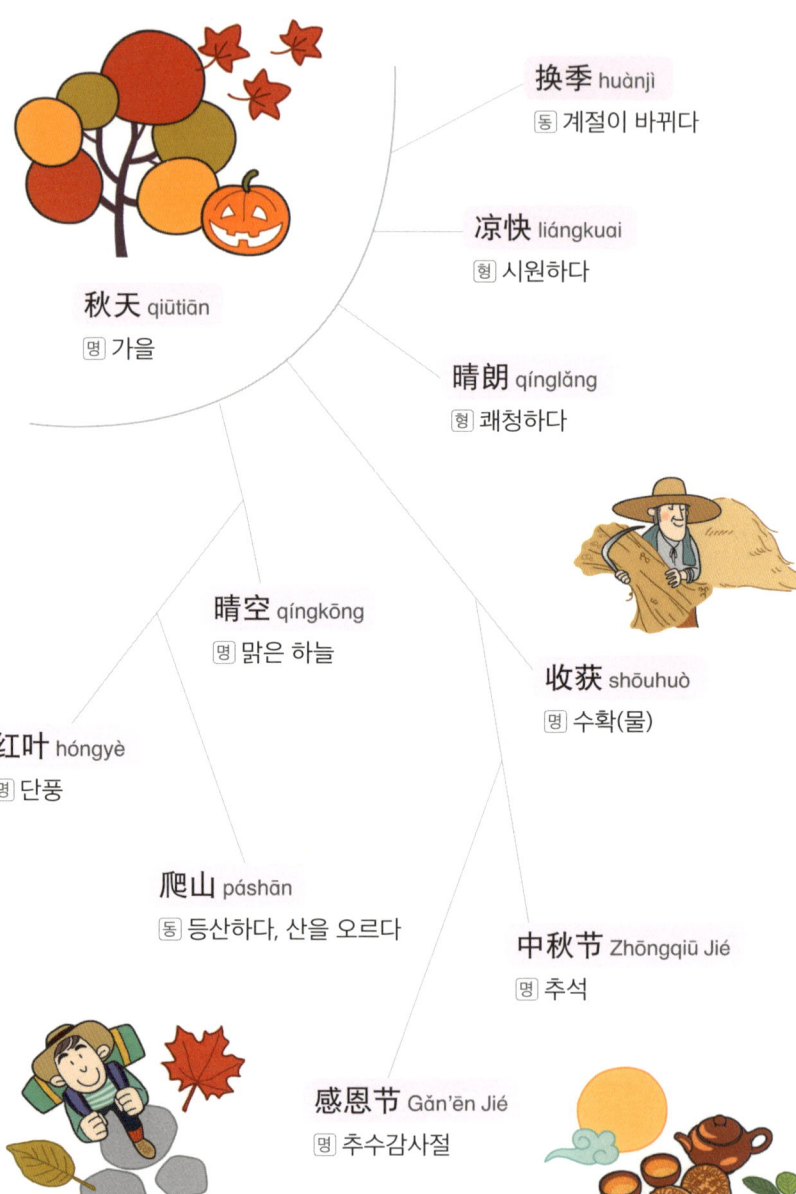

秋天 qiūtiān
명 가을

换季 huànjì
동 계절이 바뀌다

凉快 liángkuai
형 시원하다

晴朗 qínglǎng
형 쾌청하다

晴空 qíngkōng
명 맑은 하늘

收获 shōuhuò
명 수확(물)

红叶 hóngyè
명 단풍

爬山 páshān
동 등산하다, 산을 오르다

中秋节 Zhōngqiū Jié
명 추석

感恩节 Gǎn'ēn Jié
명 추수감사절

✱ Let's Start! 주제에 맞는 단어와 예문을 학습해보세요. 🔊 06-3

01
秋天
qiūtiān

명 가을

A 我最喜欢秋天。
Wǒ zuì xǐhuan qiūtiān.
저는 가을을 가장 좋아해요.

B 我也是，秋天不冷也不热。
Wǒ yě shì, qiūtiān bù lěng yě bú rè.
저도 그래요. 가을은 춥지도 않고, 덥지도 않아요.

Grammar
- 不A也不B : 'A하지도 않고 B하지도 않다'라는 의미이다.

02
换季
huànjì

동 계절이 바뀌다

A 换季的时候，要注意身体。
Huànjì de shíhou, yào zhùyì shēntǐ.
환절기 때에는 건강에 주의해야 해요.

B 谢谢，你也要注意身体。
Xièxie, nǐ yě yào zhùyì shēntǐ.
고마워요. 당신도 건강 주의하세요.

03
反常
fǎncháng

형 비정상이다, 이상하다

A 这个星期天气很反常。
Zhè ge xīngqī tiānqì hěn fǎncháng.
이번 주 날씨가 아주 이상해요.

B 是啊，一会儿冷一会儿热。
Shì a, yíhuìr lěng yíhuìr rè.
그러게요. 금방 추웠다가 금방 더워져요.

04 变化 biànhuà

명 변화

A 天气变化太快了。
Tiānqì biànhuà tài kuài le.
날씨 변화가 너무 빠르네요.

B 是啊，昨天二十度，今天才十度。
Shì a, zuótiān èrshí dù, jīntiān cái shí dù.
그래요. 어제는 20도였는데, 오늘은 겨우 10도예요.

05 干燥 gānzào

형 건조하다

A 秋天比较干燥。
Qiūtiān bǐjiào gānzào.
가을은 비교적 건조해요.

B 因为秋天经常刮风。
Yīnwèi qiūtiān jīngcháng guāfēng.
왜냐하면 가을에는 바람이 자주 불기 때문이에요.

06 多云 duōyún

명 구름 많음, 흐린 날씨

A 外面天有点儿阴。
Wàimian tiān yǒudiǎnr yīn.
바깥에 날이 좀 흐리네요.

B 听天气预报说今天多云。
Tīng tiānqì yùbào shuō jīntiān duōyún.
일기예보를 들어 보니 오늘 구름이 많대요.

07 雾 wù

명 안개

A 今天雾很大。
Jīntiān wù hěn dà.
오늘 안개가 많네요.

B 是啊，你开车的时候小心点儿。
Shì a, nǐ kāichē de shíhou xiǎoxīn diǎnr.
그러게요. 당신 운전할 때 조심하세요.

08 凉快
liángkuai

형 시원하다, 서늘하다

A 最近下午很凉快，天气也很好。
Zuìjìn xiàwǔ hěn liángkuai, tiānqì yě hěn hǎo.
요즘 오후에는 시원하고 날씨도 좋아요.

B 不过早晚有点儿冷。
Búguò zǎowǎn yǒudiǎnr lěng.
하지만 아침과 저녁이 좀 추워요.

09 温差
wēnchā

명 온도차

A 秋天早晚的温差很大。
Qiūtiān zǎowǎn de wēnchā hěn dà.
가을에는 아침과 저녁의 온도차가 커요.

B 对啊，所以早上多拿一件衣服吧。
Duì a, suǒyǐ zǎoshang duō ná yí jiàn yīfu ba.
맞아요. 그러니까 아침에 옷 한 벌 더 챙겨가세요.

10 空气
kōngqì

명 공기

A 四季中，我觉得秋天的空气最好。
Sìjì zhōng, wǒ juéde qiūtiān de kōngqì zuì hǎo.
사계절 중에 가을의 공기가 가장 좋은 것 같아요.

B 对，不过秋天太短了。
Duì, búguò qiūtiān tài duǎn le.
맞아요. 하지만 가을은 너무 짧아요.

11 晴朗
qínglǎng

형 쾌청하다

A 今天天气特别晴朗。
Jīntiān tiānqì tèbié qínglǎng.
오늘 날씨가 유난히 쾌청하네요.

B 我们买点儿吃的去公园吧。
Wǒmen mǎi diǎnr chī de qù gōngyuán ba.
우리 먹을 것을 좀 사서 공원에 가요.

12 红叶 hóngyè

몡 단풍

A 秋天了，我们去看红叶吧。
Qiūtiān le, wǒmen qù kàn hóngyè ba.
가을이에요. 우리 단풍을 보러 가요.

B 那我们去雪岳山吧，那儿的红叶非常漂亮。
Nà wǒmen qù Xuěyuèshān ba, nàr de hóngyè fēicháng piàoliang.
그럼 우리 설악산에 가요. 그곳의 단풍이 굉장히 예뻐요.

13 爬山 páshān

동 등산하다, 산을 오르다

A 天气这么好，我们去户外活动吧。
Tiānqì zhème hǎo, wǒmen qù hùwài huódòng ba.
날씨가 이렇게 좋은데, 우리 야외로 나가서 움직여요.

B 好啊！去爬山怎么样？
Hǎo a! Qù páshān zěnmeyàng?
좋아요! 등산을 가는 건 어때요?

14 度假 dùjià

동 휴가를 보내다

A 今年中秋节能休六天。
Jīnnián Zhōngqiū Jié néng xiū liù tiān.
올해 추석은 6일을 쉴 수 있어요.

B 休这么长。我们去济州岛度假吧。
Xiū zhème cháng. Wǒmen qù Jìzhōudǎo dùjià ba.
이렇게 길게 쉬네요. 우리 제주도에 가서 휴가를 보내요.

15 黄金周 huángjīnzhōu

몡 황금 주간, 황금 연휴, 골든 위크

A 我这次中秋节去中国。
Wǒ zhè cì Zhōngqiū Jié qù Zhōngguó.
저는 이번 추석에 중국에 갈 거예요.

B 那时候是黄金周，机票很贵。
Nà shíhou shì huángjīnzhōu, jīpiào hěn guì.
그때는 황금 연휴 주간이라 비행기 표가 비싸요.

Grammar

• 黄金周 : 중국의 황금 연휴 주간은 10월 1일 국경절의 연휴 기간(7일)을 가리킨다.

16 收获
shōuhuò

명 수확, 수확물

A 听说今年水果<u>收获</u>不太好。
Tīngshuō jīnnián shuǐguǒ shōuhuò bú tài hǎo.
듣자 하니 올해 과일 수확이 별로 안 좋대요.

B 对，所以现在水果很贵。
Duì, suǒyǐ xiànzài shuǐguǒ hěn guì.
맞아요. 그래서 지금 과일이 비싸요.

17 自然
zìrán

명 자연

A 我觉得秋天的<u>自然</u>风景很美。
Wǒ juéde qiūtiān de zìrán fēngjǐng hěn měi.
제 생각에는 가을의 자연 풍경이 참 아름다운 것 같아요.

B 当然了，秋天不但天气很好，而且红叶也很漂亮。
Dāngrán le, qiūtiān búdàn tiānqì hěn hǎo, érqiě hóngyè yě hěn piàoliang.
당연하죠. 가을은 날씨가 좋을 뿐 아니라, 게다가 단풍도 예뻐요.

Grammar

- 不但A而且B : 'A할 뿐 아니라 게다가 B까지 하다'라는 뜻으로 상황이 더 심화, 발전되는 것을 표현한다.

4 겨울

Mind Map Note

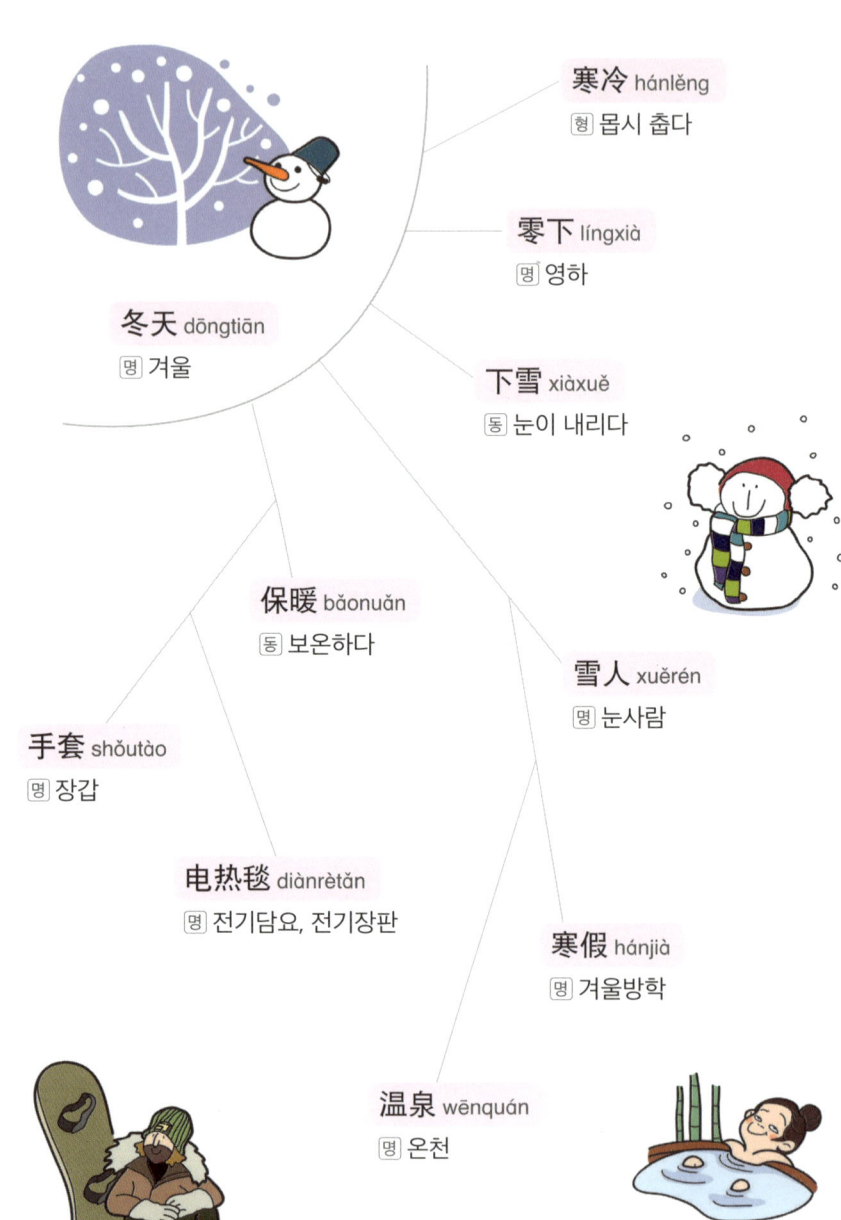

冬天 dōngtiān
명 겨울

寒冷 hánlěng
형 몹시 춥다

零下 língxià
명 영하

下雪 xiàxuě
동 눈이 내리다

雪人 xuěrén
명 눈사람

保暖 bǎonuǎn
동 보온하다

手套 shǒutào
명 장갑

电热毯 diànrètǎn
명 전기담요, 전기장판

寒假 hánjià
명 겨울방학

温泉 wēnquán
명 온천

✳ Let's Start!

주제에 맞는 단어와 예문을 학습해보세요. 🔊 06-4

01

冬天
dōngtiān

명 겨울

A 你为什么喜欢冬天?
Nǐ wèi shénme xǐhuan dōngtiān?
당신은 왜 겨울을 좋아해요?

B 我喜欢下雪天。
Wǒ xǐhuan xiàxuětiān.
저는 눈 오는 날을 좋아해요.

02

寒冷
hánlěng

형 몹시 춥다

A 我真不喜欢寒冷的天气。
Wǒ zhēn bù xǐhuan hánlěng de tiānqì.
저는 몹시 추운 날을 정말 안 좋아해요.

B 我也不喜欢。
Wǒ yě bù xǐhuan.
저도 안 좋아해요.

03

降温
jiàngwēn

동 기온이 내려가다

A 从下个星期开始降温。
Cóng xià ge xīngqī kāishǐ jiàngwēn.
다음 주부터 기온이 떨어지기 시작할 거예요.

B 真的吗? 我讨厌冷天。
Zhēnde ma? Wǒ tǎoyàn lěngtiān.
정말요? 저는 추운 날이 싫어요.

04

零下
língxià

명 영하

A 你知道吗? 明天零下十五度。
Nǐ zhīdào ma? Míngtiān língxià shíwǔ dù.
알고 있어요? 내일은 영하 15도예요.

B 知道,明天是今年最冷的一天。
Zhīdào, míngtiān shì jīnnián zuì lěng de yì tiān.
알아요. 내일은 올해 들어 가장 추운 날이에요.

4 겨울

05 下雪
xiàxuě

동 눈이 내리다

A 你看，外面下雪了。
Nǐ kàn, wàimian xiàxuě le.
보세요. 바깥에 눈이 내렸어요.

B 现在才11月，怎么下雪了？
Xiànzài cái shíyī yuè, zěnme xiàxuě le?
지금 겨우 11월인데, 왜 눈이 내렸죠?

06 暴雪
bàoxuě

명 폭설

A 昨天大田下暴雪了。首尔呢？
Zuótiān Dàtián xià bàoxuě le. Shǒu'ěr ne?
어제 대전에 폭설이 내렸는데, 서울은요?

B 真的？首尔下得很小。
Zhēn de? Shǒu'ěr xià de hěn xiǎo.
정말요? 서울은 아주 조금 내렸어요.

07 结冰
jiébīng

동 얼음이 얼다

A 今天是零下吗？路上结冰了。
Jīntiān shì língxià ma? Lù shang jiébīng le.
오늘 영하예요? 길에 얼음이 얼었어요.

B 嗯，走路小心点儿吧。
Ǹg, zǒu lù xiǎoxīn diǎnr ba.
네, 길을 걸을 때 조심하세요.

08 滑
huá

형 미끄럽다

A 昨天下雪了，路上很滑。
Zuótiān xiàxuě le, lù shang hěn huá.
어제 눈이 내려서 길이 미끄러워요.

B 那我们慢慢儿走吧。
Nà wǒmen mànmānr zǒu ba.
그럼 우리 천천히 걸어요.

09 水珠
shuǐzhū

[명] 물방울

A 你看，窗户上结了很多水珠。
Nǐ kàn, chuānghu shang jié le hěn duō shuǐzhū.
봐요. 창문에 물방울이 많이 맺혔어요.

B 当然，因为天气越来越冷了。
Dāngrán, yīnwèi tiānqì yuèláiyuè lěng le.
당연하죠. 날씨가 점점 추워지고 있으니까요.

Grammar
- 越来越 : '점점 ~하다'라는 뜻으로 정도의 심화를 표현한다. [주어 + 越来越 + 형용사/심리동사]의 형태로 쓰인다.

10 冰柱
bīngzhù

[명] 고드름

A 你看，那儿结冰柱了。
Nǐ kàn, nàr jié bīngzhù le.
봐요. 저기 고드름이 맺혔어요.

B 我没在首尔看过冰柱。
Wǒ méi zài Shǒu'ěr kànguo bīngzhù.
저는 서울에서 고드름을 본 적이 없어요.

11 黑
hēi

[형] 어둡다

A 还不到六点，天已经黑了。
Hái bú dào liù diǎn, tiān yǐjīng hēi le.
아직 6시도 안 됐는데, 날이 이미 어두워졌어요.

B 是啊，冬天的白天很短。
Shì a, dōngtiān de báitiān hěn duǎn.
그러게요. 겨울의 낮은 아주 짧아요.

12 冬至
dōngzhì

[명] 동지(절기)

A 韩国冬至吃什么？中国吃饺子。
Hánguó dōngzhì chī shénme? Zhōngguó chī jiǎozi.
한국은 동지에 무엇을 먹어요? 중국은 교자만두를 먹어요.

B 韩国吃红豆粥。
Hánguó chī hóngdòuzhōu.
한국은 팥죽을 먹어요.

13 寒假
hánjià

[명] 겨울방학

A 你什么时候放寒假？
Nǐ shénme shíhou fàng hánjià?
당신은 언제 겨울방학해요?

B 我们这个星期三放寒假。
Wǒmen zhè ge xīngqīsān fàng hánjià.
우리는 이번 주 수요일에 겨울방학해요.

Voca
暑假 shǔjià 여름방학

14 冻
dòng

[형] 얼다

A 太冷了，我冻耳朵。
Tài lěng le, wǒ dòng ěrduo.
너무 추워요. 귀가 얼었어요.

B 你没有帽子吗？
Nǐ méi yǒu màozi ma?
당신 모자 없어요?

15 保暖
bǎonuǎn

[동] 보온하다

A 这件大衣很保暖。
Zhè jiàn dàyī hěn bǎonuǎn.
이 코트는 보온이 잘 돼요.

B 是在哪儿买的？我也想买一件。
Shì zài nǎr mǎi de? Wǒ yě xiǎng mǎi yí jiàn.
어디에서 산 거예요? 저도 한 벌 사고 싶어요.

16 手套
shǒutào

[명] 장갑

A 外面太冷了，你戴手套吧。
Wàimian tài lěng le, nǐ dài shǒutào ba.
바깥이 너무 추워요. 장갑을 끼세요.

B 不想戴，戴手套不太方便。
Bù xiǎng dài, dài shǒutào bú tài fāngbiàn.
끼고 싶지 않아요. 장갑을 끼면 불편해요.

17 雪地靴
xuědìxuē

명 어그부츠

A 这是你新买的雪地靴吗?
Zhè shì nǐ xīn mǎi de xuědìxuē ma?
이게 당신이 새로 산 어그부츠예요?

B 是，脚真暖和。
Shì, jiǎo zhēn nuǎnhuo.
맞아요. 발이 정말 따뜻해요.

18 电热毯
diànrètǎn

명 전기담요, 전기장판

A 床上有点儿凉。
Chuáng shang yǒudiǎnr liáng.
침대 위가 좀 차갑네요.

B 那开电热毯吧。
Nà kāi diànrètǎn ba.
그럼 전기 담요를 켜요.

19 暖风
nuǎnfēng

명 온풍, 따뜻한 바람

A 办公室里太冷了，开暖风吧。
Bàngōngshì li tài lěng le, kāi nuǎnfēng ba.
사무실 안이 너무 춥네요. 온풍을 틀어요.

B 刚才开了，一会儿就暖和了。
Gāngcái kāi le, yíhuìr jiù nuǎnhuo le.
방금 켰어요. 잠시 후에 곧 따뜻해질 거예요.

20 温泉
wēnquán

명 온천

A 冬天的时候，你去泡过温泉吗?
Dōngtiān de shíhou, nǐ qù pàoguo wēnquán ma?
겨울에 온천욕하러 가본 적 있나요?

B 我没去过，今年冬天很想去。
Wǒ méi qùguo, jīnnián dōngtiān hěn xiǎng qù.
저는 가본 적 없어요. 올해 겨울에 가보고 싶어요.

21 体质 tǐzhì

명 체질

A 你穿得这么多，还冷啊？
Nǐ chuān de zhème duō, hái lěng a?
당신 옷을 이렇게 많이 입었는데 여전히 추워요?

B 没办法，我是怕冷的体质。
Méi bànfǎ, wǒ shì pà lěng de tǐzhì.
방법이 없어요. 저는 추위를 타는 체질이에요.

Grammar

- 怕는 '두려워 하다', 冷은 '춥다'라는 뜻으로 怕冷은 '추위를 두려워하다', '추위를 타다'라는 의미이다.

22 内衣 nèiyī

명 내의, 속옷

A 最近还有人穿内衣吗？
Zuìjìn hái yǒu rén chuān nèiyī ma?
요즘도 내복 입는 사람이 있어요?

B 内衣多好啊，既能保护健康，又能保护环境。
Nèiyī duō hǎo a, jì néng bǎohù jiànkāng, yòu néng bǎohù huánjìng.
내복이 얼마나 좋은데요, 건강도 지키고 환경도 지킬 수 있어요.

Grammar

- 既A又B : 'A하고 (또) B하다'의 뜻으로 A도 하고 B도 한다는 의미이다.

23 暖气 nuǎnqì

명 히터, 온풍기

A 开了暖气，空气太干燥了。
Kāi le nuǎnqì, kōngqì tài gānzào le.
히터를 틀었더니 공기가 너무 건조해요.

B 没有办法，太冷了。
Méi yǒu bànfǎ, tài lěng le.
어쩔 수 없어요, 너무 추워요.

✷ Voca Review
다음 빈칸에 한자, 병음, 뜻을 알맞게 채워보세요.

한 자	병 음	뜻
① 季节	jìjié	계절
② 春天	chūntiān	봄
③ 预报	yùbào	예보
④ 刮风	guāfēng	바람이 불다
⑤ 沙尘暴	shāchénbào	황사, 모래폭풍
⑥ 暖和	nuǎnhuo	따뜻하다
⑦ 赏花	shǎnghuā	꽃을 감상하다, 꽃을 구경하다
⑧ 春游	chūnyóu	봄나들이하다, 봄 소풍 가다
⑨ 夏天	xiàtiān	여름
⑩ 梅雨	méiyǔ	장마
⑪ 台风	táifēng	태풍
⑫ 雨靴	yǔxuē	장화, 레인부츠
⑬ 彩虹	cǎihóng	무지개
⑭ 炎热	yánrè	무덥다
⑮ 水上乐园	shuǐshàng lèyuán	물놀이 공원, 워터파크

UNIT 07

일상생활

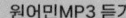
원어민MP3 듣기

쓰기 연습장 PDF

01	외출	230
02	학습	236
03	건강	243
04	미용	251
05	여행	259
✳	Voca Review	267

1 외출

Mind Map Note

出门 chūmén
동 외출하다, 집을 나서다

闹钟 nàozhōng
명 알람, 알람 시계

起床 qǐchuáng
동 잠자리에서 일어나다

出发 chūfā
동 출발하다

洗澡 xǐzǎo
동 씻다, 샤워하다

打扮 dǎban
동 단장하다, 치장하다

刷牙 shuāyá
동 이를 닦다

吹头 chuītóu
동 머리를 말리다

准备 zhǔnbèi
동 준비하다

照镜子 zhào jìngzi
거울에 비추다, 거울을 보다

✱ Let's Start! 주제에 맞는 단어와 예문을 학습해보세요. 🔊 07-1

01 起床 qǐchuáng

동 잠자리에서 일어나다, 기상하다

A 你今天起床起得这么早?
Nǐ jīntiān qǐchuáng qǐ de zhème zǎo?
당신 오늘 왜 이렇게 일찍 일어났어요?

B 我今天有重要的事儿。
Wǒ jīntiān yǒu zhòngyào de shìr.
저는 오늘 중요한 일이 있어요.

02 闹钟 nàozhōng

명 알람, 알람 시계

A 闹钟响了, 快起床吧。
Nàozhōng xiǎng le, kuài qǐchuáng ba.
알람이 울렸어요. 빨리 일어나요.

B 我再躺五分钟。
Wǒ zài tǎng wǔ fēnzhōng.
저 5분만 더 누워 있을게요.

03 洗漱 xǐshù

동 세수하고 양치하다

A 你洗漱了吗? 我要出发了。
Nǐ xǐshù le ma? Wǒ yào chūfā le.
당신 세수하고 양치했어요? 저 출발할 거예요.

B 怎么办? 我刚起床。
Zěnme bàn? Wǒ gāng qǐchuáng.
어쩌죠? 저 방금 일어났어요.

04 刷牙 shuāyá

동 이를 닦다, 양치하다

A 你不吃早饭吗?
Nǐ bù chī zǎofàn ma?
당신 아침 안 먹어요?

B 我已经刷牙了, 要出去。
Wǒ yǐjīng shuāyá le, yào chūqù.
저는 이미 양치했어요. 나갈 거예요.

1 외출

05 洗澡
xǐzǎo

동 씻다, 샤워하다

A 我要迟到了，我先洗澡吧。
Wǒ yào chídào le, wǒ xiān xǐzǎo ba.
저 늦을 것 같아요. 제가 먼저 씻을게요.

B 你快点儿洗，我也着急。
Nǐ kuài diǎnr xǐ, wǒ yě zháojí.
빨리 씻어요. 저도 급해요.

06 刮脸
guāliǎn

동 면도하다

A 你怎么没刮脸就出来了？
Nǐ zěnme méi guāliǎn jiù chūlái le?
당신 어째서 면도를 안 하고 나왔어요?

B 我太着急了，忘了。
Wǒ tài zháojí le, wàng le.
너무 급해서 깜박했어요.

07 洗头
xǐtóu

동 머리를 감다

A 你几点能出来？
Nǐ jǐ diǎn néng chūlái?
당신 몇 시에 나올 수 있어요?

B 我得洗头，五点见吧。
Wǒ děi xǐtóu, wǔ diǎn jiàn ba.
저는 머리를 감아야 해요. 5시에 만나요.

08 梳头
shūtóu

동 머리를 빗다

A 你快点儿出来。
Nǐ kuài diǎnr chūlái.
빨리 좀 나오세요.

B 等我五分钟，我梳完头就出去。
Děng wǒ wǔ fēnzhōng, wǒ shūwán tóu jiù chūqù.
5분만 기다려요. 머리만 다 빗고 바로 나갈게요.

09 照 zhào

동 (거울에) 비추다

A 你今天见谁啊？一直在照镜子。
Nǐ jīntiān jiàn shéi a? Yìzhí zài zhào jìngzi.
오늘 누구를 만나는 거예요? 계속 거울을 보네요.

B 我有重要的会议。
Wǒ yǒu zhòngyào de huìyì.
오늘 중요한 미팅이 있어요.

10 打扮 dǎban

동 단장하다, 치장하다

A 你今天打扮得真漂亮，有事吗？
Nǐ jīntiān dǎban de zhēn piàoliang, yǒu shì ma?
당신 오늘 진짜 예쁘게 꾸몄네요. 일 있어요?

B 我今天有约会。
Wǒ jīntiān yǒu yuēhuì.
저 오늘 데이트 있어요.

11 准备 zhǔnbèi

동 준비하다

A 你准备好了吗？我到了。
Nǐ zhǔnbèi hǎo le ma? Wǒ dào le.
당신 준비 다 했나요? 저는 도착했어요.

B 准备好了，我马上出去。
Zhǔnbèi hǎo le, wǒ mǎshàng chūqù.
준비 다 했어요. 바로 나갈게요.

12 化妆 huàzhuāng

동 화장하다

A 你平时不化妆，今天为什么化妆了？
Nǐ píngshí bú huàzhuāng, jīntiān wèi shénme huàzhuāng le?
당신 평소에 화장 안 하는데, 오늘은 왜 화장했어요?

B 今天我见男朋友。
Jīntiān wǒ jiàn nán péngyou.
오늘 남자친구를 만나요.

1 외출

13
喷
pēn

동 뿌리다

A 我的香水喷完了，你有吗?
Wǒ de xiāngshuǐ pēnwán le, nǐ yǒu ma?
제 향수를 다 썼는데, 당신 있어요?

B 那你喷一下儿这个?
Nà nǐ pēn yíxiàr zhè ge?
그럼 이거 한번 뿌려볼래요?

14
吹头
chuītóu

동 머리를 말리다

A 你吹完头，再出去。
Nǐ chuīwán tóu, zài chūqù.
당신 머리를 다 말린 다음에 나가요.

B 我已经晚了，没有时间。
Wǒ yǐjīng wǎn le, méi yǒu shíjiān.
저는 이미 늦었어요. 시간이 없어요.

15
挑
tiāo

동 고르다, 선택하다

A 你给我挑一件衣服吧。
Nǐ gěi wǒ tiāo yí jiàn yīfu ba.
저한테 옷 한 벌 골라줘요.

B 这件怎么样?
Zhè jiàn zěnmeyàng?
이 옷 어때요?

16
熨
yùn

동 다리다, 다림질하다

A 给我熨一下儿衬衫吧。
Gěi wǒ yùn yíxiàr chènshān ba.
셔츠 좀 다려주세요.

B 好的，拿来吧。
Hǎo de, ná lái ba.
알겠어요. 가져와요.

17 出门
chūmén

[동] 외출하다, 집을 나서다

A 你出发了吗?
Nǐ chūfā le ma?
당신 출발했어요?

B 我现在就出门。
Wǒ xiànzài jiù chūmén.
지금 바로 나가요.

18 发短信
fā duǎnxìn

문자 메시지를 보내다

A 我给你发短信，你就出来。
Wǒ gěi nǐ fā duǎnxìn, nǐ jiù chūlái.
내가 문자를 보내면 바로 나와요.

B 好，我等你的短信。
Hǎo, wǒ děng nǐ de duǎnxìn.
알겠어요. 당신 문자 기다릴게요.

19 懒觉
lǎnjiào

[명] 늦잠

A 你还在家吗?
Nǐ hái zài jiā ma?
당신 아직도 집이에요?

B 对不起，我睡懒觉了。
Duìbuqǐ, wǒ shuì lǎnjiào le.
미안해요. 늦잠을 잤어요.

2 학습

Mind Map Note

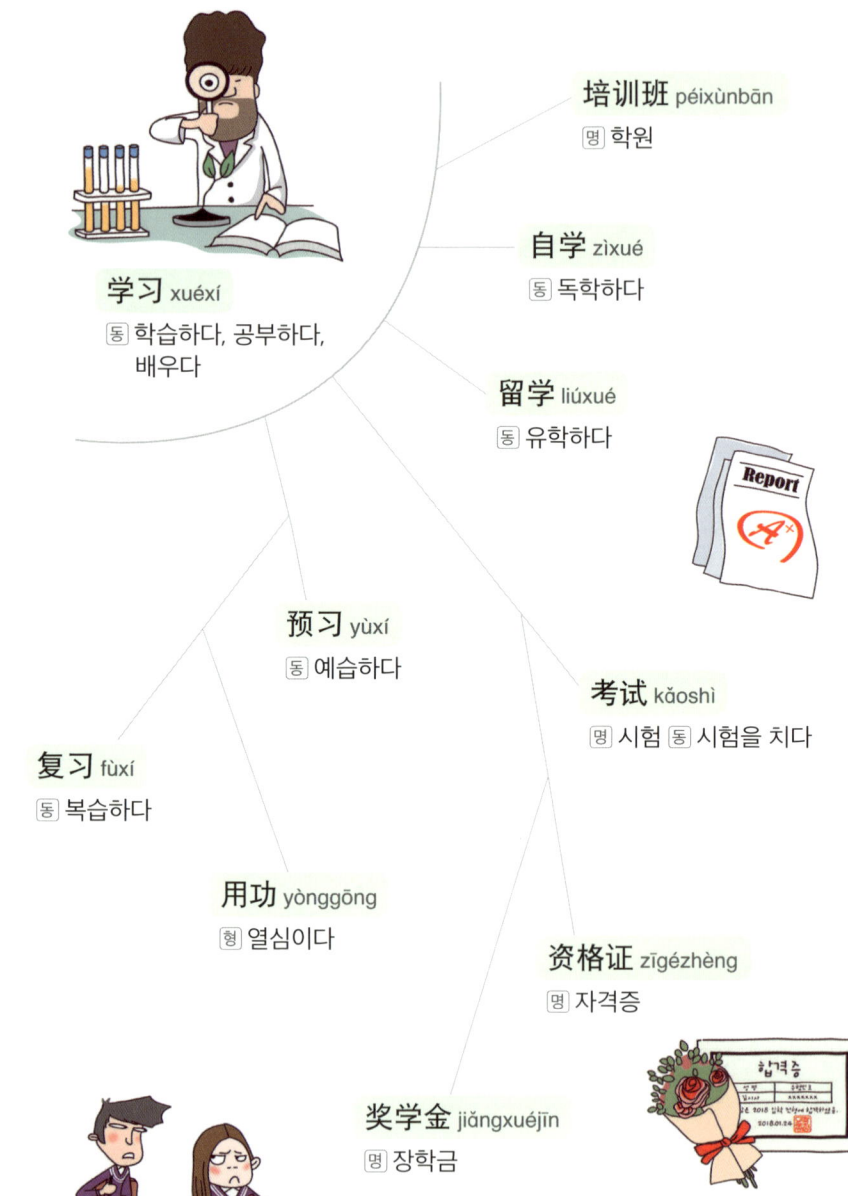

学习 xuéxí
[동] 학습하다, 공부하다, 배우다

培训班 péixùnbān
[명] 학원

自学 zìxué
[동] 독학하다

留学 liúxué
[동] 유학하다

预习 yùxí
[동] 예습하다

考试 kǎoshì
[명] 시험 [동] 시험을 치다

复习 fùxí
[동] 복습하다

用功 yònggōng
[형] 열심이다

资格证 zīgézhèng
[명] 자격증

奖学金 jiǎngxuéjīn
[명] 장학금

✱ Let's Start!
주제에 맞는 단어와 예문을 학습해보세요. 🔊 07-2

01
技校
jìxiào

명 전문학교

A 你为什么想上技校?
Nǐ wèi shénme xiǎng shàng jìxiào?
당신은 왜 전문학교에 가려고 해요?

B 我想快点儿工作。
Wǒ xiǎng kuài diǎnr gōngzuò.
저는 빨리 일을 하고 싶어요.

02
研究生
yánjiūshēng

명 대학원생

A 我想读研究生。
Wǒ xiǎng dú yánjiūshēng.
저는 대학원에 다니고 싶어요.

B 你打算上什么大学的研究生院?
Nǐ dǎsuàn shàng shénme dàxué de yánjiūshēngyuàn?
당신은 어떤 대학의 대학원을 다닐 계획인가요?

03
报名
bàomíng

동 등록하다

A 你报名了吗?
Nǐ bàomíng le ma?
당신 등록했어요?

B 上个星期已经报名了。
Shàng ge xīngqī yǐjīng bàomíng le.
지난주에 이미 등록했어요.

04
选修课
xuǎnxiūkè

명 선택과목

A 这个学期,你选了什么选修课?
Zhè ge xuéqī, nǐ xuǎn le shénme xuǎnxiūkè?
이번 학기에 당신은 어떤 선택과목을 선택했나요?

B 我还没决定,你呢?
Wǒ hái méi juédìng, nǐ ne?
저는 아직 결정을 안 했어요. 당신은요?

05 考试 kǎoshì

[명] 시험 [동] 시험을 치다

A 我们今天晚上去喝酒吧。
Wǒmen jīntiān wǎnshang qù hē jiǔ ba.
우리 오늘 저녁에 술 마시러 가요.

B 明天考试，后天吧。
Míngtiān kǎoshì, hòutiān ba.
내일 시험이에요. 모레 마셔요.

06 复习 fùxí

[동] 복습하다

A 你每次都考得这么好。
Nǐ měicì dōu kǎo de zhème hǎo.
당신은 매번 다 시험을 이렇게 잘 보네요.

B 因为我每天都复习一个小时。
Yīnwèi wǒ měitiān dōu fùxí yí ge xiǎoshí.
왜냐하면 저는 매일 한 시간 동안 복습을 해요.

07 复读 fùdú

[동] 재수하다

A 你打算复读吗？
Nǐ dǎsuàn fùdú ma?
당신은 재수할 계획인가요?

B 是啊，这次高考考得不好。
Shì a, zhè cì gāokǎo kǎo de bù hǎo.
네, 이번 대학 입학시험을 잘 못 봤어요.

08 态度 tàidù

[명] 태도

A 他每次都考第一。
Tā měi cì dōu kǎo dì yī.
그는 매번 시험에서 일등을 해요.

B 因为他平时学习态度特别认真。
Yīnwèi tā píngshí xuéxí tàidù tèbié rènzhēn.
왜냐하면 그는 평소에 학습 태도가 무척 진지하기 때문이에요.

09 用功
yònggōng

[형] 열심이다

A 你真**用功**啊!
Nǐ zhēn yònggōng a!
정말 열심이네요!

B 下个月我有重要的面试。
Xià ge yuè wǒ yǒu zhòngyào de miànshì.
다음 달에 중요한 면접이 있어요.

10 奖学金
jiǎngxuéjīn

[명] 장학금

A 你怎么这么用功?
Nǐ zěnme zhème yònggōng?
당신은 왜 이렇게 열심히 해요?

B 我要拿**奖学金**。
Wǒ yào ná jiǎngxuéjīn.
저는 장학금을 받으려고 해요.

11 通过
tōngguò

[동] 통과하다

A 这次你**通过**HSK四级了吗?
Zhè cì nǐ tōngguò HSK sì jí le ma?
이번에 당신 HSK 4급 통과했나요?

B 当然**通过**了,我努力学习了。
Dāngrán tōngguò le, wǒ nǔlì xuéxí le.
당연히 통과했지요. 저 열심히 공부했어요.

12 资格证
zīgézhèng

[명] 자격증

A 进那家公司需要HSK**资格证**。
Jìn nà jiā gōngsī xūyào HSK zīgézhèng.
그 회사에 들어가려면 HSK자격증이 필요해요.

B 我正在准备HSK四级。
Wǒ zhèngzài zhǔnbèi HSK sì jí.
저는 4급을 준비 중이에요.

13 培训班
péixùnbān

명 학원

A 下个月你打算上什么培训班?
Xià ge yuè nǐ dǎsuàn shàng shénme péixùnbān?
다음 달에 당신은 어떤 학원에 다닐 생각이에요?

B 我还在找呢，我想学汉语。
Wǒ hái zài zhǎo ne, wǒ xiǎng xué Hànyǔ.
아직 찾고 있는데, 저는 중국어를 배우고 싶어요.

14 家教
jiājiào

명 과외

A 我工作很忙，不能去培训班上课。
Wǒ gōngzuò hěn máng, bù néng qù péixùnbān shàngkè.
저는 일이 바빠서 학원에 수업 받으러 갈 수가 없어요.

B 那你找找家教老师吧。
Nà nǐ zhǎozhao jiājiào lǎoshī ba.
그럼 과외 선생님을 한번 찾아봐요.

15 教学
jiàoxué

명 강의, 수업, 교수

A 你通过什么学习汉语?
Nǐ tōngguò shénme xuéxí Hànyǔ?
당신은 무엇을 통해서 중국어를 공부하세요?

B 我通过网络教学学习。
Wǒ tōngguò wǎngluò jiàoxué xuéxí.
저는 인터넷 강의를 통해서 공부해요.

16 自学
zìxué

동 독학하다

A 你是怎么学的日语?
Nǐ shì zěnme xué de Rìyǔ?
당신은 어떻게 일본어를 배웠나요?

B 我是在网上自学的。
Wǒ shì zài wǎngshàng zìxué de.
저는 인터넷으로 독학했어요.

17 留学 liúxué

동 유학하다

A 我明年要去中国留学。
Wǒ míngnián yào qù Zhōngguó liúxué.
저는 내년에 중국으로 유학 갈 거예요.

B 真的吗？你要去什么地方？
Zhēn de ma? Nǐ yào qù shénme dìfang?
진짜요? 당신은 어떤 곳으로 갈 거예요?

18 外语 wàiyǔ

명 외국어

A 今年你打算学什么外语？
Jīnnián nǐ dǎsuàn xué shénme wàiyǔ?
올해 당신은 어떤 외국어를 배울 계획이에요?

B 我学过汉语，这次想学西班牙语。
Wǒ xuéguo Hànyǔ, zhè cì xiǎng xué Xībānyáyǔ.
저는 중국어를 배운 적이 있어서 이번에는 스페인어를 배우고 싶어요.

19 流利 liúlì

형 유창하다

A 你汉语说得很流利。
Nǐ Hànyǔ shuō de hěn liúlì.
당신 중국어를 유창하게 말하네요.

B 我在中国学习过。
Wǒ zài Zhōngguó xuéxí guo.
저는 중국에서 공부한 적이 있어요.

20 水平 shuǐpíng

명 수준, 실력

A 我怎么能提高汉语水平呢？
Wǒ zěnme néng tígāo Hànyǔ shuǐpíng ne?
제가 어떻게 중국어 수준을 높일 수 있을까요?

B 每天多说、多听、多读。
Měitiān duō shuō, duō tīng, duō dú.
매일 많이 말하고, 많이 듣고, 많이 읽으세요.

2 학습

21 能力
nénglì

⟨명⟩ 능력

A 我会说汉语、日语和英语。
Wǒ huì shuō Hànyǔ、Rìyǔ hé Yīngyǔ.
저는 중국어, 일어, 그리고 영어를 할 줄 알아요.

B 哦！你学习外语的能力真好。
Ó! Nǐ xuéxí wàiyǔ de nénglì zhēn hǎo.
오! 당신의 외국어 학습 능력이 진짜 좋네요.

22 知识
zhīshi

⟨명⟩ 지식

A 我生活方面的知识很少。
Wǒ shēnghuó fāngmiàn de zhīshi hěn shǎo.
저는 생활 방면의 지식이 적어요.

B 那你平时多看书吧。
Nà nǐ píngshí duō kànshū ba.
그럼 평소에 책을 많이 보세요.

23 图书馆
túshūguǎn

⟨명⟩ 도서관

A 你常常去图书馆吗？
Nǐ chángcháng qù túshūguǎn ma?
당신은 자주 도서관에 가나요?

B 是啊，我常常去借书。
Shì a, wǒ chángcháng qù jiè shū.
그럼요. 저는 자주 책을 빌리러 가요.

24 练习册
liànxícè

⟨명⟩ 문제집

A 你要在书店买什么书？
Nǐ yào zài shūdiàn mǎi shénme shū?
당신은 서점에서 무슨 책을 살 거예요?

B 我要买数学和英语练习册。
Wǒ yào mǎi shùxué hé yīngyǔ liànxícè.
저는 수학과 영어 문제집을 살 거예요.

3 건강

Mind Map Note

健康 jiànkāng
명 건강 형 건강하다

体检 tǐjiǎn
동 신체검사를 하다

免疫力 miǎnyìlì
명 면역력

预防针 yùfángzhēn
명 예방 주사

脸色 liǎnsè
명 안색

生病 shēngbìng
동 병이 나다

内科 nèikē
명 내과

血压 xuèyā
명 혈압

耳鼻喉科 ěrbíhóukē
명 이비인후과

牙科 yákē
명 치과

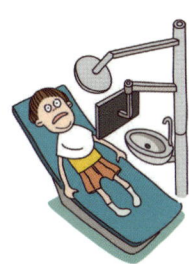

✳ Let's Start!

주제에 맞는 단어와 예문을 학습해보세요.   🔊 07-3

---

01 健康 jiànkāng

명 건강 형 건강하다

A 我最近胖了，只吃午饭。
Wǒ zuìjìn pàng le, zhǐ chī wǔfàn.
저 요즘에 살쪄서 점심만 먹어요.

B 这样不好，最重要的是健康。
Zhèyàng bù hǎo, zuì zhòngyào de shì jiànkāng.
이렇게 하면 안 좋아요. 가장 중요한 것은 건강이에요.

---

02 习惯 xíguàn

명 습관

A 我每天一定吃早饭。
Wǒ měitiān yídìng chī zǎofàn.
저는 매일 반드시 아침을 먹어요.

B 你这个习惯很好。
Nǐ zhè ge xíguàn hěn hǎo.
당신의 이 습관은 참 좋네요.

---

03 脸色 liǎnsè

명 안색

A 今天你的脸色不好，怎么了？
Jīntiān nǐ de liǎnsè bù hǎo, zěnme le?
오늘 당신 안색이 안 좋아요. 왜 그래요?

B 我这几天睡得不好。
Wǒ zhè jǐ tiān shuì de bù hǎo.
요 며칠 잠을 잘 못 잤어요.

---

04 肿 zhǒng

형 붓다

A 你的脸怎么肿了？
Nǐ de liǎn zěnme zhǒng le?
당신 얼굴이 왜 부었어요?

B 我也不知道，最近常常肿。
Wǒ yě bù zhīdào, zuìjìn chángcháng zhǒng.
저도 모르겠어요. 요즘 자주 부어요.

05 黑眼圈
hēiyǎnquān

명 다크서클

A 你的黑眼圈很重，怎么了？
Nǐ de hēiyǎnquān hěn zhòng, zěnme le?
당신의 다크서클이 심하네요. 왜 그래요?

B 昨天加班了，只睡了三个小时。
Zuótiān jiābān le, zhǐ shuì le sān ge xiǎoshí.
어제 야근을 해서 3시간밖에 못 잤어요.

06 消化不良
xiāohuà bùliáng

소화불량

A 我这几天消化不良。
Wǒ zhè jǐ tiān xiāohuà bùliáng.
저는 요 며칠 소화가 잘 안 돼요.

B 那你吃粥吧，能舒服点儿。
Nà nǐ chī zhōu ba, néng shūfu diǎnr.
그럼 죽을 먹어요. 좀 편안해질 거예요.

07 胃炎
wèiyán

명 위염

A 这个月工作压力太大，我得了胃炎。
Zhè ge yuè gōngzuò yālì tài dà, wǒ dé le wèiyán.
이번 달 업무 스트레스가 너무 커서 위염이 생겼어요.

B 工作那么多吗？
Gōngzuò nàme duō ma?
일이 그렇게 많아요?

08 生病
shēngbìng

동 병이 나다

A 这个星期我每天加班。
Zhè ge xīngqī wǒ měitiān jiābān.
이번 주에 저는 매일 야근해야 해요.

B 每天这么累，你会生病的。
Měitiān zhème lèi, nǐ huì shēngbìng de.
매일 이렇게 힘들면 병이 날 거예요.

Grammar

- 会……的 : '~일 것이다'라는 조동사로 추측을 나타내는 표현이다. [주어 + 会 + 술어 + 的]의 형태로 쓰인다.

3 건강

09 感冒 gǎnmào

[동] 감기에 걸리다

A 你昨天为什么没来?
Nǐ zuótiān wèi shénme méi lái?
당신 어제 왜 안 왔어요?

B 我感冒了，现在好点儿了。
Wǒ gǎnmào le, xiànzài hǎodiǎnr le.
감기에 걸렸어요. 지금은 좀 좋아졌어요.

10 严重 yánzhòng

[형] 심각하다

A 我感冒越来越严重了。
Wǒ gǎnmào yuèláiyuè yánzhòng le.
감기가 점점 심해지네요.

B 你吃药了吗?
Nǐ chī yào le ma?
약 먹었어요?

11 流感 liúgǎn

[명] 독감

A 秋天了，流感很流行。
Qiūtiān le, liúgǎn hěn liúxíng.
가을이 되어서 독감이 유행하네요.

B 是啊，你注意别得流感。
Shì a, nǐ zhùyì bié dé liúgǎn.
그래요, 당신 독감 걸리지 않게 주의하세요.

12 预防针 yùfángzhēn

[명] 예방 주사

A 你打流感预防针了吗?
Nǐ dǎ liúgǎn yùfángzhēn le ma?
당신은 독감 예방 주사를 맞았나요?

B 当然了，最近流感很严重。
Dāngrán le, zuìjìn liúgǎn hěn yánzhòng.
당연하죠. 요즘 독감이 심해요.

13 免疫力
miǎnyìlì

명 면역력

A 你注意别感冒了。
Nǐ zhùyì bié gǎnmào le.
감기 걸리지 않게 주의하세요.

B 我常常运动，免疫力很好。
Wǒ chángcháng yùndòng, miǎnyìlì hěn hǎo.
저는 자주 운동을 해서 면역력이 좋아요.

14 血压
xuèyā

명 혈압

A 你血压高吗?
Nǐ xuèyā gāo ma?
당신은 혈압이 높아요?

B 我血压有点儿高，常常量。
Wǒ xuèyā yǒudiǎnr gāo, chángcháng liáng.
저는 혈압이 조금 높아서 자주 재요.

15 体检
tǐjiǎn

동 신체검사를 하다

A 你每年体检吗?
Nǐ měinián tǐjiǎn ma?
당신은 매년 신체검사를 하나요?

B 我三年体检一次。
Wǒ sān nián tǐjiǎn yí cì.
저는 3년에 한 번 검사해요.

16 医院
yīyuàn

명 병원

A 我在家休息几天就好了。
Wǒ zài jiā xiūxi jǐ tiān jiù hǎo le.
집에서 며칠 쉬면 곧 좋아질 거예요.

B 你还是去医院看看吧。
Nǐ háishi qù yīyuàn kànkan ba.
그래도 병원에 가서 진찰을 받아보세요.

17
医生
yīshēng

[명] 의사

A 医生，我明天也得来吗?
Yīshēng, wǒ míngtiān yě děi lái ma?
선생님, 저 내일도 와야 해요?

B 不用，三天后再来吧。
Bú yòng, sān tiān hòu zài lái ba.
그럴 필요 없어요. 3일 후에 다시 오세요.

18
内科
nèikē

[명] 내과

A 我最近胃不太舒服。
Wǒ zuìjìn wèi bú tài shūfu.
요즘 위가 별로 안 좋아요.

B 那你快去内科看看吧。
Nà nǐ kuài qù nèikē kànkan ba.
그럼 빨리 내과에 가서 진찰을 좀 받아요.

Voca

外科 wàikē 외과 | 眼科 yǎnkē 안과 | 耳鼻喉科 ěrbíhóukē 이비인후과 |
牙科 yákē 치과 | 皮肤科 pífūkē 피부과 | 泌尿科 mìniàokē 비뇨기과 |
儿科 érkē 소아과 | 妇产科 fùchǎnkē 산부인과

19
验血
yànxiě

[동] 혈액검사를 하다

A 你去医院做什么?
Nǐ qù yīyuàn zuò shénme?
당신은 뭐 하러 병원에 가세요?

B 我最近身体不太好，想去验验血。
Wǒ zuìjìn shēntǐ bú tài hǎo, xiǎng qù yànyanxiě.
저는 요즘 몸이 별로 안 좋아서 혈액검사를 좀 하러 가고 싶어요.

20
正常
zhèngcháng

[형] 정상이다

A 医生，我的体检结果怎么样?
Yīshēng, wǒ de tǐjiǎn jiéguǒ zěnmeyàng?
선생님, 제 검사 결과가 어떤가요?

B 都很正常，别担心。
Dōu hěn zhèngcháng, bié dānxīn.
모두 정상이에요. 걱정 말아요.

21 遗传 yíchuán

명 유전

A 你肺不好吗?
Nǐ fèi bù hǎo ma?
당신은 폐가 안 좋아요?

B 是啊,是遗传。
Shì a, shì yíchuán.
네, 유전이에요.

22 住院 zhùyuàn

동 입원하다

A 他怎么住院了?
Tā zěnme zhùyuàn le?
그는 왜 입원했어요?

B 听说他得了急性胃炎。
Tīngshuō tā dé le jíxìng wèiyán.
그가 급성 위염에 걸렸대요.

23 视力 shìlì

명 시력

A 我觉得这几个月视力不太好。
Wǒ juéde zhè jǐ ge yuè shìlì bú tài hǎo.
제 생각에 요 몇 개월 시력이 안 좋아진 것 같아요.

B 你去眼科检查一下儿吧。
Nǐ qù yǎnkē jiǎnchá yíxiàr ba.
안과에 가서 검사 한번 받아봐요.

24 鼻炎 bíyán

명 비염

A 你怎么一直流鼻涕?
Nǐ zěnme yìzhí liú bítì?
당신은 어째서 계속 콧물을 흘려요?

B 我有鼻炎,越来越严重。
Wǒ yǒu bíyán, yuè lái yuè yánzhòng.
저는 비염이 있는데, 점점 심각해지고 있어요.

3 건강

25 物理治疗
wùlǐzhìliáo

명 물리 치료

A 你得做几次**物理治疗**？
Nǐ děi zuò jǐ cì wùlǐzhìliáo?
물리 치료를 몇 번 받아야 해요?

B 这个星期每天都得去。
Zhè ge xīngqī měitiān dōu děi qù.
이번 주는 매일 가야 해요.

26 手术
shǒushù

명 수술

A 你为什么请假了？
Nǐ wèi shénme qǐngjià le?
당신은 왜 휴가를 신청했어요?

B 我要做个小**手术**。
Wǒ yào zuò ge xiǎo shǒushù.
작은 수술을 받아야 해요.

27 修养
xiūyǎng

동 휴양하다

A 我想去空气好的地方**修养修养**。
Wǒ xiǎng qù kōngqì hǎo de dìfang xiūyǎng xiūyǎng.
저는 공기가 좋은 곳에 가서 휴양을 좀 하고 싶어요.

B 你打算去什么地方？
Nǐ dǎsuàn qù shénme dìfang?
당신은 어느 곳으로 갈 계획이에요?

4 미용

Mind Map Note

美发店 měifàdiàn
명 미용실

发型 fàxíng
명 헤어스타일

剪头 jiǎntóu
동 머리카락을 자르다

刘海 liúhǎi
명 앞머리

修眉 xiūméi
동 눈썹을 다듬다

祛痣 qūzhì
동 점을 빼다

排毒 páidú
명 디톡스

美甲 měijiǎ
명 네일 손질

瘦脸针 shòuliǎnzhēn
명 보톡스 주사

矫正 jiǎozhèng
동 교정하다

✱ Let's Start!
주제에 맞는 단어와 예문을 학습해보세요. 🔊 07-4

01 美发店 měifàdiàn

명 미용실

A 我下班以后，要去美发店。
Wǒ xiàbān yǐhòu, yào qù měifàdiàn.
저는 퇴근한 후에 미용실에 갈 거예요.

B 你几点下班？我也想去。
Nǐ jǐ diǎn xiàbān? Wǒ yě xiǎng qù.
몇 시에 퇴근해요? 저도 가고 싶어요.

02 美容院 měiróngyuàn

명 미용숍, 에스테틱숍

A 公司附近有没有美容院？
Gōngsī fùjìn yǒu méi yǒu měiróngyuàn?
회사 근처에 에스테틱숍이 있나요?

B 听说这家美容院很好。
Tīngshuō zhè jiā měiróngyuàn hěn hǎo.
이 숍이 좋다고 들었어요.

03 美发师 měifàshī

명 헤어 디자이너, 미용사

A 您找哪位美发师？
Nín zhǎo nǎ wèi měifàshī?
당신은 어느 헤어 디자이너를 찾으세요?

B 哪位都可以。
Nǎ wèi dōu kěyǐ.
어느 분이든 좋아요.

04 发型 fàxíng

명 헤어스타일

A 我想换个发型。
Wǒ xiǎng huàn ge fàxíng.
저는 헤어스타일을 바꾸고 싶어요.

B 短发怎么样？今年很流行。
Duǎnfà zěnmeyàng? Jīnnián hěn liúxíng.
짧은 머리 어때요? 올해 유행이에요.

05 头发 tóufa

몡 머리카락

A 我明天去面试，我自己不会做头发。
Wǒ míngtiān qù miànshì, wǒ zìjǐ bú huì zuò tóufa.
저는 내일 면접 보러 가는데, 저 혼자는 머리를 만질 줄 몰라요.

B 那你去美发店做头发吧。
Nà nǐ qù měifàdiàn zuò tóufa ba.
그럼 미용실에 가서 머리하세요.

06 剪头 jiǎntóu

동 머리를(머리카락을) 자르다

A 你头发太长了，去剪剪头吧。
Nǐ tóufa tài cháng le, qù jiǎnjian tóu ba.
당신 머리카락이 너무 길어요. 가서 좀 잘라요.

B 我正在留头。
Wǒ zhèngzài liútóu.
저는 기르고 있는 중이에요.

Voca
烫头 tàngtóu 머리를 파마하다 | 染头 rǎntóu 머리를 염색하다

07 刘海 liúhǎi

몡 앞머리

A 你的刘海很可爱，在哪儿剪的？
Nǐ de liúhǎi hěn kě'ài, zài nǎr jiǎn de?
당신의 앞머리가 귀엽네요. 어디에서 자른 거예요?

B 是我自己剪的。
Shì wǒ zìjǐ jiǎn de.
제가 혼자 자른 거예요.

08 护发素 hùfàsù

몡 린스

A 你的头发很干燥，你不用护发素吗？
Nǐ de tóufa hěn gānzào, nǐ búyòng hùfàsù ma?
당신 머리카락이 아주 건조해요. 린스 안 써요?

B 太麻烦了，我只用洗发水。
Tài máfan le, wǒ zhǐ yòng xǐfàshuǐ.
너무 귀찮아서 저는 샴푸만 써요.

09 祛痣
qūzhì

[동] 점을 빼다

A 你的皮肤干净了很多。
Nǐ de pífū gānjìng le hěn duō.
당신 피부가 많이 깨끗해졌어요.

B 我祛痣了。
Wǒ qūzhì le.
점 뺐어요.

10 毛孔
máokǒng

[명] 모공

A 你平时怎么管理毛孔?
Nǐ píngshí zěnme guǎnlǐ máokǒng?
당신은 평소에 어떻게 모공을 관리해요?

B 我每天用凉水洗脸。
Wǒ měitiān yòng liángshuǐ xǐliǎn.
저는 매일 찬물을 이용해서 얼굴을 씻어요.

11 美瞳
měitóng

[명] 컬러 렌즈

A 这儿有什么颜色的美瞳?
zhèr yǒu shénme yánsè de měitóng?
여기에 어떤 색깔의 컬러 렌즈가 있나요?

B 有很多,您来这儿看看吧。
Yǒu hěn duō, nín lái zhèr kànkan ba.
아주 많이 있어요. 이쪽으로 와서 좀 보세요.

12 睫毛
jiémáo

[명] 속눈썹

A 你看我的睫毛短吗?
Nǐ kàn wǒ de jiémáo duǎn ma?
당신이 보기에 제 속눈썹이 짧나요?

B 有点儿短,不过还可以。
Yǒudiǎnr duǎn, búguò hái kěyǐ.
조금 짧지만 그런대로 괜찮아요.

13
修眉
xiūméi

동 눈썹을 다듬다

A 你没修过眉吗?
Nǐ méi xiūguo méi ma?
당신 눈썹 다듬어본 적 없나요?

B 我不会修眉，你教我吧。
Wǒ bú huì xiūméi, nǐ jiāo wǒ ba.
저는 눈썹을 다듬을 줄 몰라요. 당신이 가르쳐주세요.

14
纹身
wénshēn

동 문신하다

A 你的纹身很漂亮，你是在哪儿纹的?
Nǐ de wénshēn hěn piàoliang, Nǐ shì zài nǎr wén de?
문신이 예쁘네요. 어디에서 했어요?

B 我是在弘大附近纹的。你要电话吗?
Wǒ shì zài Hóngdà fùjìn wén de. Nǐ yào diànhuà ma?
저는 홍대 근처에서 했어요. 당신 전화번호 필요해요?

15
整容
zhěngróng

동 성형하다

A 你想过整容吗?
Nǐ xiǎngguo zhěngróng ma?
당신 성형을 생각해본 적 있어요?

B 我眼睛有点儿小，想整眼睛。
Wǒ yǎnjing yǒudiǎnr xiǎo, xiǎng zhěng yǎnjing.
저는 눈이 조금 작아서 눈을 성형하고 싶어요.

Grammar
- 想 : 여기서는 '생각하다'라는 뜻의 동사이다.

16
除毛
chúmáo

동 제모하다

A 快要夏天了，我们去除毛吧。
Kuàiyào xiàtiān le, wǒmen qù chúmáo ba.
곧 여름이에요. 우리 제모하러 가요.

B 一次多少钱?
Yí cì duōshao qián?
1회에 얼마예요?

17 胖
pàng

형 뚱뚱하다

A 你这几个月好像胖了。
Nǐ zhè jǐ ge yuè hǎoxiàng pàng le.
당신 요 몇 개월 동안 살찐 것 같아요.

B 我也觉得，所以我正在减肥呢。
Wǒ yě juéde, suǒyǐ wǒ zhèngzài jiǎnféi ne.
저도 그렇게 생각해요. 그래서 다이어트 중이에요.

18 苗条
miáotiao

형 날씬하다, 늘씬하다

A 怎么样？这件衣服看起来苗条吗？
Zěnmeyàng? Zhè jiàn yīfu kàn qǐlái miáotiao ma?
어때요? 이 옷이 날씬해 보여요?

B 嗯，很适合你。
Ng, hěn shìhé nǐ.
응, 당신한테 잘 어울려요.

19 身材
shēncái

명 몸매

A 你怎么保持身材？
Nǐ zěnme bǎochí shēncái?
당신은 어떻게 몸매를 유지해요?

B 我每天运动两个小时。
Wǒ měitiān yùndòng liǎng ge xiǎoshí.
저는 매일 두 시간씩 운동해요.

20 排毒
páidú

명 디톡스

A 你知道排毒果汁吗？
Nǐ zhīdào páidú guǒzhī ma?
당신 디톡스 주스를 알아요?

B 当然知道了，排毒果汁能帮助减肥。
Dāngrán zhīdào le, páidú guǒzhī néng bāngzhù jiǎnféi.
당연히 알죠. 디톡스 주스는 다이어트를 도와줄 수 있어요.

21 干性
gānxìng

명 건성

A 你的皮肤是干性还是油性?
Nǐ de pífū shì gānxìng háishi yóuxìng?
당신의 피부는 건성인가요? 아니면 지성인가요?

B 我是中性皮肤。
Wǒ shì zhōngxìng pífū.
저는 중성 피부예요.

22 素颜
sùyán

명 (화장을 하지 않은) 맨 얼굴

A 你素颜也很漂亮。
Nǐ sùyán yě hěn piàoliang.
당신의 맨 얼굴이 참 예쁘네요.

B 真的吗？我常常去做皮肤管理。
Zhēn de ma? Wǒ chángcháng qù zuò pífū guǎnlǐ.
정말요? 저는 자주 피부를 관리하러 가요.

23 年轻
niánqīng

형 젊다

A 你的皮肤真好，看起来很年轻。
Nǐ de pífū zhēn hǎo, kàn qǐlái hěn niánqīng.
당신의 피부가 정말 좋네요. 매우 젊어 보여요.

B 我每天做面膜，效果很好。
Wǒ měitiān zuò miànmó, xiàoguǒ hěn hǎo.
저는 매일 마스크팩을 해요. 효과가 좋아요.

24 瘦脸针
shòuliǎnzhēn

명 보톡스 주사

A 你脸瘦了很多。
Nǐ liǎn shòu le hěn duō.
당신 얼굴이 많이 여위었어요.

B 哈哈，我打了瘦脸针。
Hā hā, wǒ dǎ le shòuliǎnzhēn.
하하, 저 얼굴에 보톡스 맞았어요.

25 矫正
jiǎozhèng

[동] 교정하다

A **矫正**牙得几年?
 Jiǎozhèng yá děi jǐ nián?
 치아를 교정하려면 몇 년이 걸려요?

B 大概两年。
 Dàgài liǎng nián.
 대략 2년이에요.

26 指甲油
zhǐjiǎyóu

[명] 매니큐어

A 你做美甲了吗? 很漂亮。
 Nǐ zuò měijiǎ le ma? Hěn piàoliang.
 당신 네일 아트 했어요? 예쁘네요.

B 不是，我自己涂的**指甲油**。
 Bú shì, wǒ zìjǐ tú de zhǐjiǎyóu.
 아니에요. 저 혼자서 매니큐어 발랐어요.

5 여행

Mind Map Note

旅行 lǚxíng
동 여행하다

旅行社 lǚxíngshè
명 여행사

自由行 zìyóuxíng
명 자유여행

旺季 wàngjì
명 성수기

地图 dìtú
명 지도

景点 jǐngdiǎn
명 관광지, 명소

度假村 dùjiàcūn
명 휴양지

导游 dǎoyóu
명 여행 가이드

旅游咨询处 lǚyóu zīxúnchù
명 관광 안내소

两天一夜 liǎngtiān yíyè
1박 2일

* Let's Start!
주제에 맞는 단어와 예문을 학습해보세요. 🔊 07-5

01 旅行 lǚxíng

동 여행하다

A 今年你想去哪儿旅行?
Jīnnián nǐ xiǎng qù nǎr lǚxíng?
올해 당신은 어디로 여행 가고 싶어요?

B 我想去泰国旅行。
Wǒ xiǎng qù Tàiguó lǚxíng.
저는 태국으로 여행 가고 싶어요.

02 打算 dǎsuàn

동 ~할 계획이다, ~할 예정이다

A 这次放假你打算做什么?
Zhè cì fàngjià nǐ dǎsuàn zuò shénme?
이번 방학에 당신은 무엇을 할 계획인가요?

B 我没去过中国，所以打算去中国。
Wǒ méi qùguo Zhōngguó, suǒyǐ dǎsuàn qù Zhōngguó.
저는 중국에 가본 적이 없어서 중국에 갈 계획이에요.

03 假期 jiàqī

명 휴가, 휴가 기간

A 这个假期我打算在国内旅行。
Zhè ge jiàqī wǒ dǎsuàn zài guónèi lǚxíng.
이번 휴가 때 저는 국내에서 여행할 계획이에요.

B 那你去庆州吧，那儿很有意思。
Nà nǐ qù Qìngzhōu ba, nàr hěn yǒu yìsi.
그럼 당신 경주에 가보세요. 거기 재미있어요.

04 旺季 wàngjì

명 성수기

A 现在是旺季，机票都很贵。
Xiànzài shì wàngjì, jīpiào dōu hěn guì.
지금은 성수기라 비행기 표가 비싸요.

B 那我们下个月去吧。
Nà wǒmen xià ge yuè qù ba.
그럼 우리 다음 달에 가요.

05 世界旅行
shìjiè lǚxíng

명 세계여행

A 我们一起去世界旅行吧。
Wǒmen yìqǐ qù shìjiè lǚxíng ba.
우리 같이 세계여행 가요.

B 那我们从这个月开始攒钱吧。
Nà wǒmen cóng zhè ge yuè kāishǐ zǎnqián ba.
그럼 우리 이번 달부터 돈을 모으기 시작해요.

06 自由行
zìyóuxíng

명 자유여행

A 这次打算怎么去旅行?
Zhè cì dǎsuàn zěnme qù lǚxíng?
이번에 어떻게 여행을 갈 계획이에요?

B 我打算自由行。
Wǒ dǎsuàn zìyóuxíng.
저는 자유여행을 하려고요.

Voca
团体旅游 tuántǐ lǚyóu 단체여행 | 背囊旅行 bēináng lǚxíng 배낭여행

07 出国
chūguó

동 출국하다

A 你几号出国?
Nǐ jǐ hào chūguó?
당신 며칠에 출국해요?

B 我十号出国,是早上九点的飞机。
Wǒ shí hào chūguó, shì zǎoshang jiǔ diǎn de fēijī.
10일에 출국해요. 아침 9시 비행기예요.

Voca
回国 huíguó 귀국하다

08 签证
qiānzhèng

명 비자

A 你办好签证了吗?
Nǐ bànhǎo qiānzhèng le ma?
당신 비자 만들었어요?

B 当然,已经办好了。
Dāngrán, yǐjīng bànhǎo le.
당연하죠. 이미 만들었어요.

09 旅行社
lǚxíngshè

명 여행사

A 我没去过国外，怎么买票更便宜？
Wǒ méi qùguo guówài, zěnme mǎi piào gèng piányi?
저는 외국에 가본 적이 없어요. 어떻게 표를 사야 더 저렴한가요?

B 通过旅行社买票、订酒店更便宜。
Tōngguò lǚxíngshè mǎipiào, dìng jiǔdiàn gèng piányi.
여행사를 통해서 표를 사고, 방을 예약하면 더 저렴해요.

10 旅行手册
lǚxíng shǒucè

명 여행 책

A 我们买不买旅行手册？
Wǒmen mǎi bu mǎi lǚxíng shǒucè?
우리 여행 책을 살까요?

B 先去书店看看吧。
Xiān qù shūdiàn kànkan ba.
우선 서점에 가서 좀 봐요.

11 旅行箱
lǚxíngxiāng

명 여행 가방, 캐리어

A 这次你带几个旅行箱？
Zhè cì nǐ dài jǐ ge lǚxíngxiāng?
이번에 당신은 캐리어 몇 개 가져가요?

B 我带一个大的。
Wǒ dài yí ge dà de.
저는 큰 거 하나 가져갈 거예요.

Voca
= 行李箱 xínglixiāng

12 导游
dǎoyóu

명 여행 가이드

A 我们第一次去那儿，我很担心。
Wǒmen dìyī cì qù nàr, wǒ hěn dānxīn.
우리는 처음 그곳에 가는데, 저는 걱정이 돼요.

B 我们找导游一起去，怎么样？
Wǒmen zhǎo dǎoyóu yìqǐ qù, zěnmeyàng?
우리 가이드를 구해서 같이 가는 게 어때요?

13 名胜古迹
míngshèng gǔjì

명 명승고적

A 北京有什么名胜古迹?
Běijīng yǒu shénme míngshèng gǔjì?
베이징에는 어떤 명승고적이 있나요?

B 长城、故宫、颐和园什么的。
Chángchéng、Gùgōng、Yíhéyuán shénme de.
만리장성, 자금성, 이화원 등이 있어요.

Grammar

- 什么的 : '등등'이라는 뜻으로 두 가지 이상의 사물을 나열할 때 사용한다. [A、B、C 什么的]의 형태로 쓰인다.

14 景点
jǐngdiǎn

명 관광지

A 你去过南山吗?
Nǐ qùguo Nánshān ma?
당신 남산에 가본 적 있나요?

B 当然，那是首尔有名的景点。
Dāngrán, nà shì Shǒu'ěr yǒumíng de jǐngdiǎn.
당연하죠. 그곳은 서울의 유명한 관광지예요.

15 门票
ménpiào

명 입장권

A 你好，门票一张多少钱?
Nǐ hǎo, ménpiào yì zhāng duōshao qián?
안녕하세요. 입장권 한 장에 얼마예요?

B 一张一百块，您要几张?
Yì zhāng yìbǎi kuài, nín yào jǐ zhāng?
한 장에 100위안입니다. 몇 장을 원하세요?

16 地图
dìtú

명 지도

A 问一下儿，有这里的地图吗?
Wèn yíxiàr, yǒu zhè lǐ de dìtú ma?
말씀 좀 물을게요. 이곳의 지도 있나요?

B 您要英文的还是中文的?
Nín yào yīngwén de háishi zhōngwén de?
영어로 된 것을 원하세요? 아니면 중국어로 된 것을 원하세요?

17 租车 zūchē

동 차를 빌리다, 차를 렌트하다

A 我们租辆车吧，更方便些。
Wǒmen zū liàng chē ba, gèng fāngbiàn xiē.
우리 차 한 대 렌트해요, 훨씬 더 편해요.

B 济州岛租车贵不贵？
Jìzhōu Dǎo zūchē guì bu guì?
제주도에 렌터카가 비싼가요?

18 饭店 fàndiàn

명 호텔

A 我们住在哪家饭店？
Wǒmen zhù zài nǎ jiā fàndiàn?
우리는 어느 호텔에서 숙박하나요?

B 住在北京饭店。
Zhù zài Běijīng fàndiàn.
베이징 호텔에서 숙박해요.

Grammar

- 饭店 : 饭店과 같이 '호텔'이라는 의미로 酒店 jiǔdiàn, 宾馆 bīnguǎn이 있다.

19 房费 fángfèi

명 방 값, 숙박비

A 一个晚上的房费多少钱？
Yí ge wǎnshang de fángfèi duōshao qián?
하룻밤 방 값이 얼마예요?

B 四百五十块。
Sìbǎi wǔshí kuài.
450위안이에요.

20 空房 kōngfáng

명 빈 방

A 请问，有没有空房？
Qǐngwèn, yǒu méi yǒu kōngfáng?
실례해요. 빈 방 있어요?

B 对不起，没有空房了。
Duìbuqǐ, méi yǒu kōngfáng le.
죄송해요. 빈 방이 없어요.

21 入住 rùzhù

동 체크인하다

A 请问，几点能入住?
Qǐngwèn, jǐ diǎn néng rùzhù?
실례합니다. 몇 시에 체크인할 수 있나요?

B 下午三点以后可以入住。
Xiàwǔ sān diǎn yǐhòu kěyǐ rùzhù.
오후 3시 이후에 체크인할 수 있어요.

22 退房 tuìfáng

동 퇴실하다

A 你好，我要退房。
Nǐ hǎo, wǒ yào tuìfáng.
안녕하세요. 퇴실하려고 합니다.

B 好的，请给我房卡。
Hǎo de, qǐng gěi wǒ fángkǎ.
알겠어요. 방 카드를 주세요.

23 早餐 zǎocān

명 아침 식사, 조식

A 这儿从几点到几点提供早餐?
Zhèr cóng jǐ diǎn dào jǐ diǎn tígōng zǎocān?
이곳은 몇 시부터 몇 시까지 아침 식사를 제공하나요?

B 从七点到十点提供早餐。
Cóng qī diǎn dào shí diǎn tígōng zǎocān.
7시부터 10시까지 아침 식사를 제공해요.

24 打扫 dǎsǎo

동 청소하다

A 您好，今天需要打扫吗?
Nín hǎo, jīntiān xūyào dǎsǎo ma?
안녕하세요. 오늘 청소 필요하세요?

B 谢谢，不用了。
Xièxie, búyòng le.
고맙습니다. 괜찮아요.

25 背包
bēibāo

명 배낭

A 今天我们要带很多东西。
Jīntiān wǒmen yào dài hěn duō dōngxi.
오늘 우리는 물건을 많이 가져가야 해요.

B 那我们背背包出去吧。
Nà wǒmen bēi bēibāo chūqù ba.
그럼 우리 배낭을 메고 나가요.

26 足疗
zúliáo

명 발 마사지

A 去中国一定要做足疗。
Qù Zhōngguó yídìng yào zuò zúliáo.
중국에 가면 반드시 발 마사지를 받아야 해요.

B 我也很喜欢做足疗，因为很舒服。
Wǒ yě hěn xǐhuan zuò zúliáo, yīnwèi hěn shūfu.
저도 발 마사지 받는 것을 아주 좋아해요. 무척 편안해서요.

27 洗手间
xǐshǒujiān

명 화장실

A 请问，洗手间在哪儿？
Qǐngwèn, xǐshǒujiān zài nǎr?
실례합니다. 화장실이 어디에 있나요?

B 女洗手间在二楼。
Nǚ xǐshǒujiān zài èr lóu.
여자 화장실은 2층에 있어요.

28 免税店
miǎnshuìdiàn

명 면세점

A 我们去免税店看看吧。
Wǒmen qù miǎnshuìdiàn kànkan ba.
우리 면세점에 가서 좀 구경해요.

B 好的，你要买什么？
Hǎo de, nǐ yào mǎi shénme?
알았어요. 당신은 무엇을 살 거예요?

✱ Voca Review 다음 빈칸에 한자, 병음, 뜻을 알맞게 채워보세요.

한자	병음	뜻
① 起床	qǐchuáng	잠자리에서 일어나다, 기상하다
② 闹钟	nàozhōng	알람, 알람 시계
③ 洗澡	xǐzǎo	씻다, 샤워하다
④ 吹头	chuītóu	머리를 말리다
⑤ 打扮	dǎban	단장하다, 치장하다
⑥ 出门	chūmén	외출하다
⑦ 复习	fùxí	복습하다
⑧ 用功	yònggōng	열심이다
⑨ 资格证	zīgézhèng	자격증
⑩ 培训班	péixùnbān	학원
⑪ 留学	liúxué	유학하다
⑫ 外语	wàiyǔ	외국어
⑬ 健康	jiànkāng	건강, 건강하다
⑭ 习惯	xíguàn	습관
⑮ 生病	shēngbìng	병이 나다

UNIT 08

장소

원어민MP3 듣기   쓰기 연습장 PDF

01	학교	270
02	회사	277
03	은행	286
04	약국	291
05	쇼핑센터 · 백화점	297
06	음식점	302
07	커피숍 · Bar	311
✱	Voca Review	317

1 학교

Mind Map Note

学校 xuéxiào
명 학교

班主任 bānzhǔrèn
명 담임 교사

班长 bānzhǎng
명 반장

同学 tóngxué
명 함께 공부하는 친구

年级 niánjí
명 학년

旷课 kuàngkè
동 무단결석하다, 수업을 빼먹다

教室 jiàoshì
명 교실

课程表 kèchéngbiǎo
명 수업 시간표

社团 shètuán
명 동아리, 서클

毕业 bìyè
명 졸업 동 졸업하다

✱ Let's Start!
주제에 맞는 단어와 예문을 학습해보세요.　🔊 08-1

01
学校
xuéxiào

명 학교

A 你们**学校**的第二外语是什么？
　Nǐmen xuéxiào de dì'èr wàiyǔ shì shénme?
　너희 학교의 제2외국어는 뭐야?

B 我们**学校**教汉语和日语。
　Wǒmen xuéxiào jiāo Hànyǔ hé Rìyǔ.
　우리 학교는 중국어와 일본어를 가르쳐.

02
校长
xiàozhǎng

명 교장

A 你们**校长**真年轻。
　Nǐmen xiàozhǎng zhēn niánqīng.
　너희 교장 선생님은 진짜 젊으시다.

B 是啊，而且也很有能力。
　Shì a, érqiě yě hěn yǒu nénglì.
　맞아. 게다가 능력도 있으셔.

03
班主任
bānzhǔrèn

명 담임 교사

A 你们班的**班主任**是女的还是男的？
　Nǐmen bān de bānzhǔrèn shì nǚde háishi nánde?
　너희 반 담임 선생님은 여자야? 남자야?

B 是女老师，很亲切。
　Shì nǚ lǎoshī, hěn qīnqiè.
　여자 선생님이셔. 아주 친절하셔.

04
班长
bānzhǎng

명 반장

A 你们的**班长**怎么样？
　Nǐmen de bānzhǎng zěnmeyàng?
　너희 반장은 어때?

B 他又善良又正直。
　Tā yòu shànliáng yòu zhèngzhí.
　그는 착하고 정직해.

1 학교

05 同桌 tóngzhuō

명 짝, 짝꿍

A 你的同桌是男生还是女生?
Nǐ de tóngzhuō shì nánshēng háishi nǚshēng?
네 짝은 남학생이야? 여학생이야?

B 是男生，学习很好。
Shì nánshēng, xuéxí hěn hǎo.
남학생이야. 공부를 잘 해.

06 同学 tóngxué

명 같은 반 친구, 함께 공부하는 친구

A 金同学，你做作业了吗?
Jīn tóngxué, nǐ zuò zuòyè le ma?
김군, 숙제했나요?

B 我做完了，给您。
Wǒ zuòwán le, gěi nín.
저는 다했어요. 여기 있어요.

07 年级 niánjí

명 학년

A 你儿子上几年级?
Nǐ érzi shàng jǐ niánjí?
당신 아들은 몇 학년이에요?

B 今年小学二年级。
Jīnnián xiǎoxué èr niánjí.
올해 초등학교 2학년이에요.

Voca
小学 xiǎoxué 초등학교(소학교) | 初中 chūzhōng 중학교 |
高中 gāozhōng 고등학교 | 大学 dàxué 대학, 대학교

08 文科 wénkē

명 문과

A 你要选文科吗?
Nǐ yào xuǎn wénkē ma?
너는 문과를 선택할 거니?

B 我喜欢数学，打算选理科。
Wǒ xǐhuan shùxué, dǎsuàn xuǎn lǐkē.
나는 수학을 좋아해서 이과를 선택할 계획이야.

09 私立 sīlì

명 사립

A 你孩子上私立学校吗?
Nǐ háizi shàng sīlì xuéxiào ma?
당신 아이는 사립학교에 다니나요?

B 不是,我孩子上国立学校。
Bú shì, wǒ háizi shàng guólì xuéxiào.
아니에요. 제 아이는 국립학교에 다녀요.

10 教室 jiàoshì

명 교실

A 今天的体育课在操场上吗?
Jīntiān de tǐyù kè zài cāochǎng shàng ma?
오늘 체육 수업은 운동장에서 해?

B 老师说今天在教室上课。
Lǎoshī shuō jīntiān zài jiàoshì shàngkè.
선생님께서 오늘은 교실에서 수업한다고 말씀하셨어.

11 体育馆 tǐyùguǎn

명 체육관

A 你们学校有体育馆吗?
Nǐmen xuéxiào yǒu tǐyùguǎn ma?
너희 학교에는 체육관이 있니?

B 没有,我们在操场上体育课。
Méi yǒu, wǒmen zài cāochǎng shàng tǐyù kè.
없어. 우리는 운동장에서 체육 수업을 해.

12 礼堂 lǐtáng

명 강당

A 同学们,这周五有唱歌比赛。
Tóngxuémen, zhè zhōuwǔ yǒu chànggē bǐsài.
학생 여러분, 이번 주 금요일에 노래 경연이 있어요.

B 是在礼堂吗?
Shì zài lǐtáng ma?
강당에서 하는 건가요?

13 宿舍 sùshè

[명] 기숙사

A 宿舍离教室远吗?
Sùshè lí jiàoshì yuǎn ma?
기숙사가 교실에서 멀어요?

B 不太远,走五分钟。
Bú tài yuǎn, zǒu wǔ fēnzhōng.
별로 안 멀어요. 5분 걸으면 돼요.

14 校服 xiàofú

[명] 교복

A 你们学校有校服吗?
Nǐmen xuéxiào yǒu xiàofú ma?
너희 학교에 교복 있어?

B 有,不过我们的校服不好看。
Yǒu, búguò wǒmen de xiàofú bù hǎokàn.
있어. 그런데 우리 교복은 안 예뻐.

15 教材 jiàocái

[명] 교재

A 我们下个学期用什么教材?
Wǒmen xià ge xuéqī yòng shénme jiàocái?
우리 다음 학기에 어떤 교재를 사용해요?

B 还用这本教材。
Hái yòng zhè běn jiàocái.
계속 이 교재를 사용해요.

16 课程表 kèchéngbiǎo

[명] 시간표

A 我们第四节上什么课?
Wǒmen dì sì jié shàng shénme kè?
우리 4교시에 무슨 수업하지?

B 我看看课程表。是英语课。
Wǒ kànkan kèchéngbiǎo. Shì yīngyǔ kè.
시간표 좀 볼게. 영어 수업이야.

17 课外活动
kèwài huódòng

명 방과 후 활동

A 你孩子报什么课外活动了?
Nǐ háizi bào shénme kèwài huódòng le?
당신 아이는 어떤 방과 후 활동을 등록했어요?

B 他报游泳班了。
Tā bào yóuyǒng bān le.
그는 수영반을 등록했어요.

18 单词
dāncí

명 단어

A 你背第三课单词了吗?
Nǐ bèi dì sān kè dāncí le ma?
너 3과 단어 외웠어?

B 当然背了。
Dāngrán bèi le.
당연히 외웠지.

19 笔记
bǐjì

명 필기

A 你有上节课的笔记吗?
Nǐ yǒu shàng jié kè de bǐjì ma?
너 지난 수업시간에 필기한 거 있어?

B 有,你要看吗?
Yǒu, nǐ yào kàn ma?
있어. 너 볼 거야?

20 期中考试
qīzhōng kǎoshì

명 중간고사

A 下个星期就要期中考试了。
Xià ge xīngqī jiù yào qīzhōng kǎoshì le.
다음 주가 곧 중간고사야.

B 是啊,你复习得好吗?
Shì a, nǐ fùxí de hǎo ma?
그래. 너 복습 잘 했어?

Voca
期末考试 qīmò kǎoshì 기말고사

21 表扬
biǎoyáng

동 칭찬하다

A 她这次考得最好，老师表扬她了。
Tā zhècì kǎo de zuì hǎo, lǎoshī biǎoyáng tā le.
그녀는 이번 시험을 가장 잘 봐서 선생님께서 그녀를 칭찬했어.

B 真羡慕她啊！
Zhēn xiànmù tā a!
진짜 그녀가 부럽다!

22 旷课
kuàngkè

동 무단결석하다, 수업을 빼먹다

A 你这个星期怎么旷了两天课？
Nǐ zhè ge xīngqī zěnme kuàng le liǎng tiān kè?
너는 이번 주에 어째서 이틀이나 무단결석을 했니?

B 对不起，老师，我感冒了。
Duìbuqǐ, lǎoshī, wǒ gǎnmào le.
죄송해요. 선생님, 저 감기에 걸렸어요.

23 规定
guīdìng

동 규정하다

A 我们周末去染发，怎么样？
Wǒmen zhōumò qù rǎnfà, zěnmeyàng?
우리 주말에 염색하러 가자. 어때?

B 我们学校规定不能染发。
Wǒmen xuéxiào guīdìng bù néng rǎnfà.
우리 학교는 염색을 못 하게 규정했어.

24 遵守
zūnshǒu

동 준수하다

A 你怎么现在才下课？
Nǐ zěnme xiànzài cái xiàkè?
너 어째서 지금에서야 수업을 마쳤니?

B 我们老师不遵守下课时间。
Wǒmen lǎoshī bù zūnshǒu xiàkè shíjiān.
우리 선생님은 수업 마치는 시간을 안 지키셔.

2 회사

Mind Map Note

总裁 zǒngcái
명 총수, CEO

上司 shàngsi
명 상사

同事 tóngshì
명 동료

客户 kèhù
명 거래처, 고객

年薪 niánxīn
명 연봉

实习 shíxí
동 실습하다, 인턴으로 근무하다

聚餐 jùcān
동 회식하다

开会 kāihuì
동 회의하다

升职 shēngzhí
동 승진하다, 진급하다

辞职 cízhí
동 사직하다

✱ Let's Start!
주제에 맞는 단어와 예문을 학습해보세요. 🔊 08-2

01
总公司
zǒnggōngsī

명 본사

A 你们的总公司在哪儿?
Nǐmen de zǒnggōngsī zài nǎr?
당신 회사의 본사는 어디에 있어요?

B 在江南那边。
Zài Jiāngnán nàbiān.
강남 쪽에 있어요.

Voca
分公司 fēngōngsī 지사

02
总裁
zǒngcái

명 총수, CEO

A 听说你当总裁了? 真了不起啊!
Tīngshuō nǐ dāng zǒngcái le? Zhēn liǎobuqǐ a!
듣자 하니 당신 CEO가 되었다면서요? 정말 대단하네요!

B 哪儿啊,只是一家小公司。
Nǎr a. zhǐshì yì jiā xiǎo gōngsī.
아니에요. 작은 회사인 걸요.

03
经理
jīnglǐ

명 책임자

A 那位是谁?
Nà wèi shì shéi?
저 분은 누구세요?

B 是我们部门的经理。
Shì wǒmen bùmén de jīnglǐ.
우리 부서의 책임자세요.

04
同事
tóngshì

명 동료

A 他是你朋友吗?
Tā shì nǐ péngyou ma?
그는 당신 친구예요?

B 他是我同事,我们一起工作。
Tā shì wǒ tóngshì, wǒmen yìqǐ gōngzuò.
그는 제 동료예요. 우리는 같이 일해요.

05 上司
shàngsi

명 상사

A 刚才上司找你了。
Gāngcái shàngsi zhǎo nǐ le.
방금 상사가 당신을 찾았어요.

B 是吗？为什么找我呢？
Shì ma? Wèi shénme zhǎo wǒ ne?
그래요? 왜 저를 찾으시죠?

06 客户
kèhù

명 거래처, 고객

A 今天晚上有时间吗？
Jīntiān wǎnshang yǒu shíjiān ma?
오늘 저녁에 시간 있어요?

B 不好意思，我晚上去见客户。
Bù hǎo yìsi, wǒ wǎnshang qù jiàn kèhù.
미안해요. 저녁에 고객을 만나러 가요.

07 工资
gōngzī

명 월급, 급여

A 我们公司的工资很低，我想换工作。
Wǒmen gōngsī de gōngzī hěn dī, wǒ xiǎng huàn gōngzuò.
우리 회사의 월급이 적어서 저는 일을 바꾸고 싶어요.

B 我们公司也一样。
Wǒmen gōngsī yě yíyàng.
우리 회사도 마찬가지예요.

08 年薪
niánxīn

명 연봉

A 你们公司的年薪高不高？
Nǐmen gōngsī de niánxīn gāo bu gāo?
당신 회사의 연봉은 높아요?

B 还可以。
Hái kěyǐ.
그런대로 괜찮아요.

09 奖金
jiǎngjīn

명 상여금, 보너스

A 你们公司有奖金吗?
Nǐmen gōngsī yǒu jiǎngjīn ma?
당신 회사에 보너스 있나요?

B 有，我们年底发奖金。
Yǒu, wǒmen niándǐ fā jiǎngjīn.
있어요. 우리는 연말에 보너스를 줘요.

10 业绩
yèjì

명 업적, 성과

A 你这个月的业绩怎么样?
Nǐ zhè ge yuè de yèjì zěnmeyàng?
당신은 이번 달 성과가 어때요?

B 哎！别提了。
Āi! Bié tí le.
아이고! 말도 마요.

11 办公楼
bàngōnglóu

명 회사 건물

A 哪个是你们的办公楼?
Nǎ ge shì nǐmen de bàngōnglóu?
어느 건물이 당신의 회사 건물인가요?

B 白色的高楼就是。
Báisè de gāolóu jiù shì.
흰색의 높은 빌딩이에요.

12 大厅
dàtīng

명 로비

A 我到了，在哪儿等你啊?
Wǒ dào le, zài nǎr děng nǐ a?
저 도착했어요. 어디에서 기다릴까요?

B 你在大厅等一会儿吧。
Nǐ zài dàtīng děng yíhuìr ba.
로비에서 잠시만 기다려주세요.

13 办公室 bàngōngshì

명 사무실

A 小王，请来一下儿我的办公室。
Xiǎo Wáng, qǐng lái yíxiàr wǒ de bàngōngshì.
샤오왕, 제 사무실로 좀 와주세요.

B 好，我马上去。
Hǎo, wǒ mǎshàng qù.
알겠어요. 바로 가겠습니다.

14 食堂 shítáng

명 구내식당

A 我们中午吃什么？
Wǒmen zhōngwǔ chī shénme?
우리 점심에 뭐 먹을까요?

B 我今天很忙，我们去食堂吃吧。
Wǒ jīntiān hěn máng, wǒmen qù shítáng chī ba.
저 오늘 바쁜데, 우리 구내식당에 가서 먹어요.

15 部门 bùmén

명 부서

A 你在哪个部门工作？
Nǐ zài nǎ ge bùmén gōngzuò?
당신은 어느 부서에서 일해요?

B 我在营业部工作。
Wǒ zài yíngyèbù gōngzuò.
저는 영업부에서 일해요.

Voca
营业部 yíngyèbù 영업부 | 人事部 rénshìbù 인사부 |
会计部 kuàijìbù 회계부 | 宣传部 xuānchuánbù 홍보부

16 招聘 zhāopìn

동 모집하다

A 上半年事业部要招聘几个职员？
Shàngbànnián shìyèbù yào zhāopìn jǐ ge zhíyuán?
상반기에 사업부에서 몇 명의 직원을 모집하나요?

B 要招聘三个职员。
Yào zhāopìn sān ge zhíyuán.
3명의 직원을 모집해요.

17 录用 lùyòng

[동] 채용하다

A 我被这家公司录用了!
Wǒ bèi zhè jiā gōngsī lùyòng le!
저 이 회사에 채용됐어요!

B 祝贺你！今天请客吧。
Zhùhè nǐ! Jīntiān qǐngkè ba.
축하해요! 오늘 한턱내요.

18 实习 shíxí

[동] 실습하다, 인턴으로 근무하다

A 你找到工作了吗?
Nǐ zhǎodào gōngzuò le ma?
당신은 일을 찾았나요?

B 找到了，现在在一家公司实习呢。
Zhǎodào le, xiànzài zài yì jiā gōngsī shíxí ne.
찾았어요. 지금 한 회사에서 실습 중이에요.

19 升职 shēngzhí

[동] 승진하다, 진급하다

A 祝贺你升职了!
Zhùhè nǐ shēngzhí le!
승진을 축하해요!

B 谢谢！今天我请客。
Xièxie! Jīntiān wǒ qǐngkè.
고마워요! 오늘 제가 한턱낼게요.

20 辞职 cízhí

[동] 사직하다

A 你为什么辞职了?
Nǐ wèi shénme cízhí le?
당신은 왜 사직했어요?

B 我要搞自己的事业。
Wǒ yào gǎo zìjǐ de shìyè.
저는 제 개인 사업을 하려고 해요.

21 退休
tuìxiū

동 퇴직하다, 은퇴하다

A 你们公司多大年纪退休?
Nǐmen gōngsī duō dà niánjì tuìxiū?
당신 회사는 몇 살에 퇴직하나요?

B 六十岁左右。
Liùshí suì zuǒyòu.
60세 정도요.

22 开会
kāihuì

동 회의하다

A 明天几点开会?
Míngtiān jǐ diǎn kāihuì?
내일 몇 시에 회의해요?

B 早上九点半开会。
Zǎoshang jiǔ diǎn bàn kāihuì.
아침 9시 반에 회의해요.

23 值班
zhíbān

동 당직을 서다

A 我今天值班,能跟我换一下吗?
Wǒ jīntiān zhíbān, néng gēn wǒ huàn yíxiàr ma?
제가 오늘 당직인데, 저와 좀 바꿀 수 있어요?

B 没问题。你有什么事吗?
Méi wèntí. Nǐ yǒu shénme shì ma?
문제 없어요. 무슨 일 있어요?

24 出差
chūchāi

동 출장 가다

A 我这个星期去中国出差。
Wǒ zhè ge xīngqī qù Zhōngguó chūchāi.
저는 이번 주에 중국에 출장 가요.

B 那我们下星期再开会吧。
Nà wǒmen xià xīngqī zài kāihuì ba.
그럼 우리 다음 주에 다시 회의합시다.

25 聚餐 jùcān

명 회식

A 老公，你几点回来?
Lǎogōng, nǐ jǐ diǎn huílái?
여보, 당신 몇 시에 돌아와요?

B 今天有聚餐，可能晚点儿回去。
Jīntiān yǒu jùcān, kěnéng wǎn diǎnr huíqù.
오늘 회식이 있어서 아마도 좀 늦게 돌아갈 거예요.

26 用品 yòngpǐn

명 용품

A 这个月得买什么办公用品?
Zhè ge yuè děi mǎi shénme bàngōng yòngpǐn?
이번 달에 어떤 사무용품을 사야 하나요?

B 需要打印纸和圆珠笔。
Xūyào dǎyìnzhǐ hé yuánzhūbǐ.
인쇄용지랑 볼펜이 필요해요.

27 复印机 fùyìnjī

명 복사기

A 复印机坏了，什么时候能来修?
Fùyìnjī huài le, shénme shíhou néng lái xiū?
복사기가 고장 났어요. 언제 수리하러 올 수 있어요?

B 已经打电话了，中午能来修。
Yǐjīng dǎ diànhuà le, zhōngwǔ néng lái xiū.
이미 전화했어요. 점심에 수리하러 올 수 있대요.

Voca

打印机 dǎyìnjī 프린터

28 传真 chuánzhēn

명 팩스

A 你给他发传真了吗?
Nǐ gěi tā fā chuánzhēn le ma?
그에게 팩스를 보냈어요?

B 刚才发了。
Gāngcái fā le.
방금 보냈어요.

[29] 碎纸机
suìzhǐjī

명 종이(문서) 파쇄기

A 你知道碎纸机在哪儿吗?
Nǐ zhīdào suìzhǐjī zài nǎr ma?
종이 파쇄기가 어디 있는지 알아요?

B 碎纸机在三楼办公室里。
Suìzhǐjī zài sān lóu bàngōngshì li.
종이 파쇄기는 3층 사무실에 있어요.

[30] 白领
báilǐng

명 사무직, 화이트 칼라

A 她找到工作了吗?
Tā zhǎodào gōngzuò le ma?
그녀는 일자리를 찾았나요?

B 找到了,是白领。
Zhǎodào le, shì báilǐng.
찾았어요. 사무직이에요.

[31] 人际关系
rénjì guānxi

명 인간관계

A 我觉得人际关系太难了。
Wǒ juéde rénjì guānxi tài nán le.
제 생각에는 인간관계는 너무 어려운 것 같아요.

B 当然,不过人际关系很重要。
Dāngrán, búguò rénjì guānxi hěn zhòngyào.
당연하죠. 하지만 인간관계는 매우 중요해요.

[32] 经验
jīngyàn

명 경력, 경험

A 他在这儿工作很久了吗?
Tā zài zhèr gōngzuò hěn jiǔ le ma?
그는 여기에서 일한 지 오래 되었어요?

B 是啊,他有十年的工作经验。
Shì a, tā yǒu shí nián de gōngzuò jīngyàn.
네, 그는 10년간의 업무 경력이 있어요.

3 은행

Mind Map Note

银行 yínháng
명 은행

存款 cúnkuǎn
동 예금하다, 저금하다

贷款 dàikuǎn
동 대출하다

换钱 huànqián
동 환전하다

汇率 huìlǜ
명 환율

账户 zhànghù
명 계좌

转账 zhuǎnzhàng
명 계좌이체

密码 mìmǎ
명 비밀번호

网上银行 wǎngshàng yínháng
명 인터넷 뱅킹

自动取款机 zìdòng qǔkuǎnjī
명 현금 인출기

✱ Let's Start!

주제에 맞는 단어와 예문을 학습해보세요.   🔊 08-3

01
银行
yínháng

명 은행

A 我要去银行，几点关门？
Wǒ yào qù yínháng, jǐ diǎn guānmén?
은행 가려고 하는데, 몇 시에 닫아요?

B 四点关门，快去吧。
Sì diǎn guānmén, kuài qù ba.
4시에 닫아요. 빨리 가요.

02
网上银行
wǎngshàng yínháng

명 인터넷 뱅킹

A 您办网上银行吗？
Nín bàn wǎngshàng yínháng ma?
인터넷 뱅킹 개설하실 건가요?

B 嗯，请给我办一个吧。
Ǹg, qǐng gěi wǒ bàn yí ge ba.
네, 하나 개설해주세요.

03
账户
zhànghù

명 계좌

A 你好，我要开个账户。
Nǐ hǎo, wǒ yào kāi ge zhànghù.
안녕하세요. 통장을 개설하려고 해요.

B 请给我您的身份证。
Qǐng gěi wǒ nín de shēnfènzhèng.
저에게 당신의 신분증을 주세요.

04
存款
cúnkuǎn

동 예금하다, 저금하다

A 您要办活期存款还是死期存款？
Nín yào bàn huóqī cúnkuǎn háishi sǐqī cúnkuǎn?
보통예금을 하실 건가요? 아니면 정기예금을 하실 건가요?

B 我要办一年的死期存款。
Wǒ yào bàn yì nián de sǐqī cúnkuǎn.
저는 1년 정기예금을 하려고 해요.

05 转账 zhuǎnzhàng

명 계좌이체

A 你好，我没带存折，可以转账吗?
Nǐ hǎo, wǒ méi dài cúnzhé, kěyǐ zhuǎnzhàng ma?
안녕하세요. 통장을 안 가져왔는데, 계좌이체를 할 수 있나요?

B 可以，您带身份证了吗?
Kěyǐ, nín dài shēnfènzhèng le ma?
가능해요. 신분증 가져오셨나요?

06 手续费 shǒuxùfèi

명 수수료

A 往别的银行转账需要手续费。
Wǎng biéde yínháng zhuǎnzhàng xūyào shǒuxùfèi.
다른 은행으로 계좌이체를 하려면 수수료가 필요해요.

B 是吗？需要多少手续费？
Shì ma? Xūyào duōshao shǒuxùfèi?
그래요? 수수료는 얼마 필요한가요?

07 自动取款机 zìdòng qǔkuǎnjī

명 현금 자동 인출기(ATM)

A 请问，在自动取款机上可以交水电费吗？
Qǐngwèn, zài zìdòng qǔkuǎnjī shang kěyǐ jiāo shuǐdiànfèi ma?
실례합니다. ATM에서 수도세와 전기세를 납부할 수 있나요?

B 可以，自动取款机在右边。
Kěyǐ, zìdòng qǔkuǎnjī zài yòubian.
가능해요. ATM은 오른쪽에 있어요.

08 借记卡 jièjìkǎ

명 체크카드

A 您要办哪种借记卡?
Nín yào bàn nǎ zhǒng jièjìkǎ?
어떤 종류의 체크카드를 만드실 거예요?

B 我要办VISA借记卡。
Wǒ yào bàn VISA jièjìkǎ.
저는 VISA 체크카드를 만들려고 해요.

09 换钱
huànqián

동 환전하다

A 你好，我要换人民币。
Nǐ hǎo, wǒ yào huàn Rénmínbì.
안녕하세요. 인민폐로 바꾸고 싶은데요.

B 您要换多少钱？
Nín yào huàn duōshao qián?
얼마를 환전하실 건가요?

Voca

人民币 Rénmínbì 인민폐 | 韩币 Hánbì 원화, 한화 | 日币 Rìbì 엔화 |
美元 Měiyuán 달러 | 欧元 Ōuyuán 유로화

10 汇率
huìlǜ

명 환율

A 今天人民币的汇率是多少？
Jīntiān Rénmínbì de huìlǜ shì duōshao?
오늘 인민폐의 환율이 얼마인가요?

B 比昨天降了一点儿。
Bǐ zuótiān jiàng le yìdiǎnr.
어제보다 조금 떨어졌어요.

11 贷款
dàikuǎn

동 대출하다

A 我要贷款，我能贷多少？
Wǒ yào dàikuǎn, wǒ néng dài duōshao?
대출하려고 해요. 제가 얼마를 대출할 수 있나요?

B 稍等一下儿，我查查。
Shāoděng yíxiàr, wǒ chácha.
잠시만 기다리세요. 확인 좀 해볼게요.

12 签名
qiānmíng

동 사인하다, 서명하다

A 我要换个新存折。
Wǒ yào huàn ge xīn cúnzhé.
저는 새 통장으로 바꾸려고 해요.

B 请稍等。好了，请在这儿签一下名。
Qǐng shāoděng. Hǎo le, qǐng zài zhèr qiān yíxià míng.
잠시만 기다리세요. 됐습니다. 여기에 서명해주세요.

13 密码 mìmǎ

명 비밀번호

A 您按错密码了，请再按一遍。
Nín àncuò mìmǎ le, qǐng zài àn yí biàn.
비밀번호를 잘못 누르셨어요. 다시 한 번 눌러주세요.

B 是吗？怎么办？我忘了。
Shì ma? Zěnme bàn? Wǒ wàng le.
그래요? 어떡하죠? 잊어버렸어요.

14 输入 shūrù

동 입력하다

A 我要换个密码。
Wǒ yào huàn ge mìmǎ.
비밀번호를 바꾸고 싶어요.

B 请先输入以前的密码，再输入新密码。
Qǐng xiān shūrù yǐqián de mìmǎ, zài shūrù xīn mìmǎ.
우선 이전의 비밀번호를 누르시고, 다시 새 비밀번호를 눌러주세요.

15 窗口 chuāngkǒu

명 창구

A 你好，我要办死期存款。
Nǐ hǎo, wǒ yào bàn sǐqī cúnkuǎn.
안녕하세요. 저는 정기 예금을 만들려고 해요.

B 那您去三号窗口办吧。
Nà nín qù sān hào chuāngkǒu bàn ba.
그럼 3번 창구로 가서 하세요.

16 取号 qǔhào

동 번호를 뽑다

A 我要取号，取号机在哪儿？
Wǒ yào qǔhào, qǔhàojī zài nǎr?
번호표를 뽑으려고 하는데, 번호표 기계가 어디에 있나요?

B 取号机就在后边。
Qǔhàojī jiù zài hòubian.
번호표 기계는 바로 뒤쪽에 있어요.

4 약국

Mind Map Note

药店 yàodiàn
명 약국

药剂师 yàojìshī
명 약사

处方 chǔfāng
명 처방, 처방전

症状 zhèngzhuàng
명 증상

感冒药 gǎnmào yào
명 감기약

发烧 fāshāo
동 열이 나다

膏药 gāoyao
명 파스, 연고

创可贴 chuāngkětiē
명 밴드, 반창고

头疼 tóuténg
명 두통 동 머리가 아프다

拉肚子 lā dùzi
동 설사하다

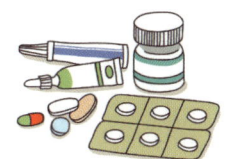

*Let's Start!

주제에 맞는 단어와 예문을 학습해보세요. 🔊 08-4

01
药店
yàodiàn

[명] 약국

A 问一下儿，这儿附近有药店吗?
Wèn yíxiàr, zhèr fùjìn yǒu yàodiàn ma?
좀 물어볼게요. 여기 근처에 약국이 있나요?

B 有，就在前边。
Yǒu, jiù zài qiánbian.
있어요. 바로 앞에 있어요.

Voca
药房 yàofáng 약국

02
处方
chǔfāng

[명] 처방전, 처방

A 你好，我要这个药。
Nǐ hǎo, wǒ yào zhè ge yào.
안녕하세요. 이 약 주세요.

B 这个药得有处方。
Zhè ge yào děi yǒu chǔfāng.
이 약은 처방전이 있어야 해요.

03
症状
zhèngzhuàng

[명] 증상

A 您有什么症状?
Nín yǒu shénme zhèngzhuàng?
어떤 증상이 있으세요?

B 我流鼻涕，还有痰。
Wǒ liú bítì, hái yǒután.
콧물이 나고, 가래도 있어요.

04
难受
nánshòu

[형] 견딜 수 없다, 불편하다

A 我胃很难受，今天吐了三次。
Wǒ wèi hěn nánshòu, jīntiān tù le sān cì.
위가 불편해서 오늘 세 번 토했어요.

B 那您去医院看看吧。
Nà nín qù yīyuàn kànkan ba.
그럼 병원에 가서 검사를 좀 해보세요.

05 发烧 fāshāo

[동] 열이 나다

A 您哪儿不舒服?
Nín nǎr bù shūfu?
어디가 불편하세요?

B 我感冒了，有点儿发烧。
Wǒ gǎnmào le, yǒudiǎnr fāshāo.
감기에 걸렸어요. 열이 조금 나요.

Voca
流鼻涕 liú bítì 콧물이 나오다 | 咳嗽 késou 기침하다 |
嗓子疼 sǎngzi téng 목이 아프다 | 头疼 tóuténg 머리가 아프다 |
有痰 yǒután 가래가 있다

06 便秘 biànmì

[명] 변비

A 我最近便秘，请给我一盒便秘药。
Wǒ zuìjìn biànmì, qǐng gěi wǒ yì hé biànmìyào.
요즘 변비 걸렸어요. 변비약 한 통 주세요.

B 你以前吃过什么便秘药?
Nǐ yǐqián chīguo shénme biànmìyào?
예전에 어떤 변비약을 먹었나요?

07 拉肚子 lā dùzi

[동] 설사하다

A 我从昨天开始一直拉肚子。
Wǒ cóng zuótiān kāishǐ yìzhí lā dùzi.
저는 어제부터 계속 설사하기 시작했어요.

B 您吃什么了? 先吃几次这个止泻药吧。
Nín chī shénme le? Xiān chī jǐ cì zhè ge zhǐxiè yào ba.
무엇을 먹었나요? 우선 이 지사제를 몇 번 복용하세요.

08 过敏 guòmǐn

[동] 알레르기 반응이 생기다

A 我皮肤过敏了，吃什么药好呢?
Wǒ pífū guòmǐn le, chī shénme yào hǎo ne?
피부 알레르기가 생겼어요, 어떤 약을 먹으면 좋을까요?

B 我觉得您去医院看看吧。
Wǒ juéde nín qù yīyuàn kànkan ba.
제 생각에는 병원에 한번 가보는 게 좋을 것 같아요.

09 西药
xīyào

명 양약

A 我嗓子疼，吃什么药好呢?
Wǒ sǎngzi téng, chī shénme yào hǎo ne?
목이 아파요. 어떤 약을 먹으면 좋을까요?

B 这个西药和这个中药一起吃吧。
Zhè ge xīyào hé zhè ge zhōngyào yìqǐ chī ba.
이 양약과 한약을 같이 드세요.

10 感冒药
gǎnmàoyào

명 감기약

A 你好，请给我一盒感冒药。
Nǐ hǎo, qǐng gěi wǒ yì hé gǎnmàoyào.
안녕하세요. 감기약 한 통 주세요.

B 给您，一盒十五块。
Gěi nín, yì hé shíwǔ kuài.
여기요. 한 통에 15위안이에요.

Voca
止痛药 zhǐtòngyào 진통제 | 止咳药 zhǐkéyào 기침약 |
退烧药 tuìshāoyào 해열제 | 消化药 xiāohuàyào 소화제 |
止泻药 zhǐxièyào 지사제

11 眼药水
yǎnyàoshuǐ

명 안약

A 我眼睛很干燥，请给我一瓶眼药水。
Wǒ yǎnjing hěn gānzào, qǐng gěi wǒ yì píng yǎnyàoshuǐ.
눈이 건조해요. 안약 한 병 주세요.

B 您平时戴隐形吗?
Nín píngshí dài yǐnxíng ma?
평소에 렌즈를 착용하나요?

12 解酒药
jiějiǔyào

명 숙취 해소제

A 昨天我喝得太多了，我要买解酒药。
Zuótiān wǒ hē de tài duō le, wǒ yào mǎi jiějiǔyào.
어제 제가 술을 너무 많이 마셔서 숙취 해소제를 사려고요.

B 这两种药一起吃吧。
Zhè liǎng zhǒng yào yìqǐ chī ba.
이 두 종류의 약을 같이 드세요.

13 维生素
wéishēngsù

명 비타민

A 您平时吃什么维生素?
Nín píngshí chī shénme wéishēngsù?
평소에 어떤 비타민을 먹나요?

B 我只吃过维生素C，这次想换一种。
Wǒ zhǐ chīguo wéishēngsù C, zhè cì xiǎng huàn yì zhǒng.
저는 비타민C만 먹었어요. 이번에는 다른 종류로 바꾸고 싶어요.

14 消毒水
xiāodúshuǐ

명 소독제

A 请给我一瓶消毒水。
Qǐng gěi wǒ yì píng xiāodúshuǐ.
소독제 하나 주세요.

B 您要用在哪儿?
Nín yào yòng zài nǎr?
어디에 사용하실 거예요?

15 膏药
gāoyao

명 파스, 연고

A 我腰疼，贴什么膏药好?
Wǒ yāoténg, tiē shénme gāoyao hǎo?
허리가 아파요. 어떤 파스를 붙이는 게 좋아요?

B 这个牌子效果很好，您用用吧。
Zhè ge páizi xiàoguǒ hěn hǎo, nín yòngyong ba.
이 브랜드가 효과가 좋아요. 한번 써보세요.

16 创可贴
chuāngkětiē

명 밴드, 반창고

A 您要什么?
Nín yào shénme?
무엇이 필요하세요?

B 请给我一盒创可贴。
Qǐng gěi wǒ yì hé chuāngkětiē.
밴드 한 통 주세요.

17 口罩
kǒuzhào

명 마스크

A 请问，有口罩吗?
Qǐngwèn, yǒu kǒuzhào ma?
실례해요. 마스크 있어요?

B 您要一次性的吗?
Nín yào yícìxìng de ma?
일회용 마스크를 원하세요?

18 按时
ànshí

부 제때에

A 我应该注意什么呢?
Wǒ yīnggāi zhùyì shénme ne?
제가 무엇을 주의해야 하죠?

B 您一定要按时吃药，一天三次。
Nín yídìng yào ànshí chī yào, yì tiān sān cì.
반드시 제때에 약을 먹어야 해요. 하루에 세 번이에요.

5 쇼핑센터 · 백화점

Mind Map Note

购物中心 gòuwù zhōngxīn
명 쇼핑센터, 쇼핑몰

百货商店 bǎihuò shāngdiàn
명 백화점

折扣商店 zhékòu shāngdiàn
명 아웃렛, 할인점

地下商场 dìxià shāngchǎng
명 지하상가

购物袋 gòuwùdài
명 쇼핑백

活动 huódòng
명 행사, 이벤트

打折 dǎzhé
동 할인하다

赠品 zèngpǐn
명 증정품, 사은품

收银台 shōuyíntái
명 계산대

服务台 fúwùtái
명 안내 데스크, 인포메이션

*Let's Start!

주제에 맞는 단어와 예문을 학습해보세요. 🔊 08-5

01
购物中心
gòuwù zhōngxīn

명 쇼핑센터, 쇼핑몰

A 这家**购物中心**的东西真多！
Zhè jiā gòuwù zhōngxīn de dōngxi zhēn duō!
이 쇼핑센터는 물건이 진짜 많네요!

B 当然了，这家是在首尔最大的**购物中心**。
Dāngrán le, zhè jiā shì zài Shǒu'ěr zuì dà de gòuwù zhōngxīn.
당연하죠. 이 상점은 서울에서 가장 큰 쇼핑센터예요.

02
商场
shāngchǎng

명 쇼핑센터, 백화점

A 我想买件大衣。
Wǒ xiǎng mǎi jiàn dàyī.
저는 외투 한 벌 사고 싶어요.

B 我们一起去**商场**吧。
Wǒmen yìqǐ qù shāngchǎng ba.
우리 같이 백화점에 가요.

03
店休日
diànxiūrì

명 휴점일

A 这家百货商店的**店休日**是星期几？
Zhè jiā bǎihuò shāngdiàn de diànxiūrì shì xīngqī jǐ?
이 백화점은 휴점일이 무슨 요일입니까?

B 每星期一休息。
Měi xīngqīyī xiūxi.
매주 월요일에 쉽니다.

04
电梯
diàntī

명 엘리베이터

A 请问，免税店在几楼？
Qǐng wèn, miǎnshuìdiàn zài jǐ lóu?
실례해요. 면세점이 몇 층에 있나요?

B 在九楼。您可以坐**电梯**上去。
Zài jiǔ lóu. Nín kěyǐ zuò diàntī shàngqù.
9층에 있어요. 엘리베이터를 타고 올라갈 수 있어요.

05 停车场
tíngchēchǎng

명 주차장

A 这里的停车场能免费停车吗?
Zhè lǐ de tíngchēchǎng néng miǎnfèi tíngchē ma?
이곳의 주차장은 무료로 주차할 수 있나요?

B 如果买东西，可以免费停车。
Rǔguǒ mǎi dōngxi, kěyǐ miǎnfèi tíngchē.
물건을 구매하면 무료로 주차할 수 있어요.

06 美食城
měishíchéng

명 푸드코트

A 我们吃完饭，再逛吧。
Wǒmen chīwán fàn, zài guàng ba.
우리 식사 다 하고 다시 구경해요.

B 好啊，去美食城吃吧。
Hǎo a, qù měishíchéng chī ba.
좋아요. 푸드코트에 가서 먹어요.

07 宣传册
xuānchuáncè

명 광고 책자, 브로셔

A 请问，有下个月的宣传册吗?
Qǐng wèn, yǒu xià ge yuè de xuānchuáncè ma?
실례해요. 다음 달의 광고 책자 있나요?

B 下个月的还没出来。
Xià ge yuè de hái méi chūlái.
다음 달 것은 아직 안 나왔어요.

08 打折
dǎzhé

동 할인하다

A 现在是打折期间，我们去看看吧。
Xiànzài shì dǎzhé qījiān, wǒmen qù kànkan ba.
지금 세일 기간인데, 우리 보러 가요.

B 好啊，我们先去看包吧。
Hǎo a, wǒmen xiān qù kàn bāo ba.
좋아요. 우리 우선 가방을 보러 가요.

5 쇼핑센터 · 백화점

09 活动
huódòng

몡 행사, 이벤트

A 这个星期，这里有什么活动？
Zhè ge xīngqī, zhè lǐ yǒu shénme huódòng?
이번 주 여기에 어떤 행사가 있나요?

B 食品区有赠送活动。
Shípǐnqū yǒu zèngsòng huódòng.
식품코너에서 증정 행사가 있어요.

10 收银台
shōuyíntái

몡 계산대

A 这个收银台为什么没有收银员？
Zhè ge shōuyíntái wèi shénme méi yǒu shōuyínyuán?
이 계산대에는 왜 계산원이 없나요?

B 不好意思，这儿现在不能结账。
Bù hǎo yìsi, zhèr xiànzài bù néng jiézhàng.
죄송해요. 여기는 지금 계산할 수 없어요.

11 购物袋
gòuwùdài

몡 쇼핑백

A 您要购物袋吗？
Nín yào gòuwùdài ma?
쇼핑백 필요하세요?

B 购物袋一个多少钱？
Gòuwùdài yí ge duōshao qián?
쇼핑백은 한 개에 얼마예요?

12 找钱
zhǎoqián

동 거스름돈을 주다

A 你还没找钱呢。
Nǐ hái méi zhǎoqián ne.
아직 거스름돈을 안 주셨어요.

B 真不好意思，找您三十块。
Zhēn bù hǎo yìsi, zhǎo nín sānshí kuài.
정말 죄송해요. 30위안 거슬러 드릴게요.

13 会员
huìyuán

명 회원

A 您是这儿的会员吗?
Nín shì zhèr de huìyuán ma?
당신은 이곳의 회원이세요?

B 不是,我第一次来这儿买东西。
Bú shì, wǒ dì yī cì lái zhèr mǎi dōngxi.
아니에요. 저는 여기에 처음 와서 사는 거예요.

14 积分卡
jīfēnkǎ

명 포인트 카드, 적립 카드

A 您有积分卡吗?
Nín yǒu jīfēnkǎ ma?
포인트 카드 있으세요?

B 没有,我想办一张。
Méi yǒu, wǒ xiǎng bàn yì zhāng.
없어요. 한 장 만들고 싶어요.

6 음식점

Mind Map Note

饭馆儿 fànguǎnr
몡 음식점, 식당

餐厅 cāntīng
몡 레스토랑

快餐店 kuàicāndiàn
몡 패스트푸드점

自助餐 zìzhùcān
몡 뷔페

服务员 fúwùyán
몡 종업원, 점원

结账 jiézhàng
동 계산하다

菜单 càidān
몡 메뉴판

点菜 diǎncài
동 (음식을) 주문하다

打包 dǎbāo
동 포장하다

外卖 wàimài
몡 배달

✱ Let's Start! 주제에 맞는 단어와 예문을 학습해보세요. 🔊 08-6

01 饭馆儿 fànguǎnr

명 음식점, 식당

A 晚上我们去饭馆儿吃吧。
Wǎnshang wǒmen qù fànguǎnr chī ba.
저녁에 우리 식당에 가서 먹어요.

B 好啊，我准备一下儿。
Hǎo a, wǒ zhǔnbèi yíxiàr.
좋아요. 준비 좀 할게요.

Voca
面馆儿 miànguǎnr 국수 가게 | 饺子馆儿 jiǎoziguǎnr 만두 가게

02 餐厅 cāntīng

명 레스토랑

A 你家附近有没有西餐厅？
Nǐ jiā fùjìn yǒu méi yǒu xīcāntīng?
당신 집 근처에 레스토랑 있나요?

B 有一家意大利餐厅。
Yǒu yì jiā Yìdàlì cāntīng.
이탈리아 레스토랑이 하나 있어요.

03 自助餐 zìzhùcān

명 뷔페

A 这次生日，你想吃什么？
Zhè cì shēngrì, nǐ xiǎng chī shénme?
이번 생일에 당신은 무엇을 먹고 싶어요?

B 我们去吃自助餐吧。
Wǒmen qù chī zìzhùcān ba.
우리 뷔페 먹으러 가요.

04 连锁店 liánsuǒdiàn

명 체인점

A 人太多了，我们得等一个小时。
Rén tài duō le, wǒmen děi děng yí ge xiǎoshí.
사람이 너무 많아요. 우리 1시간 기다려야 해요.

B 这儿附近还有一家连锁店，我们去那儿吧。
Zhèr fùjìn hái yǒu yì jiā liánsuǒdiàn, wǒmen qù nàr ba.
여기 근처에 또 체인점이 하나 있는데, 우리 거기로 가요.

05 营业 yíngyè

동 영업하다

A 你们这儿的营业时间是从几点到几点?
Nǐmen zhèr de yíngyè shíjiān shì cóng jǐ diǎn dào jǐ diǎn?
이곳의 영업 시간은 몇 시부터 몇 시까지인가요?

B 从上午十点到晚上十点。
Cóng shàngwǔ shí diǎn dào wǎnshang shí diǎn.
오전 10시부터 저녁 10시까지예요.

06 位子 wèizi

명 자리

A 请问,现在有位子吗?
Qǐng wèn, xiànzài yǒu wèizi ma?
실례합니다. 지금 자리 있어요?

B 现在没有,您得等位。
Xiànzài méi yǒu, nín děi děng wèi.
지금은 없어요. (자리를) 기다리셔야 해요.

07 包间 bāojiān

명 방, 룸(식당의 독립된 공간)

A 请问,有包间吗?
Qǐngwèn, yǒu bāojiān ma?
실례합니다. 룸 있나요?

B 有,您几位?
Yǒu, nín jǐ wèi?
있어요. 몇 분이세요?

08 服务员 fúwùyuán

명 종업원, 점원

A 服务员,请擦一下儿桌子。
Fúwùyuán, qǐng cā yíxiàr zhuōzi.
종업원, 테이블 좀 닦아주세요.

B 好的,请稍等。
Hǎo de, qǐng shāoděng.
네, 잠시만 기다려주세요.

09 菜单 càidān

명 메뉴판

A 服务员，请给我们菜单。
Fúwùyuán, qǐng gěi wǒmen càidān.
종업원, 메뉴판 주세요.

B 好的，请稍等。
Hǎo de, qǐng shāoděng.
알겠습니다. 잠시만 기다리세요.

10 点菜 diǎncài

동 주문하다

A 您要点菜吗？
Nín yào diǎncài ma?
주문하실 건가요?

B 等一会儿，我们再看看。
Děng yíhuìr, wǒmen zài kànkan.
잠시만 기다려주세요. 좀 더 볼게요.

11 加菜 jiācài

동 음식을 추가하다

A 我还没吃饱。
Wǒ hái méi chībǎo.
저는 아직 배가 안 불러요.

B 那我们再加两个菜吧。
Nà wǒmen zài jiā liǎng ge cài ba.
그럼 우리 음식을 두 개 더 추가해요.

12 碟子 diézi

명 접시

A 服务员，有小碟子吗？
Fúwùyuán, yǒu xiǎo diézi ma?
종업원, 작은 접시 있나요?

B 您需要几个？
Nín xūyào jǐ ge?
몇 개 필요하세요?

Voca
碗 wǎn 그릇, 사발 | 筷子 kuàizi 젓가락 | 勺子 sháozi 숟가락 | 杯子 bēizi 컵, 잔

13 餐巾纸
cānjīnzhǐ

명 냅킨

A 不好意思，请给我一张餐巾纸。
　Bù hǎo yìsi, qǐng gěi wǒ yì zhāng cānjīnzhǐ.
　실례지만, 냅킨 한 장 주세요.

B 好的，给您。
　Hǎo de, gěi nín.
　네. 여기 있습니다.

14 湿巾
shījīn

명 물티슈

A 你有没有湿巾？
　Nǐ yǒu méi yǒu shījīn?
　물티슈 있어요?

B 没有，你去点餐的地方问问吧。
　Méi yǒu, nǐ qù diǎncān de dìfang wènwen ba.
　없어요. 주문하는 곳에 가서 한번 물어보세요.

15 厨房
chúfáng

명 주방

A 开放式的厨房就是干净。
　Kāifàngshì de chúfáng jiùshì gānjìng.
　오픈식 주방은 역시 깨끗하네요.

B 是啊，所以我常常来这儿吃饭。
　Shì a, suǒyǐ wǒ chángcháng lái zhèr chīfàn.
　네, 그래서 저는 자주 여기에 와서 식사해요.

Grammar

• 就是 : 단호하고 확고한 어기를 나타내는 부사이다.

16 服务
fúwù

명 서비스

A 我觉得这家的服务真不错。
　Wǒ juéde zhè jiā de fúwù zhēn búcuò.
　제 생각에는 이 가게의 서비스가 정말 괜찮은 것 같아요.

B 我也这样觉得，下次再一起来吧。
　Wǒ yě zhèyàng juéde, xiàcì zài yìqǐ lái ba.
　저도 그렇게 생각해요. 다음에 또 같이 와요.

17 地道
dìdao

[형] 뛰어나다, 정통하다

A 这家的菜怎么样?
Zhè jiā de cài zěnmeyàng?
이 식당의 음식은 어때요?

B 很不错，做得很地道。
Hěn búcuò, zuò de hěn dìdao.
아주 좋아요. 정말 잘 만들었어요.

18 打包
dǎbāo

[동] 포장하다

A 服务员，剩下的菜可以打包吗?
Fúwùyuán, shèngxià de cài kěyǐ dǎbāo ma?
종업원, 남은 음식을 포장할 수 있나요?

B 当然可以，您等一会儿。
Dāngrán kěyǐ, nín děng yíhuìr.
물론 됩니다. 잠시만 기다리세요.

19 结账
jiézhàng

[동] 계산하다

A 服务员，在哪儿结账?
Fúwùyuán, zài nǎr jiézhàng?
종업원, 어디에서 계산하나요?

B 在门口那儿结账。
Zài ménkǒu nàr jiézhàng.
입구 쪽에서 계산하시면 돼요.

20 AA制
AA zhì

[동] 각자 계산하다, 더치페이하다

A 我们AA制吧。
Wǒmen AA zhì ba.
우리 각자 계산해요.

B 这次我请客吧，下次你请。
Zhè cì wǒ qǐngkè ba, xiàcì nǐ qǐng.
이번에는 제가 낼게요. 다음에는 당신이 한턱내요.

21 快餐店
kuàicāndiàn

[명] 패스트푸드점

A 今天中午我们随便吃点儿吧。
Jīntiān zhōngwǔ wǒmen suíbiàn chī diǎnr ba.
오늘 점심에는 우리 대충 먹어요.

B 那我们去快餐店吃吧。
Nà wǒmen qù kuàicāndiàn chī ba.
그럼 우리 패스트푸드점에 가서 먹어요.

22 套餐
tàocān

[명] 세트

A 您要几号套餐?
Nín yào jǐ hào tàocān?
몇 번 세트를 원하세요?

B 我要三号套餐。多少钱?
Wǒ yào sān hào tàocān. Duōshao qián?
3번 세트 주세요. 얼마예요?

23 单买
dānmǎi

[동] 낱개로 사다, 단품으로 사다

A 你好，我要单买一个汉堡包。
Nǐ hǎo, wǒ yào dānmǎi yí ge hànbǎobāo.
안녕하세요. 햄버거 하나 단품으로 주세요.

B 您不需要别的吗?
Nín bù xūyào biéde ma?
다른 것은 안 필요하세요?

24 优惠券
yōuhuìquàn

[명] 할인권, 쿠폰

A 这张优惠券可以用吗?
Zhè zhāng yōuhuìquàn kěyǐ yòng ma?
이 할인권을 사용할 수 있어요?

B 点套餐可以用。
Diǎn tàocān kěyǐ yòng.
세트를 주문하면 가능해요.

25 加大
jiādà

동 사이즈업하다

A 饮料可以加大吗?
Yǐnliào kěyǐ jiādà ma?
음료를 사이즈업할 수 있어요?

B 加点儿钱可以加大。
Jiā diǎnr qián kěyǐ jiādà.
돈을 조금 추가하면 사이즈업이 가능해요.

26 外卖
wàimài

명 배달

A 你好,这儿能送外卖吗?
Nǐ hǎo, zhèr néng sòng wàimài ma?
안녕하세요. 여기 배달해주나요?

B 对不起,我们不送外卖。
Duìbuqǐ, wǒmen bú sòng wàimài.
죄송해요. 저희는 배달은 하지 않아요.

27 汉堡包
hànbǎobāo

명 햄버거

A 你吃什么汉堡包?
Nǐ chī shénme hànbǎobāo?
당신은 어떤 햄버거를 먹을 거예요?

B 我吃芝士汉堡包,你呢?
Wǒ chī zhīshì hànbǎobāo, nǐ ne?
저는 치즈버거를 먹을 거예요. 당신은요?

28 薯条
shǔtiáo

명 감자튀김

A 来一份薯条和一杯咖啡。
Lái yí fèn shǔtiáo hé yì bēi kāfēi.
감자튀김 하나와 커피 한 잔 주세요.

B 您要冰咖啡还是热咖啡?
Nín yào bīng kāfēi háishi rè kāfēi?
차가운 커피를 원하세요? 아니면 뜨거운 커피를 원하세요?

29
鸡翅
jīchì

명 닭 날개

A 我点了两份套餐。
Wǒ diǎn le liǎng fèn tàocān.
세트 두 개를 주문했어요.

B 我还想加一份鸡翅。
Wǒ hái xiǎng jiā yí fèn jīchì.
저는 닭 날개 하나를 더 추가하고 싶어요.

30
汽水
qìshuǐ

명 탄산 음료

A 您要什么汽水?
Nín yào shénme qìshuǐ?
어떤 탄산 음료를 원하세요?

B 我要可乐，不加冰。
Wǒ yào kělè, bù jiā bīng.
콜라 주세요. 얼음은 빼주세요.

Voca

可乐 kělè 콜라 | 雪碧 xuěbì 사이다 | 芬达 fēndá 환타 |
碳酸水 tànsuānshuǐ 탄산수

31
冰淇淋
bīngqílín

명 아이스크림

A 你要吃什么冰淇淋?
Nǐ yào chī shénme bīngqílín?
당신은 어떤 아이스크림을 먹을 거예요?

B 我要吃巧克力冰淇淋。
Wǒ yào chī qiǎokèlì bīngqílín.
저는 초콜릿 아이스크림을 먹을 거예요.

Voca

软冰淇淋 ruǎn bīngqílín 소프트 아이스크림 | 雪糕 xuěgāo 하드바 |
甜筒 tiántǒng 콘 아이스크림 | 31冰淇淋 31bīngqílín 배스킨라빈스

7 커피숍 · Bar

Mind Map Note

咖啡店 kāfēidiàn
명 커피숍

咖啡师 kāfēishī
명 바리스타

咖啡豆 kāfēidòu
명 커피콩

带走 dàizǒu
동 가지고 가다, 테이크아웃하다

拿铁 nátiě
명 라테

美式咖啡 Měishì kāfēi
명 아메리카노

卡布奇诺 kǎbùqínuò
명 카푸치노

酒吧 jiǔbā
명 술집, 바(Bar)

生啤 shēngpí
명 생맥주

鸡尾酒 jīwěijiǔ
명 칵테일

*Let's Start!

주제에 맞는 단어와 예문을 학습해보세요. 🔊 08-7

01
美式咖啡
Měishì kāfēi

명 아메리카노

A 我要一杯美式咖啡。
Wǒ yào yì bēi Měishì kāfēi.
아메리카노 한 잔 주세요.

B 您要冰的还是热的？
Nín yào bīng de háishi rè de?
당신은 차가운 것을 원하세요? 아니면 뜨거운 것을 원하세요?

Voca

浓缩咖啡 nóngsuō kāfēi 에스프레소 | 拿铁 nátiě 라테 | 香草拿铁 xiāngcǎo nátiě 바닐라 라테 | 摩卡 mókǎ 모카 | 卡布奇诺 kǎbùqínuò 카푸치노 | 焦糖玛奇朵 jiāotáng mǎqíduǒ 캐러멜 마키아또

02
大杯
dà bēi

큰 컵, 라지 사이즈 컵

A 你喝拿铁吗？
Nǐ hē nátiě ma?
당신은 라테를 마실 거예요?

B 嗯，我要大杯的。
Ng, wǒ yào dà bēi de.
네, 저는 라지 사이즈를 원해요.

Voca

小杯 xiǎo bēi 작은 컵 | 中杯 zhōng bēi 중간 컵 | 超大杯 chāo dà bēi 초대형 컵

03
吸管
xīguǎn

명 빨대

A 这儿没有吸管了。
Zhèr méi yǒu xīguǎn le.
여기 빨대가 없어요.

B 稍等一下儿，我马上拿过来。
Shāo děng yíxiàr, wǒ mǎshàng ná guòlái.
잠시 기다리세요. 바로 가져올게요.

04 带走
dàizǒu

동 가지고 가다, 테이크아웃하다

A 您在这儿吃还是带走?
Nín zài zhèr chī háishi dàizǒu?
여기에서 드실 거예요? 아니면 가지고 가실 거예요?

B 我要带走。
Wǒ yào dàizǒu.
가지고 갈 거예요.

05 酒吧
jiǔbā

명 술집, 바(Bar)

A 这儿附近新开了一家酒吧。
Zhèr fùjìn xīn kāi le yì jiā jiǔbā.
여기 근처에 술집이 하나 새로 열었어요.

B 是吗？那我们晚上去吧。
Shì ma? Nà wǒmen wǎnshang qù ba.
그래요? 그럼 우리 저녁에 가봐요.

06 吧台
bātái

명 바 테이블

A 我们坐哪儿?
Wǒmen zuò nǎr?
우리 어디에 앉을까요?

B 坐吧台吧，怎么样?
Zuò bātái ba, zěnmeyàng?
바 테이블에 앉아요. 어때요?

07 酒单
jiǔdān

명 메뉴판(Bar에서 사용하는 주류 메뉴판)

A 你先看酒单吧，我们点什么酒?
Nǐ xiān kàn jiǔdān ba, wǒmen diǎn shénme jiǔ?
먼저 메뉴판을 보세요. 우리 어떤 술을 시킬까요?

B 我想喝鸡尾酒。
Wǒ xiǎng hē jīwěijiǔ.
저는 칵테일을 마시고 싶어요.

08 生啤
shēngpí

명 생맥주

A 太热了，先要两杯生啤吧。
Tài rè le, xiān yào liǎng bēi shēngpí ba.
너무 더워요. 우선 생맥주 두 잔 시켜요.

B 好啊！你想吃什么？
Hǎo a! Nǐ xiǎng chī shénme?
좋아요! 당신은 무엇을 먹고 싶어요?

09 洋酒
yángjiǔ

명 양주

A 你能喝洋酒吗？
Nǐ néng hē yángjiǔ ma?
당신은 양주 마실 수 있어요?

B 我最喜欢洋酒。
Wǒ zuì xǐhuan yángjiǔ.
저는 양주를 가장 좋아해요.

Voca
鸡尾酒 jīwěijiǔ 칵테일 | 香槟酒 xiāngbīnjiǔ 샴페인 |
威士忌 wēishìjì 위스키 | 伏特加 fútèjiā 보드카 |
龙舌兰 lóngshélán 데킬라 | 高杯酒 gāo bēijiǔ 하이볼

10 冰块儿
bīngkuàir

명 얼음

A 你放冰块儿吗？
Nǐ fàng bīngkuàir ma?
당신은 얼음을 넣나요?

B 我不太喜欢凉的，你要吗？
Wǒ bú tài xǐhuan liáng de, nǐ yào ma?
저는 차가운 걸 별로 안 좋아해요. 당신은 필요해요?

11 下酒菜
xiàjiǔcài

명 안주

A 我们点几个下酒菜吧。
Wǒmen diǎn jǐ ge xiàjiǔcài ba.
우리 안주를 몇 개 시킵시다.

B 你点你想吃的吧，我都可以。
Nǐ diǎn nǐ xiǎng chī de ba, wǒ dōu kěyǐ.
당신이 먹고 싶은 것을 시켜요. 저는 다 좋아요.

12 果盘
guǒpán

명 과일 안주

A 我很饱，点个果盘吧。
Wǒ hěn bǎo, diǎn ge guǒpán ba.
저는 배불러요. 과일 안주를 시키죠.

B 好，喝啤酒吗?
Hǎo, hē píjiǔ ma?
좋아요. 맥주 마실래요?

13 干杯
gānbēi

동 건배하다

A 来来，大家喝一杯吧。
Láilái, dàjiā hē yì bēi ba.
자, 모두 한 잔 마십시다.

B 好！干杯！
Hǎo! Gānbēi!
좋아요! 건배!

14 起子
qǐzi

명 병따개

A 服务员，请给我拿一个起子。
Fúwùyuán, qǐng gěi wǒ ná yí ge qǐzi.
종업원, 병따개 하나 갖다주세요.

B 请稍等，马上拿过来。
Qǐng shāoděng, mǎshàng ná guòlái.
잠시만 기다리세요. 바로 가져올게요.

15 耍酒疯
shuǎ jiǔfēng

동 주정하다, 주정을 피우다

A 你别喝多了，我怕你耍酒疯。
Nǐ bié hē duō le, wǒ pà nǐ shuǎ jiǔfēng.
술 많이 마시지 말아요. 주정 피울까 걱정돼요.

B 我什么时候耍过酒疯啊?
Wǒ shénme shíhou shuǎguo jiǔfēng a?
제가 언제 주정을 피운 적이 있나요?

16 酒量
jiǔliàng

명 주량

A 你的酒量怎么样？能喝几瓶啤酒？
Nǐ de jiǔliàng zěnmeyàng? Néng hē jǐ píng píjiǔ?
당신의 주량은 어때요? 맥주 몇 병을 마실 수 있어요?

B 我的酒量不太好，只能喝一瓶。
Wǒ de jiǔliàng bú tài hǎo, zhǐnéng hē yì píng.
제 주량은 별로예요. 딱 한 병 마실 수 있어요.

17 酒友
jiǔyǒu

명 술 친구

A 这个星期我们一起喝了三次酒。
Zhè ge xīngqī wǒmen yìqǐ hē le sān cì jiǔ.
이번 주에 우리 술을 세 번 같이 마셨네.

B 哈哈，我们是真正的酒友。
Hā hā, wǒmen shì zhēnzhèng de jiǔyǒu.
하하, 우리는 진정한 술 친구야.

18 居酒屋
jūjiǔwū

명 이자카야

A 我们第二场去哪儿？
Wǒmen dì'èr chǎng qù nǎr?
우리 2차는 어디로 갈까요?

B 我们去居酒屋再喝一杯吧。
Wǒmen qù jūjiǔwū zài hē yì bēi ba.
우리 이자카야로 가서 한잔 더 해요.

19 吸烟室
xīyānshì

명 흡연실

A 先生，这儿禁止吸烟。
Xiānsheng, zhèr jìnzhǐ xīyān.
선생님, 여기는 흡연 금지입니다.

B 对不起，那这儿有吸烟室吗？
Duìbuqǐ, nà zhèr yǒu xīyānshì ma?
죄송해요. 그럼 여기에 흡연실이 있나요?

✸ Voca Review 다음 빈칸에 한자, 병음, 뜻을 알맞게 채워보세요.

한자	병음	뜻
① 班主任	bānzhǔrèn	담임교사
② 同学	tóngxué	같은 반 친구, 함께 공부하는 친구
③ 年级	niánjí	학년
④ 校服	xiàofú	교복
⑤ 课程表	kèchéngbiǎo	시간표
⑥ 旷课	kuàngkè	무단결석하다, 수업을 빼먹다
⑦ 总裁	zǒngcái	총수, CEO
⑧ 同事	tóngshì	동료
⑨ 客户	kèhù	거래처, 고객
⑩ 年薪	niánxīn	연봉
⑪ 招聘	zhāopìn	모집하다
⑫ 升职	shēngzhí	승진하다, 진급하다
⑬ 辞职	cízhí	사직하다
⑭ 开会	kāihuì	회의하다
⑮ 复印机	fùyìnjī	복사기

부록

* **양사** 量词

* **속담** 谚语

* **격언** 格言

* **색인**

양사 量词

- 양사란 사람이나 사물의 수를 세는 단위를 말한다.
- 문장에서 주로 『수사＋양사＋명사』의 구조로 쓴다.

양사	뜻	예시
个 gè	개, 명 / 사람, 사물에 두루 쓰이는 단위	一个人 yí ge rén 한 사람 / 一个苹果 yí ge píngguǒ 사과 한 개
名 míng	명 / 사람을 세는 단위	一名学生 yì míng xuésheng 학생 한 명
位 wèi	분 / 사람을 높여 세는 단위	一位老师 yí wèi lǎoshī 선생님 한 분
口 kǒu	식구, 모금, 입 / 식구, 입과 관련된 동작이나 사물을 세는 단위	三口人 sān kǒu rén 세 식구 / 一口水 yì kǒu shuǐ 물 한 모금
只 zhī	마리 / 작은 동물, 쌍으로 이루어진 것 중 하나를 세는 단위	一只鸟 yì zhī niǎo 새 한 마리 / 一只手 yì zhī shǒu 한 쪽 손
件 jiàn	벌 / 옷이나 사건, 일 등의 하나하나로 셀 수 있는 것을 세는 단위	一件大衣 yí jiàn dàyī 외투 한 벌 / 一件事 yí jiàn shì 사건 하나
条 tiáo	개, 벌, 줄기 / 길, 바지, 강 등의 기다란 것을 세는 단위	一条裙子 yì tiáo qúnzi 치마 한 벌 / 一条路 yì tiáo lù 길 하나
顶 dǐng	개 / 주로 모자를 세는 단위	一顶帽子 yì dǐng màozi 모자 한 개
对 duì	짝, 쌍 / 쌍이나 짝으로 이루어진 사물을 세는 단위 (성별, 좌우, 정반 등 상대적으로 호응하는 것에 쓰임)	一对夫妻 yí duì fūqī 부부 한 쌍 / 一对蝴蝶 yí duì húdié 나비 한 쌍
双 shuāng	짝, 쌍, 켤레 / 쌍이나 짝으로 이루어진 사물을 세는 단위 (좌우 대칭으로 짝을 이루는 것에 쓰임)	一双鞋 yì shuāng xié 신발 한 켤레 / 一双袜子 yì shuāng wàzi 양말 한 켤레
副 fù	켤레, 쌍, 짝 / 쌍이나 짝으로 이루어진 사물을 세는 단위 (세트, 조를 이루는 것에 쓰임)	一副手套 yí fù shǒutào 장갑 한 켤레 / 一副眼镜 yí fù yǎnjìng 안경 한 쌍
套 tào	세트, 벌, 조 / 세트로 구성된 사물을 세는 단위	一套西服 yí tào xīfú 양복 한 벌 / 一套首饰 yí tào shǒushì 액세서리 한 세트
盒 hé	상자, 통, 갑 / 상자 모양에 들어 있는 사물을 세는 단위	一盒巧克力 yì hé qiǎokèlì 초콜릿 한 상자
听 tīng	캔 / 깡통, 통 등으로 포장된 사물을 세는 단위	一听啤酒 yì tīng píjiǔ 맥주 한 캔
杯 bēi	잔 / 컵에 들어 있는 것	一杯咖啡 yì bēi kāfēi 커피 한 잔
瓶 píng	병 / 병으로 포장된 사물을 세는 단위	一瓶可乐 yì píng kělè 콜라 한 병
碗 wǎn	공기, 그릇, 사발 / 그릇에 담긴 것을 세는 단위	一碗米饭 yì wǎn mǐfàn 밥 한 공기 / 一碗面条 yì wǎn miàntiáo 면 한 사발
袋 dài	포대, 자루 / 큰 봉지나 자루를 세는 단위	一袋大米 yí dài dàmǐ 쌀 한 포대
份 fèn	몫, 부분 / 전체를 나눈 부분, 몫, 배당, 또는 세트 등을 나타내는 단위	一份饺子 yí fèn jiǎozi 만두 1인분 / 一份盒饭 yí fèn héfàn 도시락 한 개

朵 duǒ	송이 꽃이나 구름 등의 사물을 세는 단위	一朵花 yì duǒ huā 꽃 한 송이
棵 kē	그루, 포기 나무 등의 식물을 세는 단위	一棵树 yì kē shù 나무 한 그루
片 piàn	조각, 알 편평하고 얇은 모양의 사물을 세는 단위	一片面包 yí piàn miànbāo 빵 한 조각 一片药 yí piàn yào 약 한 알
根 gēn	개피, 가닥 가늘고 긴 것을 세는 단위	一根烟 yì gēn yān 담배 한 개피
块 kuài	조각 덩어리 모양의 사물을 세는 단위	一块蛋糕 yí kuài dàngāo 케이크 한 조각 一块豆腐 yí kuài dòufu 두부 한 모
支 zhī	자루 막대 모양의 사물을 세는 단위	一支笔 yì zhī bǐ 펜 한 자루
串 chuàn	줄, 꿰미, 꼬치 꿴 물건을 세는 단위	一串羊肉串 yí chuàn yángròu chuàn 양고기 꼬치 한 꼬치 一串珍珠 yí chuàn zhēnzhū 진주 한 줄
粒 lì	알, 톨 작은 알갱이 등을 세는 단위	一粒米 yí lì mǐ 쌀 한 톨
滴 dī	방울 물, 눈물 등 액체의 방울을 세는 단위	一滴水 yì dī shuǐ 물 한 방울 一滴雨 yì dī yǔ 비 한 방울
群 qún	무리, 떼 무리를 짓고 있는 사람이나 동물을 세는 단위	一群孩子 yì qún háizi 한 무리의 아이들 一群羊 yì qún yáng 양 떼
把 bǎ	개 손잡이가 있는 사물을 세는 단위	一把雨伞 yì bǎ yǔsǎn 우산 한 개 一把椅子 yì bǎ yǐzi 의자 한 개
本 běn	권 책을 세는 단위	一本书 yì běn shū 책 한 권
张 zhāng	장 종이, 침대 등의 넓고 편평한 것을 세는 단위	一张床 yì zhāng chuáng 침대 하나 一张纸 yì zhāng zhǐ 종이 한 장
首 shǒu	곡, 수 노래, 시 등을 세는 단위	一首歌 yì shǒu gē 노래 한 곡 一首诗 yì shǒu shī 시 한 수
篇 piān	편 글이나 종이 등을 세는 단위	一篇文章 yì piān wénzhāng 글 한 편
部 bù	편, 부 영화나 기계 등을 세는 단위	一部电影 yí bù diànyǐng 영화 한 편 一部手机 yí bù shǒujī 휴대전화 한 대
台 tái	대 비교적 큰 전자제품을 세는 단위	一台电视 yì tái diànshì 텔레비전 한 대 一台空调 yì tái kōngtiáo 에어컨 한 대
辆 liàng	대 차량을 세는 단위	一辆汽车 yí liàng qìchē 자동차 한 대 一辆自行车 yí liàng zìxíngchē 자전거 한 대
间 jiān	칸, 실 방을 세는 단위	一间屋子 yì jiān wūzi 방 한 칸
家 jiā	채 집, 가게, 기업 등을 세는 단위	一家商店 yì jiā shāngdiàn 가게 한 채 一家银行 yì jiā yínháng 은행 하나
座 zuò	개, 동 부피가 크거나 고정된 사물을 세는 단위	一座山 yí zuò shān 산 하나 一座桥 yí zuò qiáo 다리 하나

속담 谚语

1. **有福同享，有难同当。**
Yǒu fú tóng xiǎng, yǒu nàn tóng dāng.
행복은 함께 누리고, 고통은 같이 분담한다.

2. **在家靠父母，出门靠朋友。**
Zài jiā kào fùmǔ, chūmén kào péngyou.
집에서는 부모에게 의지하고, 밖에서는 친구에게 의지한다.

3. **路遥知马力，日久见人心。**
Lù yáo zhī mǎlì, rì jiǔ jiàn rénxīn.
길이 멀어야 말의 힘을 알 수 있고, 시간이 오래 지나야 사람의 마음을 알 수 있다. (사람은 오래 겪어봐야 알 수 있다.)

4. **酒逢知己千杯少，话不投机半句多。**
Jiǔ féng zhījǐ qiān bēi shǎo, huà bù tóngjī bàn jù duō.
좋은 사람과 술을 마시면 천 잔으로도 모자라고, 말이 통하지 않으면 반 마디 말도 많다.

5. **有缘千里来相会，无缘对面不相识。**
Yǒu yuán qiān lǐ lái xiānghuì, wúyuán duìmiàn bù xiāngshí.
인연이면 천 리를 와서도 만날 것이며, 인연이 아니면 눈앞에 있어도 알아보지 못한다.

6. **机不可失，失不再来。**
Jī bù kě shī, shī bú zài lái.
기회는 놓치면 다시 오지 않는다.

7. **物以类聚，人以群分。**
Wù yǐ lèi jù, rén yǐ qún fēn.
물건은 종류별로 모으고, 사람은 무리로 나뉜다. (유유상종)

8. **无事不登三宝殿。**
Wú shì bù dēng sān bǎo diàn.
일이 없으면 삼보전에 오르지 않는다. (아쉬울 때만 찾는다.)

9. **学如逆水行舟，不进则退。**
Xué rú nì shuǐ xíng zhōu, bú jìn zé tuì.
배움이란 흐르는 강물을 거슬러 배를 타는 것과 같아서, 앞으로 나아가지 못하면 퇴보한다.

10. **平时不烧香，临时抱佛脚。**
Píngshí bù shāo xiāng, línshí bào fó jiǎo.
평소에는 부처님께 향을 피우지 않다가, 급하면 부처님 발목을 잡는다. (일이 닥쳐서야 서둘러 대응한다.)

11. **三人行，必有我师。**
Sān rén xíng, bì yǒu wǒ shī.
세 사람이 가면 그중에는 반드시 자신의 스승이 있다. (누구에게든 어디에서든 배울 것이 있다.)

12. **家丑不可外扬。**
Jiā chǒu bù kě wài yáng.
집안의 허물은 밖으로 드러내면 안 된다.

13 **君子一言，驷马难追。**
Jūnzǐ yì yán, sì mǎ nán zhuī.
군자의 말 한 마디는 네 마리 말이 끄는 마차도 따라갈 수 없다. (말 한 마디도 조심해야 한다.)

14 **江山易改，本性难移。**
Jiāngshān yì gǎi, běnxìng nán yí.
강산은 쉽게 바뀌어도 사람의 본성은 바꾸기 어렵다. (세 살 버릇 여든까지 간다.)

15 **不怕一万，就怕万一。**
Bú pà yí wàn, jiù pà wànyī.
일 만 번은 두렵지 않으나, 만에 하나(한 번의 실수)가 두렵다. (모든 일에 신중해야 한다.)

16 **早起的鸟有虫吃。**
Zǎo qǐ de niǎo yǒu chóng chī.
일찍 일어나는 새가 벌레를 먹는다. (부지런해야 성공한다.)

17 **鸡蛋里挑骨头。**
Jīdàn lǐ tiāo gǔtou.
달걀 속에서 뼈를 고른다. (고의로 남의 잘못을 끄집어내다.)

18 **刀子嘴豆腐心。**
Dāozi zuǐ dòufu xīn.
칼같이 날카로운 입과 두부같이 부드러운 마음씨 (말은 날카로워도 마음은 여리다.)

19 **三天打鱼，两天晒网。**
Sān tiān dǎyú, liǎng tiān shàiwǎng.
사흘은 고기를 잡고, 이틀은 그물을 말린다. (공부나 일을 꾸준하게 못 한다.)

20 **门缝里看人。**
Ménfèng lǐ kàn rén.
문틈으로 남을 보다. (남을 얕보다.)

격언 格言

1 **百闻不如一见。**
Bǎi wén bùrú yí jiàn.
백문이 불여일견. 백 번 듣는 것보다 한 번 보는 것이 낫다.

2 **不怕慢，只怕站。**
Bú pà màn, zhǐ pà zhàn.
느린 것을 두려워하지 말고, 멈추는 것을 두려워하라.

3 **君子坦荡荡，小人长戚戚。** －孔子
Jūnzǐ tǎndàngdàng, xiǎorén chángqīqī.
군자는 마음이 평안하고 차분하나, 소인은 항상 근심하고 걱정한다. －공자

4. **学而不思则罔，思而不学则殆。** －孔子
Xué ér bù sī zé wǎng, sī ér bù xué zé dài.
배우기만 하고 생각하지 않으면 얻는 것이 없고, 생각만 하고 배우지 않으면 위태롭다. -공자

5. **千里之行，始于足下。** －老子
Qiān lǐ zhī xíng, shǐ yú zú xià.
천 리의 먼 길도 첫발에서부터 시작된다. -노자

6. **书山有路勤为径，学海无涯苦作舟。** －韩愈
Shū shān yǒu lù qín wéi jìng, xué hǎi wú yá kǔ zuò zhōu.
책으로 이루어진 산에는 길이 있으니 부지런함이 지름길이고, 학문의 바다에는 끝이 없으니 애써 배를 만들어야 한다. -한유

7. **两情若是久长时，又岂在朝朝暮暮。** －秦观
Liǎng qíng ruòshì jiǔcháng shí, yòu qǐ zài zhāozhāo mùmù.
두 사람의 사랑이 오래 지속된다면, 어찌 아침저녁으로만 그치겠는가! -진관
(사랑하는 사이라면 매일 같이 있지 않아도 마음은 변하지 않을 것이다.)

8. **冰冻三尺，非一日之寒。**
Bīng dòng sān chǐ, fēi yí rì zhī hán.
얼음이 석 자나 언 것은 하루의 추위로 생기는 것이 아니다. (하루 이틀에 이루어진 것이 아니다.)

9. **世上无难事，只要肯攀登。** －毛泽东
Shì shàng wú nán shì, zhǐyào kěn pāndēng.
세상에 노력하면 어려운 일이 없다. -마오쩌둥

10. **快乐要懂得分享，才能加倍的快乐。** －李嘉诚
Kuàilè yào dǒng de fēnxiǎng, cái néng jiābèi de kuàilè.
기쁨을 나눌 줄 알아야 비로소 기쁨이 배가될 수 있다. -리지아청

11. **知识就是力量。** －培根
Zhīshi jiù shì lìliàng.
아는 것이 힘이다. -베이컨

12. **只要有信心，人永远不会挫败。** －柏拉图
Zhǐyào yǒu xìnxīn, rén yǒngyuǎn bú huì cuòbài.
자신에 대한 믿음만 있다면 영원히 좌절하지 않을 것이다. -플라톤

13. **善有善报，恶有恶报。**
Shàn yǒu shànbào, è yǒu èbào.
착한 일을 하면 보답을 받고, 나쁜 짓을 하면 벌을 받는다.

14. **失败是成功之母。** －菲利普斯
Shībài shì chénggōng zhī mǔ.
실패는 성공의 어머니이다. -필립스

15. **谁能笑到最后，才是笑得最好。**
Shéi néng xiào dào zuì hòu, cái shì xiào de zuì hǎo.
마지막에 웃는 사람이 가장 좋은 것이다.

색인

A

AA制	AA zhì	Ch8	307
爱好	àihào	Ch1	17
按铃	àn líng	Ch5	166
安排	ānpái	Ch3	103
安全带	ānquándài	Ch5	170
安装	ānzhuāng	Ch4	130
按摩椅	ànmóyǐ	Ch4	133
按时	ànshí	Ch8	296

B

吧台	bātái	Ch8	313
白领	báilǐng	Ch8	285
摆渡车	bǎidùchē	Ch5	195
百货商店	bǎihuò shāngdiàn	Ch3	101
拜访	bàifǎng	Ch3	105
班车	bānchē	Ch5	162
班长	bānzhǎng	Ch8	271
班主任	bānzhǔrèn	Ch8	271
棒	bàng	Ch1	35
办公楼	bàngōnglóu	Ch8	280
办公室	bàngōngshì	Ch8	281
包间	bāojiān	Ch8	304
包装	bāozhuāng	Ch4	156
薄	báo	Ch6	204
饱	bǎo	Ch2	61
保龄球场	bǎolíngqiúchǎng	Ch2	79
保暖	bǎonuǎn	Ch6	224
保湿	bǎoshī	Ch4	147
保修期	bǎoxiūqī	Ch4	130
保养	bǎoyǎng	Ch4	146
保证书	bǎozhèngshū	Ch4	156
保质期	bǎozhìqī	Ch4	125
报答	bàodá	Ch1	21
报名	bàomíng	Ch7	235
爆米花	bàomǐhuā	Ch2	70
抱歉	bàoqiàn	Ch1	22
暴雪	bàoxuě	Ch6	222
报站	bàozhàn	Ch5	177
BB霜	BB shuāng	Ch4	149
背包	bēibāo	Ch7	264
鼻炎	bíyán	Ch7	247
比基尼	bǐjīní	Ch6	213
笔记	bǐjì	Ch8	275
比赛	bǐsài	Ch2	52
避暑	bìshǔ	Ch6	212
毕业生	bìyèshēng	Ch1	15
变化	biànhuà	Ch6	216
便秘	biànmì	Ch8	293
变心	biànxīn	Ch3	113
表扬	biǎoyáng	Ch8	276
别的	biéde	Ch4	139
冰雹	bīngbáo	Ch6	210
冰块儿	bīngkuàir	Ch8	314
冰淇淋	bīngqílín	Ch8	310
冰柱	bīngzhù	Ch6	223
博物馆	bówùguǎn	Ch2	83
不见不散	bújiàn búsàn	Ch3	112
不像话	bú xiànghuà	Ch1	43
不用	bú yòng	Ch1	20
补票	bǔpiào	Ch5	187
不好意思	bù hǎo yìsi	Ch1	22
部门	bùmén	Ch8	281
不舒服	bù shūfu	Ch3	110

C

彩虹	cǎihóng	Ch6	211
彩妆	cǎizhuāng	Ch4	149
菜单	càidān	Ch8	305
餐车	cānchē	Ch5	186
参观	cānguān	Ch2	85
餐巾纸	cānjīnzhǐ	Ch8	306
餐厅	cāntīng	Ch8	303
长途汽车	chángtú qìchē	Ch5	161
超市	chāoshì	Ch4	117

潮湿	cháoshī	Ch6 210
炒	chǎo	Ch2 64
车祸	chēhuò	Ch5 165
车厢	chēxiāng	Ch5 186
晨练	chénliàn	Ch2 55
沉迷	chénmí	Ch2 77
成功	chénggōng	Ch1 35
乘客	chéngkè	Ch5 193
乘务员	chéngwùyuán	Ch5 193
迟到	chídào	Ch3 95
充电器	chōngdiànqì	Ch4 132
冲动	chōngdòng	Ch1 43
充值	chōngzhí	Ch5 163
出差	chūchāi	Ch8 283
出发	chūfā	Ch5 185
出国	chūguó	Ch7 259
出口	chūkǒu	Ch3 98
出门	chūmén	Ch7 233
出色	chūsè	Ch1 36
出生	chūshēng	Ch1 13
出事	chūshì	Ch3 113
出站口	chūzhànkǒu	Ch5 183
出租车	chūzūchē	Ch5 168
厨房	chúfáng	Ch8 306
除毛	chúmáo	Ch7 253
厨师	chúshī	Ch2 59
厨师证	chúshīzhèng	Ch2 60
除皱	chúzhòu	Ch4 146
处方	chǔfāng	Ch8 292
穿	chuān	Ch4 135
传真	chuánzhēn	Ch8 284
窗口	chuāngkǒu	Ch8 290
创口贴	chuāngkǒutiē	Ch8 295
吹风机	chuīfēngjī	Ch4 133
吹头	chuītóu	Ch7 232
春寒	chūnhán	Ch6 204
春天	chūntiān	Ch6 201

春游	chūnyóu	Ch6 206
春雨	chūnyǔ	Ch6 204
辞职	cízhí	Ch8 282
聪明	cōngming	Ch1 36
存款	cúnkuǎn	Ch8 287
错(儿)	cuò(r)	Ch1 23
错过	cuòguò	Ch5 165

D

搭配	dāpèi	Ch4 155
打扮	dǎban	Ch7 231
打包	dǎbāo	Ch8 307
打表	dǎbiǎo	Ch5 169
打车	dǎchē	Ch5 168
打盹儿	dǎdǔnr	Ch5 178
打耳洞	dǎ ěrdòng	Ch4 155
打雷	dǎléi	Ch6 209
打扫	dǎsǎo	Ch7 263
打算	dǎsuàn	Ch7 258
打折	dǎzhé	Ch8 299
大杯	dà bēi	Ch8 312
大米	dàmǐ	Ch4 122
大片儿	dàpiānr	Ch2 72
大厅	dàtīng	Ch8 280
大小	dàxiǎo	Ch4 154
戴	dài	Ch4 155
贷款	dàikuǎn	Ch8 289
带走	dàizǒu	Ch8 313
单程票	dānchéngpiào	Ch5 184
单词	dāncí	Ch8 275
单买	dānmǎi	Ch8 308
单身	dānshēn	Ch1 18
担心	dānxīn	Ch1 41
导航	dǎoháng	Ch5 171
倒霉	dǎoméi	Ch2 45
导游	dǎoyóu	Ch7 260
到站	dàozhàn	Ch5 165
登机口	dēngjīkǒu	Ch5 193

登机牌	dēngjīpái	Ch5	193
地道	dìdao	Ch8	307
地点	dìdiǎn	Ch3	97
地方	dìfang	Ch3	97
地铁	dìtiě	Ch5	176
地铁站	dìtiězhàn	Ch3	100
地图	dìtú	Ch7	261
地下商街	dìxià shāngjiē	Ch3	100
地址	dìzhǐ	Ch5	170
点菜	diǎncài	Ch8	305
电饭锅	diànfànguō	Ch4	131
电热毯	diànrètǎn	Ch6	225
电梯	diàntī	Ch8	298
店休日	diànxiūrì	Ch8	298
电影	diànyǐng	Ch2	68
电影院	diànyǐngyuàn	Ch2	68
电子产品	diànzǐ chǎnpǐn	Ch4	127
掉头	diàotóu	Ch5	172
碟子	diézi	Ch8	305
订票	dìngpiào	Ch2	68
丢人	diūrén	Ch2	44
冬天	dōngtiān	Ch6	221
冬至	dōngzhì	Ch6	223
冻	dòng	Ch6	224
豆腐	dòufu	Ch4	122
独生子	dúshēngzǐ	Ch1	14
度	dù	Ch6	203
赌场	dǔchǎng	Ch2	78
堵车	dǔchē	Ch5	164
度假	dùjià	Ch6	218
短	duǎn	Ch4	137
对不起	duìbuqǐ	Ch1	22
对面	duìmiàn	Ch3	98
多亏	duōkuī	Ch1	21
多云	duōyún	Ch6	216

E

二手	èrshǒu	Ch4	129

F

发短信	fā duǎnxìn	Ch7	233
发财	fācái	Ch1	35
发票	fāpiào	Ch4	140
发烧	fāshāo	Ch8	293
发卡	fàqiǎ	Ch4	153
发型	fàxíng	Ch7	250
翻板子	fān bǎnzi	Ch2	80
烦	fán	Ch2	46
反常	fǎncháng	Ch6	215
饭店	fàndiàn	Ch7	262
饭馆儿	fànguǎnr	Ch8	303
方便	fāngbiàn	Ch3	105
方便面	fāngbiànmiàn	Ch4	121
房费	fángfèi	Ch7	262
防晒霜	fángshàishuāng	Ch4	148
放假	fàngjià	Ch6	212
放心	fàngxīn	Ch1	41
飞机	fēijī	Ch5	189
肥	féi	Ch4	136
扶手	fúshǒu	Ch5	178
服务	fúwù	Ch8	306
服务员	fúwùyuán	Ch8	304
复读	fùdú	Ch7	236
附近	fùjìn	Ch3	99
付款	fùkuǎn	Ch4	127
复习	fùxí	Ch7	236
复印机	fùyìnjī	Ch8	284

G

改天	gǎitiān	Ch3	109
干杯	gānbēi	Ch8	315
干性	gānxìng	Ch7	255
干燥	gānzào	Ch6	216
感动	gǎndòng	Ch1	40
感冒	gǎnmào	Ch7	244
感冒药	gǎnmàoyào	Ch8	294
赶时间	gǎn shíjiān	Ch5	172

感谢	gǎnxiè	Ch1 20
高尔夫球	gāo'ěrfūqiú	Ch2 52
高峰	gāofēng	Ch5 164
高领	gāolǐng	Ch4 142
高速公路	gāosù gōnglù	Ch5 174
高铁	gāotiě	Ch5 182
膏药	gāoyào	Ch8 295
歌剧	gējù	Ch2 73
个子	gèzi	Ch4 135
公共汽车	gōnggòng qìchē	Ch5 161
公交车站	gōngjiāochēzhàn	Ch5 162
恭喜	gōngxǐ	Ch1 33
工艺品	gōngyìpǐn	Ch2 85
工资	gōngzī	Ch8 279
工作	gōngzuò	Ch1 16
购物车	gòuwùchē	Ch4 118
购物袋	gòuwùdài	Ch8 300
购物中心	gòuwù zhōngxīn	Ch8 298
故障	gùzhàng	Ch5 180
刮风	guāfēng	Ch6 202
刮脸	guāliǎn	Ch7 230
拐	guǎi	Ch5 172
怪	guài	Ch1 23
关门	guānmén	Ch3 111
观赏	guānshǎng	Ch2 86
罐头	guàntou	Ch4 123
广告	guǎnggào	Ch4 150
规定	guīdìng	Ch8 276
国产	guóchǎn	Ch4 125
果盘	guǒpán	Ch8 315
过	guò	Ch1 27
过奖	guòjiǎng	Ch1 36
过敏	guòmǐn	Ch8 293
过时	guòshí	Ch4 139
过站	guòzhàn	Ch5 180

H

海边	hǎibiān	Ch6 212
海鲜	hǎixiān	Ch4 120
害羞	hàixiū	Ch2 44
寒假	hánjià	Ch6 224
寒冷	hánlěng	Ch6 221
汉堡包	hànbǎobāo	Ch8 309
航班号	hángbānhào	Ch5 190
航空	hángkōng	Ch5 190
好久不见	hǎo jiǔ bú jiàn	Ch1 27
好吃	hǎochī	Ch2 61
好玩儿	hǎowánr	Ch2 77
号	hào	Ch3 93
号码	hàomǎ	Ch4 135
号线	hàoxiàn	Ch5 176
合适	héshì	Ch4 138
黑	hēi	Ch6 223
黑眼圈	hēiyǎnquān	Ch7 243
红绿灯	hónglǜdēng	Ch5 173
红叶	hóngyè	Ch6 218
厚	hòu	Ch4 136
后备箱	hòubèixiāng	Ch5 170
候车室	hòuchēshì	Ch5 183
后天	hòutiān	Ch3 91
糊	hú	Ch2 65
胡同	hútòng	Ch5 171
护发素	hùfàsù	Ch7 251
护照	hùzhào	Ch5 192
滑	huá	Ch6 222
华丽	huálì	Ch4 156
滑雪	huáxuě	Ch2 52
话剧	huàjù	Ch2 73
画廊	huàláng	Ch2 82
画展	huàzhǎn	Ch2 82
化妆	huàzhuāng	Ch7 231
化妆品	huàzhuāngpǐn	Ch4 145
换	huàn	Ch3 109
换乘	huànchéng	Ch5 180
换季	huànjì	Ch6 215

换钱	huànqián	Ch8 289		讲解员	jiǎngjiěyuán	Ch2 83
黄金周	huángjīnzhōu	Ch6 218		奖金	jiǎngjīn	Ch8 280
灰尘	huīchén	Ch6 203		奖学金	jiǎngxuéjīn	Ch7 237
回头见	huítóu jiàn	Ch1 29		降落	jiàngluò	Ch5 191
汇率	huìlǜ	Ch8 289		降温	jiàngwēn	Ch6 221
会员	huìyuán	Ch8 301		降水量	jiàngshuǐliàng	Ch6 209
婚礼	hūnlǐ	Ch6 206		交通费	jiāotōngfèi	Ch5 164
活动	huódòng	Ch8 300		交通卡	jiāotōngkǎ	Ch5 163
火车	huǒchē	Ch5 182		矫正	jiǎozhèng	Ch7 256
火车站	huǒchēzhàn	Ch5 182		叫	jiào	Ch1 12
J				教材	jiàocái	Ch8 274
机场	jīchǎng	Ch5 189		叫车	jiàochē	Ch5 169
机场大巴	jīchǎng dàbā	Ch5 189		教练	jiàoliàn	Ch2 56
鸡翅	jīchì	Ch8 310		教室	jiàoshì	Ch8 273
激动	jīdòng	Ch2 45		教学	jiàoxué	Ch7 238
积分卡	jīfēnkǎ	Ch8 301		街	jiē	Ch3 99
机会	jīhuì	Ch3 111		接	jiē	Ch3 104
机票	jīpiào	Ch5 189		结冰	jiébīng	Ch6 222
肌肉	jīròu	Ch2 57		结婚	jiéhūn	Ch1 17
几点	jǐ diǎn	Ch3 91		睫毛	jiémáo	Ch7 252
季节	jìjié	Ch6 201		结账	jiézhàng	Ch8 307
纪念日	jìniànrì	Ch3 107		解酒药	jiějiǔyào	Ch8 294
技校	jìxiào	Ch7 235		借记卡	jièjìkǎ	Ch8 288
加班	jiābān	Ch3 110		借口	jièkǒu	Ch3 113
加菜	jiācài	Ch8 305		介绍	jièshào	Ch1 11
家常菜	jiāchángcài	Ch2 63		戒指	jièzhi	Ch4 152
加大	jiādà	Ch8 309		今年	jīnnián	Ch3 94
家教	jiājiào	Ch7 238		紧	jǐn	Ch4 136
加湿器	jiāshīqì	Ch4 132		进站	jìnzhàn	Ch5 179
假期	jiàqī	Ch7 258		经过	jīngguò	Ch5 184
坚果	jiānguǒ	Ch4 123		经济舱	jīngjìcāng	Ch5 192
检查	jiǎnchá	Ch5 191		经理	jīnglǐ	Ch8 278
减肥	jiǎnféi	Ch2 55		经验	jīngyàn	Ch8 285
检票	jiǎnpiào	Ch5 187		景点	jǐngdiǎn	Ch7 261
剪头	jiǎntóu	Ch7 251		酒	jiǔ	Ch4 124
健康	jiànkāng	Ch7 242		酒吧	jiǔbā	Ch8 313
健身房	jiànshēnfáng	Ch2 56		酒单	jiǔdān	Ch8 313

酒量	jiǔliàng	Ch8 316		旷课	kuàngkè	Ch8 276
酒友	jiǔyǒu	Ch8 316		困	kùn	Ch6 205
居酒屋	jūjiǔwū	Ch8 316				

L

举办	jǔbàn	Ch2 84		拉肚子	lā dùzi	Ch8 293
聚餐	jùcān	Ch8 284		懒	lǎn	Ch3 113
剧场	jùchǎng	Ch2 73		懒觉	lǎnjiào	Ch7 233
拒绝	jùjué	Ch3 109		老地方	lǎo dìfang	Ch3 100
决定	juédìng	Ch3 106		老顾客	lǎo gùkè	Ch4 141
				老家	lǎojiā	Ch1 14

K

K金	K jīn	Ch4 154		冷冻	lěngdòng	Ch4 124
咖啡厅	kāfēitīng	Ch3 100		冷静	lěngjìng	Ch2 46
开封	kāifēng	Ch4 146		离	lí	Ch3 112
开会	kāihuì	Ch8 283		礼拜	lǐbài	Ch3 93
开始	kāishǐ	Ch2 70		礼堂	lǐtáng	Ch8 273
开往	kāiwǎng	Ch5 179		礼物	lǐwù	Ch1 21
开胃菜	kāiwèicài	Ch2 65		立春	lìchūn	Ch6 202
开心	kāixīn	Ch1 39		连锁店	liánsuǒdiàn	Ch8 303
考试	kǎoshì	Ch7 236		联系	liánxì	Ch1 31
靠	kào	Ch5 192		脸色	liǎnsè	Ch7 242
可惜	kěxī	Ch2 44		练歌厅	liàngētīng	Ch2 78
课程表	kèchéngbiǎo	Ch8 274		练习册	liànxícè	Ch7 240
客户	kèhù	Ch8 279		量	liáng	Ch4 155
客气	kèqi	Ch1 21		凉	liáng	Ch6 204
课外活动	kèwài huódòng	Ch8 275		凉快	liángkuai	Ch6 217
空车	kōngchē	Ch5 168		聊	liáo	Ch3 104
空房	kōngfáng	Ch7 262		了不起	liǎobuqǐ	Ch1 36
空气	kōngqì	Ch6 217		料理	liàolǐ	Ch2 59
空气净化器	kōngqì jìnghuàqì	Ch4 132		列车	lièchē	Ch5 182
空调	kōngtiáo	Ch4 131		凌晨	língchén	Ch3 92
恐怕	kǒngpà	Ch3 111		零钱	língqián	Ch5 173
空	kòng	Ch3 103		零食	língshí	Ch4 124
口味	kǒuwèi	Ch2 61		零下	língxià	Ch6 221
口罩	kǒuzhào	Ch8 296		流感	liúgǎn	Ch7 244
哭	kū	Ch1 40		刘海	liúhǎi	Ch7 251
快餐店	kuàicāndiàn	Ch8 308		流利	liúlì	Ch7 239
快乐	kuàilè	Ch1 34		流行	liúxíng	Ch4 139
款式	kuǎnshì	Ch4 138		留学	liúxué	Ch7 239

楼	lóu	Ch3	99
楼下	lóuxià	Ch3	99
路	lù	Ch5	163
路边	lùbiān	Ch5	171
录用	lùyòng	Ch8	282
旅行	lǚxíng	Ch7	258
旅行社	lǚxíngshè	Ch7	260
旅行手册	lǚxíng shǒucè	Ch7	260
旅行箱	lǚxíngxiāng	Ch7	260
律师	lǜshī	Ch1	16

M

麻烦	máfan	Ch1	23
麻将	májiàng	Ch2	79
马拉松	mǎlāsōng	Ch2	54
马上	mǎshàng	Ch3	94
买票	mǎipiào	Ch2	69
卖	mài	Ch4	117
慢走	màn zǒu	Ch1	30
忙	máng	Ch1	28
毛孔	máokǒng	Ch7	252
帽子	màozi	Ch4	153
没关系	méi guānxi	Ch1	22
玫瑰金	méiguījīn	Ch4	154
梅雨	méiyǔ	Ch6	209
美白	měibái	Ch4	147
美发店	měifàdiàn	Ch7	250
美发师	měifàshī	Ch7	250
美容院	měiróngyuàn	Ch7	250
美食城	měishíchéng	Ch8	299
美食家	měishíjiā	Ch2	60
美式咖啡	Měishì kāfēi	Ch8	312
美术馆	měishùguǎn	Ch2	83
美瞳	měitóng	Ch7	252
闷热	mēnrè	Ch6	211
门口	ménkǒu	Ch3	98
门票	ménpiào	Ch7	262
密码	mìmǎ	Ch8	290
免税店	miǎnshuìdiàn	Ch7	264
免税商品	miǎnshuì shāngpǐn	Ch5	196
免疫力	miǎnyìlì	Ch7	245
面点师	miàndiǎnshī	Ch2	60
面膜	miànmó	Ch4	148
面条	miàntiáo	Ch4	121
面子	miànzi	Ch1	24
苗条	miáotiao	Ch7	254
明码标价	míngmǎ biāojià	Ch4	129
名胜古迹	míngshèng gǔjì	Ch7	261
明天	míngtiān	Ch1	29
名字	míngzi	Ch1	12
模特	mótè	Ch4	141

N

拿手菜	náshǒucài	Ch2	62
难受	nánshòu	Ch8	292
闹钟	nàozhōng	Ch7	229
哪儿	nǎr	Ch3	98
那儿	nàr	Ch3	97
内科	nèikē	Ch7	246
内衣	nèiyī	Ch6	226
能力	nénglì	Ch7	240
你好	nǐ hǎo	Ch1	26
年级	niánjí	Ch8	272
年纪	niánjì	Ch1	12
年轻	niánqīng	Ch7	255
年薪	niánxīn	Ch8	279
牛肉干	niúròu gān	Ch4	123
牛仔裤	niúzǎikù	Ch4	142
暖风	nuǎnfēng	Ch6	225
暖和	nuǎnhuo	Ch6	203
暖气	nuǎnqì	Ch6	226

P

爬山	páshān	Ch6	218
怕	pà	Ch1	43
排毒	páidú	Ch7	254
排队	páiduì	Ch5	185

排行榜	páiháng bǎng	Ch2 71		晴	qíng	Ch6 205
牌子	páizi	Ch4 129		请	qǐng	Ch3 104
派对	pàiduì	Ch3 106		秋天	qiūtiān	Ch6 215
胖	pàng	Ch7 254		取号	qǔhào	Ch8 290
跑步	pǎobù	Ch2 53		取消	qǔxiāo	Ch3 109
跑步机	pǎobùjī	Ch2 54		祛痣	qùzhì	Ch7 252
泡菜	pàocài	Ch4 122		裙子	qúnzi	Ch4 142
培训班	péixùnbān	Ch7 238			**R**	
喷	pēn	Ch7 232		让座	ràngzuò	Ch5 178
喷雾	pēnwù	Ch4 150		绕道	ràodào	Ch5 172
烹饪书	pēngrènshū	Ch2 59		惹	rě	Ch1 42
烹调	pēngtiáo	Ch2 59		热	rè	Ch2 64
便宜	piányi	Ch4 140		热门	rèmén	Ch2 71
票价	piàojià	Ch2 84		人际关系	rénjì guānxi	Ch8 285
漂亮	piàoliang	Ch1 37		认识	rènshi	Ch1 11
皮肤	pífū	Ch4 146		日程表	rìchéngbiǎo	Ch2 84
拼车	pīnchē	Ch5 169		容量	róngliàng	Ch4 147
平安	píng'ān	Ch1 34		肉	ròu	Ch4 120
平底锅	píngdǐguō	Ch2 63		软件	ruǎnjiàn	Ch2 76
	Q			乳制品	rǔzhìpǐn	Ch4 121
七分袖	qīfēnxiù	Ch4 137		入境卡	rùjìngkǎ	Ch5 196
期中考试	qīzhōng kǎoshì	Ch8 275		入住	rùzhù	Ch7 263
妻子	qīzi	Ch1 18			**S**	
起步价	qǐbùjià	Ch5 169		三伏天	sānfútiān	Ch6 211
起床	qǐchuáng	Ch7 229		沙尘暴	shāchénbào	Ch6 202
起飞	qǐfēi	Ch5 190		山寨	shānzhài	Ch4 128
起子	qǐzi	Ch8 315		商场	shāngchǎng	Ch8 298
气	qì	Ch1 42		商量	shāngliang	Ch3 106
气流	qìliú	Ch5 194		商品	shāngpǐn	Ch4 128
汽水	qìshuǐ	Ch8 310		伤心	shāngxīn	Ch1 40
气温	qìwēn	Ch6 203		赏花	shǎnghuā	Ch6 206
钱	qián	Ch4 117		上半年	shàngbànnián	Ch3 107
前边	qiánbian	Ch3 101		上班族	shàngbānzú	Ch1 15
签名	qiānmíng	Ch8 289		上车	shàngchē	Ch5 164
签证	qiānzhèng	Ch7 259		上司	shàngsi	Ch8 279
切	qiē	Ch2 64		上午	shàngwǔ	Ch3 92
晴朗	qínglǎng	Ch6 217		上学	shàngxué	Ch1 14

上映	shàngyìng	Ch2 68	手术	shǒushù	Ch7 248
舍不得	shěbude	Ch2 44	手套	shǒutào	Ch6 224
身材	shēncái	Ch7 254	手续	shǒuxù	Ch5 191
身份证	shēnfènzhèng	Ch5 185	手续费	shǒuxùfèi	Ch8 288
身体	shēntǐ	Ch1 28	首映式	shǒuyìngshì	Ch2 69
神经	shénjīng	Ch2 57	瘦脸针	shòuliǎnzhēn	Ch7 255
生病	shēngbìng	Ch7 243	售票处	shòupiàochù	Ch5 183
生产	shēngchǎn	Ch4 130	蔬菜	shūcài	Ch4 119
生啤	shēngpí	Ch8 314	书店	shūdiàn	Ch3 101
生气	shēngqì	Ch1 42	输入	shūrù	Ch8 290
生日	shēngrì	Ch3 106	梳头	shūtóu	Ch7 230
升职	shēngzhí	Ch8 282	属	shǔ	Ch1 13
圣诞节	Shèngdàn Jié	Ch3 95	薯条	shǔtiáo	Ch8 309
师傅	shīfu	Ch5 170	数码相机	shùmǎ xiàngjī	Ch4 132
湿巾	shījīn	Ch8 306	刷牙	shuāyá	Ch7 229
失望	shīwàng	Ch1 41	耍酒疯	shuǎjiǔfēng	Ch8 315
失误	shīwù	Ch1 23	双层巴士	shuāngcéng bāshì	Ch5 161
时候	shíhou	Ch3 91	爽肤水	shuǎngfūshuǐ	Ch4 148
时间	shíjiān	Ch3 91	水果	shuǐguǒ	Ch4 118
食品	shípǐn	Ch4 117	水平	shuǐpíng	Ch7 239
时尚	shíshàng	Ch4 138	水上乐园	shuǐshàng lèyuán	Ch6 213
食堂	shítáng	Ch8 281	水珠	shuǐzhū	Ch6 223
实习	shíxí	Ch8 282	睡衣	shuìyī	Ch4 143
十字路口	shízìlùkǒu	Ch5 171	顺利	shùnlì	Ch1 35
使用	shǐyòng	Ch5 194	司机	sījī	Ch5 163
试	shì	Ch4 139	私立	sīlì	Ch8 273
试吃	shìchī	Ch4 118	丝袜	sīwà	Ch4 143
世界旅行	shìjiè lǚxíng	Ch7 259	四季	sìjì	Ch6 201
视力	shìlì	Ch7 247	送	sòng	Ch1 31
事情	shìqing	Ch3 103	送货	sònghuò	Ch4 130
试衣间	shìyījiān	Ch4 140	速度	sùdù	Ch5 165
收费站	shōufèizhàn	Ch5 174	宿舍	sùshè	Ch8 274
收获	shōuhuò	Ch6 219	素颜	sùyán	Ch7 255
收银台	shōuyíntái	Ch8 300	随时	suíshí	Ch3 95
首班车	shǒubānchē	Ch5 179	岁	suì	Ch1 12
手表	shǒubiǎo	Ch4 152	碎纸机	suìzhǐjī	Ch8 285
首饰	shǒushì	Ch4 152			

T

台风	táifēng	Ch6 210
态度	tàidù	Ch7 236
太阳镜	tàiyángjìng	Ch4 153
毯子	tǎnzi	Ch5 195
讨价还价	tǎojià huánjià	Ch4 129
讨厌	tǎoyàn	Ch2 46
套餐	tàocān	Ch8 308
套装	tàozhuāng	Ch4 145
踢毽子	tī jiànzi	Ch2 80
提供	tígōng	Ch5 194
提前	tíqián	Ch3 112
体检	tǐjiǎn	Ch7 245
体育	tǐyù	Ch2 51
体育馆	tǐyùguǎn	Ch8 273
体质	tǐzhì	Ch6 226
天气	tiānqì	Ch6 201
甜点	tiándiǎn	Ch2 65
挑	tiāo	Ch7 232
调味料	tiáowèiliào	Ch2 63
调整	tiáozhěng	Ch4 156
跳绳	tiàoshéng	Ch2 53
跳舞	tiàowǔ	Ch2 56
铁人三项赛	tiě rén sān xiàng sài	Ch2 55
停	tíng	Ch5 173
停车场	tíngchēchǎng	Ch8 299
通过	tōngguò	Ch7 237
同事	tóngshì	Ch8 278
同学	tóngxué	Ch8 272
童颜	tóngyán	Ch1 37
同桌	tóngzhuō	Ch8 278
痛苦	tòngkǔ	Ch1 40
头发	tóufa	Ch7 251
突然	tūrán	Ch3 110
图案	tú'àn	Ch4 137
图书馆	túshūguǎn	Ch7 240
推迟	tuīchí	Ch3 112
退	tuì	Ch4 140
退房	tuìfáng	Ch7 263
退休	tuìxiū	Ch8 283
托运	tuōyùn	Ch5 191

V

VIP席	VIP xí	Ch2 71

W

袜子	wàzi	Ch4 143
外卖	wàimài	Ch8 309
外向	wàixiàng	Ch1 16
外语	wàiyǔ	Ch7 239
玩家	wánjiā	Ch2 77
晚安	wǎn'ān	Ch1 26
晚点	wǎndiǎn	Ch3 110
网吧	wǎngbā	Ch2 78
网络游戏	wǎngluò yóuxì	Ch2 75
网上银行	wǎngshang yínháng	Ch8 287
旺季	wàngjì	Ch7 258
微波炉	wēibōlú	Ch4 131
微波食品	wēibō shípǐn	Ch4 125
围棋	wéiqí	Ch2 80
维生素	wéishēngsù	Ch8 295
味道	wèidao	Ch2 62
胃口	wèikǒu	Ch2 62
胃炎	wèiyán	Ch7 243
位子	wèizi	Ch8 304
温差	wēnchā	Ch6 217
温泉	wēnquán	Ch6 225
文科	wénkē	Ch8 272
纹身	wénshēn	Ch7 253
蚊子	wénzi	Ch6 213
问候	wènhòu	Ch1 28
我走了	wǒ zǒu le	Ch1 30
无聊	wúliáo	Ch2 45
雾	wù	Ch6 216
物疗	wùliáo	Ch7 248

X

吸尘器	xīchénqì	Ch4 133
吸管	xīguǎn	Ch8 312
希望	xīwàng	Ch1 34
吸烟区	xīyānqū	Ch8 316
西药	xīyào	Ch8 294
习惯	xíguàn	Ch7 242
喜剧片	xǐjùpiàn	Ch2 72
洗面奶	xǐmiànnǎi	Ch4 150
洗手间	xǐshǒujiān	Ch7 264
洗漱	xǐshù	Ch7 229
洗头	xǐtóu	Ch7 230
洗衣机	xǐyījī	Ch4 133
洗澡	xǐzǎo	Ch7 230
吓	xià	Ch1 42
下次	xiàcì	Ch1 30
下降	xiàjiàng	Ch5 190
下酒菜	xiàjiǔcài	Ch8 314
夏天	xiàtiān	Ch6 208
下雪	xiàxuě	Ch6 222
下一站	xià yí zhàn	Ch5 177
下雨	xiàyǔ	Ch6 208
下载	xiàzài	Ch2 76
现金	xiànjīn	Ch4 127
线路图	xiànlùtú	Ch5 176
羡慕	xiànmù	Ch1 43
香肠	xiāngcháng	Ch4 121
香水	xiāngshuǐ	Ch4 150
想	xiǎng	Ch3 104
项链	xiàngliàn	Ch4 152
象棋	xiàngqí	Ch2 79
消毒水	xiāodúshuǐ	Ch8 295
消化不良	xiāohuà bùliáng	Ch7 243
小吃	xiǎochī	Ch2 66
小票	xiǎopiào	Ch5 173
笑	xiào	Ch1 39
校服	xiàofú	Ch8 274
效果	xiàoguǒ	Ch4 147
校长	xiàozhǎng	Ch8 271
鞋	xié	Ch4 143
携带	xiédài	Ch5 192
谢谢	xièxie	Ch1 20
辛苦	xīnkǔ	Ch1 31
新款	xīnkuǎn	Ch4 138
心情	xīnqíng	Ch1 39
心事	xīnshì	Ch3 103
新鲜	xīnxiān	Ch4 119
心意	xīnyì	Ch1 20
信用卡	xìnyòngkǎ	Ch4 127
星期	xīngqī	Ch3 93
星座	xīngzuò	Ch1 17
行李架	xínglijià	Ch5 186
姓	xìng	Ch1 11
性格	xìnggé	Ch1 16
兴趣	xìngqù	Ch2 85
兄弟姐妹	xiōngdì jiěmèi	Ch1 14
胸针	xiōngzhēn	Ch4 153
修眉	xiūméi	Ch7 253
修养	xiūyǎng	Ch7 248
休息	xiūxi	Ch3 111
休闲服	xiūxiánfú	Ch4 141
休息室	xiūxishì	Ch3 101
宣传册	xuānchuáncè	Ch8 299
选手	xuǎnshǒu	Ch2 57
选修课	xuǎnxiūkè	Ch7 235
学校	xuéxiào	Ch8 271
雪地鞋	xuědìxié	Ch6 225
血型	xuèxíng	Ch1 17
血压	xuèyā	Ch7 245

Y

研究生	yánjiūshēng	Ch7 235
炎热	yánrè	Ch6 211
颜色	yánsè	Ch4 137
颜值	yánzhí	Ch1 37

严重	yánzhòng	Ch7 244
演	yǎn	Ch2 69
演唱会	yǎnchànghuì	Ch2 73
演出	yǎnchū	Ch2 72
眼药水	yǎnyàoshuǐ	Ch8 294
眼影	yǎnyǐng	Ch4 149
演员	yǎnyuán	Ch2 69
验血	yànxiě	Ch7 246
阳光	yángguāng	Ch6 205
洋酒	yángjiǔ	Ch8 314
样品	yàngpǐn	Ch4 145
阳伞	yángsǎn	Ch6 213
药店	yàodiàn	Ch8 292
夜班车	yèbānchē	Ch5 162
业绩	yèjì	Ch8 280
夜宵	yèxiāo	Ch2 66
衣服	yīfu	Ch4 135
医生	yīshēng	Ch7 246
医院	yīyuàn	Ch7 245
遗传	yíchuán	Ch7 247
一次性	yícìxìng	Ch5 177
一会儿	yíhuìr	Ch1 30
椅背	yǐbèi	Ch5 196
以后	yǐhòu	Ch3 94
一起	yìqǐ	Ch3 105
阴	yīn	Ch6 208
银行	yínháng	Ch8 287
饮料	yǐnliào	Ch4 124
迎春花	yíngchūnhuā	Ch6 205
营养	yíngyǎng	Ch4 119
营业	yíngyè	Ch8 304
硬座	yìngzuò	Ch5 185
拥挤	yōngjǐ	Ch5 179
用功	yònggōng	Ch7 237
用品	yòngpǐn	Ch8 284
优惠券	yōuhuìquàn	Ch8 308
游客	yóukè	Ch6 206
游乐园	yóulèyuán	Ch2 78
游戏	yóuxì	Ch2 75
游戏机	yóuxìjī	Ch2 76
游泳	yóuyǒng	Ch2 53
有点儿	yǒudiǎnr	Ch4 136
有机食品	yǒujī shípǐn	Ch4 125
有氧	yǒuyǎng	Ch2 55
有意思	yǒuyìsi	Ch1 39
鱼	yú	Ch4 120
瑜伽	yújiā	Ch2 53
愉快	yúkuài	Ch1 34
娱乐	yúlè	Ch2 75
雨季	yǔjì	Ch6 209
羽绒服	yǔróngfú	Ch4 142
雨靴	yǔxuē	Ch6 210
预报	yùbào	Ch6 202
预防针	yùfángzhēn	Ch7 244
郁闷	yùmèn	Ch1 41
原谅	yuánliàng	Ch1 24
约	yuē	Ch3 105
熨	yùn	Ch7 232
运动	yùndòng	Ch2 51
晕机	yùnjī	Ch5 194

Z

再见	zàijiàn	Ch1 29
糟糕	zāogāo	Ch2 46
早	zǎo	Ch3 94
早安	zǎo'ān	Ch1 26
早餐	zǎocān	Ch7 263
早场	zǎochǎng	Ch2 71
早上	zǎoshang	Ch3 92
早上好	zǎoshang hǎo	Ch1 26
赠送	zèngsòng	Ch4 145
展览馆	zhǎnlǎnguǎn	Ch2 82
展览会	zhǎnlǎnhuì	Ch2 82
展示	zhǎnshì	Ch2 85
站牌	zhànpái	Ch5 162

站票	zhànpiào	Ch5 184		住院	zhùyuàn	Ch7 247
站台	zhàntái	Ch5 183		抓娃娃机	zhuā wáwa jī	Ch2 79
丈夫	zhàngfu	Ch1 18		专业	zhuānyè	Ch1 15
账户	zhànghù	Ch8 287		专用座	zhuānyòngzuò	Ch5 178
招聘	zhāopìn	Ch8 281		专用道	zhuānyòngdào	Ch5 164
着急	zháojí	Ch2 45		转机	zhuǎnjī	Ch5 195
找钱	zhǎoqián	Ch8 300		转账	zhuǎnzhàng	Ch8 288
照	zhào	Ch7 231		准备	zhǔnbèi	Ch7 231
照片	zhàopiàn	Ch2 86		准时	zhǔnshí	Ch3 95
遮光板	zhēguāngbǎn	Ch5 195		资格证	zīgézhèng	Ch7 237
遮瑕膏	zhēxiágāo	Ch4 148		紫菜	zǐcài	Ch4 122
阵雨	zhènyǔ	Ch6 208		子女	zǐnǚ	Ch1 18
整容	zhěngróng	Ch7 253		自动扶梯	zìdòng fútī	Ch5 177
正常	zhèngcháng	Ch7 246		自动取款机	zìdòng qǔkuǎnjī	Ch8 288
正品	zhèngpǐn	Ch4 128		自动售票机	zìdòng shòupiàojī	Ch5 176
正装	zhèngzhuāng	Ch4 141		自然	zìrán	Ch6 219
症状	zhèngzhuàng	Ch8 292		自行车	zìxíngchē	Ch2 54
正宗	zhèngzōng	Ch2 61		自学	zìxué	Ch7 238
知识	zhīshi	Ch7 240		自由行	zìyóuxíng	Ch7 259
值班	zhíbān	Ch8 283		自责	zìzé	Ch1 24
直达	zhídá	Ch5 184		自助餐	zìzhùcān	Ch8 303
指甲油	zhǐjiayóu	Ch7 256		总裁	zǒngcái	Ch8 278
质量	zhìliàng	Ch4 128		总公司	zǒnggōngsī	Ch8 278
智能手机	zhìnéng shǒujī	Ch2 75		租车	zūchē	Ch7 262
中餐	zhōngcān	Ch2 60		足疗	zúliáo	Ch7 264
终点站	zhōngdiǎnzhàn	Ch5 166		足球	zúqiú	Ch2 51
中午	zhōngwǔ	Ch3 93		最近	zuìjìn	Ch1 27
肿	zhǒng	Ch7 242		钻石	zuànshí	Ch4 154
中毒	zhòngdú	Ch2 77		坐反	zuòfǎn	Ch5 180
中暑	zhòngshǔ	Ch6 212		作家	zuòjiā	Ch2 83
周末	zhōumò	Ch1 29		作品	zuòpǐn	Ch2 84
主角	zhǔjué	Ch2 70		座位	zuòwèi	Ch2 70
主食	zhǔshí	Ch2 65		座位号	zuòwèihào	Ch5 186
住	zhù	Ch1 13		遵守	zūnshǒu	Ch8 276
祝	zhù	Ch1 33				
祝贺	zhùhè	Ch1 33				
注意	zhùyì	Ch1 31